第12版

高校法学专业
核心课程配套测试

国际经济法
配套测试

解析

教学辅导中心 / 组编　编委会主任 / 张智勇

编审人员
张智勇　华　骏　朱笑芸

中国法治出版社
CHINA LEGAL PUBLISHING HOUSE

目　　录

第一章　国际经济法概述

单项选择题

1. 答案：A。《国际贸易术语解释通则》属于国际商业惯例，而不是国际公约。
2. 答案：A。国际经济法是调整国际经济活动和国际经济关系的法律规范的总和。其调整范围包括：有关国际贸易的法律规范与制度；有关国际投资的法律与制度；有关国际货币与金融的法律与制度；有关国际税收的法律与制度；有关国际经济组织及其交往的法律与制度。
3. 答案：A。A对，国际公法主要调整国家间的政治、外交和军事等非经济关系；国际经济法调整的是不同国家的自然人、法人、国家及国际经济组织之间的国际经济关系，而不是政治关系。B错，国际公法的渊源则主要是国际条约和国际习惯，这里的国际习惯是指国家间的政治和外交活动所产生的习惯，而非商业惯例；国际经济法的渊源包括国际经济条约、国际商业惯例、国内立法等。据此，惯例既是国际公法的渊源，也是国际经济法的渊源。C错，国际公法的基本原则包括：国家主权平等原则、不干涉内政原则、互不侵犯原则、平等互利原则、民族平等和自决原则、和平解决国际争端原则、诚实履行国际义务原则。D错，国家是国际经济法的主体之一。
4. 答案：B。国际经济法的基本原则，是指被国际社会公认的、对国际经济法的各个领域都具有普遍指导意义的原则。包括：国家经济主权原则、公平互利原则、国际合作与发展原则。国际合作与发展原则主要强调发达国家与发展中国家之间的合作，承认和尊重发展中国家的发展权，在此基础上，加强各国间在经济、社会等各方面的合作，实现共同发展。
5. 答案：B。跨国法理论的提出者是美国学者杰赛普。
6. 答案：B。《洛美协定》的产生，体现了南北合作。

多项选择题

1. 答案：BD。国际商业惯例，是长期的国际经济交往中经过反复使用而形成的不成文的规则。国际商业惯例属于任意性的规范，而且当事人可以对该国际惯例的内容进行修改。
2. 答案：AC。B项由国际私法调整，D项则属于国内法调整范围。
3. 答案：ABD。国际经济主权原则在国际经济法领域内的体现，主要表现为国家对其全部财富和资源的拥有权、使用权和处置权，以及对经济活动的支配权等。
4. 答案：BD。《各国经济权利和义务宪章》是指联合国通过的旨在建立新的国际经济关系的重要文件。其中指出发达国家在国际经济往来中应推行普惠待遇和关税普惠制。
5. 答案：BCD。1974年联合国大会通过的重要国际经济法律文件有《建立国际经济新秩序宣言》《各国经济权利和义务宪章》以及《建立国际经济新秩序行动纲领》。

名词解释

1. 答案：有两种不同观点，观点一：国际经济关系专指国家政府之间、国际组织之间或国家政府与国际组织之间由于经济交往而产生的各种关系；国际经济关系的主体，仅限国家、国际组织以及在国际公法上具有独立人格的其他实体。观点二：国际经济关系不仅包含上述内容，而且包含属于不同国家的个人之间、法人之间、个人与法人之间以及他们与异国政府或国际组织之间由于经济交往而产生的各种关系；国际经济关系的主体，不仅限于国家、国际组织以及在国际公法上具有独立人格的其他实体，还包括在国际民商法、国际私法上具有独立人格的个人或组织，即属于不同国家的国民个人（自然人）以及各种法人。换言之，某种经济关系，其主体不论是国家政府、国际组织、个人或法人，只要这种经济关系的各方当事人分属于两个以上不同的国家或其所涉及的问题超越出一国国界的范围，都统称为国际经济关系。

2. **答案**：国家的法律确信即国家同意把一些决议和宣言等作为法律规范予以接受。国家的法律确信可以通过明示或默示的协议、国家实践以及决议本身表现出来。

3. **答案**：国际经济法学是法学中的一门新兴学科，它是以研究国际经济关系中的法律问题及其发展规律为主要对象的科学。国际经济法学成为一门独立的法律科学，是与国际经济法成为一个独立的法律部门密切相关的。国际经济法学又是一门综合性的新兴学科。

简答题

1. **答案**：新独立国家的兴起，形成第三世界，它们运用集体力量，谋求本国经济的发展，改造旧的国际经济秩序，促使各国在国际经济关系中尊重国家对其自然资源的永久主权，坚持公平互利，建立新的国际经济秩序，并促使联合国先后通过一系列宣言、决议等，如1962年《关于自然资源永久主权宣言》，1974年《关于建立新的国际经济秩序宣言》及《行动纲领》，1974年《各国经济权利义务宪章》等，这些文件反映了新的法律观念和法律原则，构成新的国际经济秩序的基本文件，也是国际经济法基本原则的主要渊源，为国际经济法形成一个独立的法律部门和蓬勃发展奠定了基础。

2. **答案**：国际经济法调整的是广义的国际经济关系，即个人、法人、国家与国际组织间由于从事跨越国境的经济活动而产生的各种关系。在国际经济关系的范围上有狭义和广义之分，狭义的国际经济关系仅指国家、国际组织间的经济关系，广义的国际经济关系不仅包括上述内容，而且包括不同国家之间的个人、法人、个人和法人与国家或国际组织之间的经济关系，可称为跨国的经济关系。广义的国际经济关系不仅包括当事人间以等价有偿为基础的横向经济关系，也包括国家对法人及个人的国际经济交易活动进行管理和管制的纵向关系。

3. **答案**：国际经济法是一个既包括国际法规范，又包含国内法规范的综合的法律部门，其法的渊源也具有双重性，即国际渊源和国内渊源。主要包括下述几项：第一，国际经济条约，国际经济条约是国家、国际组织间所缔结的以国际法为标准并确定其相互经济关系中权利和义务的国际经济书面协议，对缔约国具有拘束力，因而是国际经济法的重要渊源。国际经济条约包括双边的和多边的，世界性的和地区性的，普遍性的和特殊性的，造法性的和契约性的。第二，国际商业惯例，国际商业惯例是在长期的国际经济交往中经过反复使用而形成的不成文的规则。为了使不成文的国际商业惯例更便于掌握和查找，一些民间性的国际组织或协会对不成文的惯例进行了整理和编纂。国际商业惯例属于任意性的规范，只有在当事人明示选择适用的情况下才对当事人有约束力。当事人也可以对其选择的商业惯例进行删、减、改和补充。第三，联合国大会的规范性决议，国际组织通过的决议本来只属于建议性质，并不对其成员国产生必须遵守的强制力。但是随着国际实践的发展，理论界已倾向于肯定大会决议的法律拘束力，特别是有些联大决议是旨在宣告国际法原则和规范的，应具有法律效力，且有的决议在国际实践中已逐渐被接受，成为各国在国际经济交往中应遵守的准则。第四，国内立法，各国调整涉外经济关系的国内立法是国际经济法的国内法渊源。各国在调整涉外经济关系的国内立法上主要采用统一制和分流制。前者指所制定的国内经济立法既适用于国内经济关系，又适用于涉外经济关系。后者指分别制定不同的法律以调整涉内及涉外经济关系。此外，国内判例在普通法国家是重要的国际经济法的国内法渊源，但判例在我国不属于法律的渊源。

论述题

答案：国际经济法与国际公法的联系表现在

多方面，两者的区别主要表现在：（1）在主体上，国际经济法的主体包括自然人、法人、国家和国际经济组织。而国际公法的主体主要为国家和国际组织，自然人和法人则不能成为国际公法的主体。（2）在法律渊源上，国际经济法的渊源包括国际经济条约、国际商业惯例、联合国大会的决议和国内立法等。而国际公法的渊源则主要是国际条约和国际习惯，这里的国际习惯与国际商业惯例不同，前者源于国家间的政治和外交活动，而非产生于商人的商业习惯。（3）在调整对象上，国际经济法调整的是不同国家的自然人、法人、国家及国际经济组织之间的经济关系，而不是政治关系。而国际公法则主要调整国家间的政治、外交和军事等非经济关系。

关于国际经济法与国际私法的区别与联系主要表现在以下几个方面：（1）在主体上，国际经济法的主体如前所述为自然人、法人、国家和国际经济组织。而国际私法的基本主体是自然人和法人，国家和国际组织也可以是国际私法的主体，但主要是以民事法律关系当事者的资格从事一般民事活动，而在国际经济法中国家可以主体的身份从事国际经济交往，并承担一定的权利和义务。（2）在法律渊源上，国际经济法和国际私法均包括了国际条约、国际惯例和国内立法，但侧重有所不同，国际经济法的主要渊源是国际条约，而国际私法在渊源上更侧重各国国内法中的冲突规范，并辅以涉及法律适用方面的国际惯例和国际条约。（3）在调整对象上，国际经济法是调整主体之间的国际经济关系，对于自然人的身份、婚姻、继承等人身方面的法律关系并不涉及，而国际私法则主要调整涉外民商事关系的法律适用问题、外国人的民事法律地位问题和国际民商事争议解决的问题等。

案例分析题

答案：国际经济法是调整跨越国境的经济关系的法律规范的总和。也就是说，国际经济法调整的经济关系必须具有国际性。或主体在不同国家，具有国际性；或标的具有国际性；或经济关系发生在不同国家；等等。而本案中合同在签订主体、合同订立与履行地点、买卖标的物的移动等方面均不具有国际性。特别是在签订主体方面，虽然签约的一方为外商独资企业，但它仍然是中国法人。因此，该合同的法律适用不应是调整国际经济关系的法律规范——《联合国国际货物销售合同公约》，而应适用我国《民法典》。

第二章　国际经济法的主体

多项选择题

答案：BD。AC 错，国家是一个特殊的民事主体，作为主权的最高代表和象征，国家可以自己的名义从事各种国际、国内的经济活动，签订各种合同、条约和协议，并以国家的全部资产承担责任。国家又不同于一般的民事主体，表现为国家享有不可被剥夺的主权豁免权：未经国家同意，国家的主权行为和财产不受外国管辖和侵犯；国家不能作为被告在外国法院出庭、应诉；国家财产不能作为诉讼标的以及法院强制执行的对象。但为了适应国际经济交往的需要，国家可以通过一定方式宣布自愿放弃豁免权，以平等的民事主体资格从事各种经济活动。在这种情况下，由国家授权的负责人代表国家进行民事和经济活动。BD 对，除了直接从事各种经济活动之外，国家作为国际经济法主体，还具有其他主体所不具有的特殊职能，即对经济进行管理和监督的职能，这些行政法律规范构成了国际经济法的重要内容。

名词解释

1. **答案**：国际经济法主体是指在国际经济关系中能行使权利和承担义务的法律人格。如前所述，国际经济法的主体包括自然人、法人、国家和国际组织。
2. **答案**：控制说是确定法人国籍的标准之一。控制说或称成员国籍说、资本控制说，即法人的资本控制在哪一国国民手中就具有哪一国的国籍，因为法人只不过是覆盖在其成员身上的一层面纱，法人的国籍应依其成员的国籍来确定。
3. **答案**：特别许可制是各国承认外国法人的方式之一。特别许可制是指外国法人须经过国内行政机关按照法定程序审核批准，才能获得承认。奥地利等国采取此种制度。
4. **答案**：国家豁免一般指一个国家不受另一个国家管辖。其主要内容是：（1）管辖豁免，指未经一国同意，不得在他国法院对其起诉或以其财产作为诉讼标的；（2）执行豁免，指未经一国同意，不得对其财产加以扣押或执行。国家及其财产豁免的法律根据是主权原则，各主权国家都是平等的，平等者间无管辖权，因此，任何一个主权国家都不受他国司法管辖。
5. **答案**：国家行为原则是指主权国家在其领域内所为的行为，外国法院无权审查其行为的合法性效力。国家行为原则与国家豁免原则相辅相成，构成主权国家应有的权力与尊严。
6. **答案**：效果原则是 1948 年“美国铝公司”案中提出的。它是指当公司在国外的行为对国内产生“效果”时，就对其行使管辖权。这一原则后来又被立法所确认，我国《反垄断法》第 2 条等业已接受并采纳这一规则。
7. **答案**：区域性国际经济组织指那些由同一区域若干国家组成的国际经济组织，如欧洲联盟、安第斯条约组织等。

简答题

1. **答案**：（1）具有独立的法律人格。国际经济组织必须具有一定的法律人格，才能作为国际经济法的主体行使权利和义务，在其职能范围之内开展活动。一般来讲，政府间的国际经济组织，为了实现其宗旨，均被赋予了法律人格，使得其能在法定范围之内行使权利并且履行义务。与主权国家具有的法律人格不同，国际经济组织的法律人格取决于政府的授权，其权利能力和行为能力的范围取决于其特定的宗旨与职能，取决于其基本文件的规定。具有法律人格的国际经济组织，在其基本文件规定的范围之内不受任何国家的权力管辖，具有在国际法和国内法上的符合其宗旨和职能的法律行为能力。其基本的法律能力包括缔约、取得和处置财产、进行法律诉讼的能力。应当注意的是，如果国际经济组织要在非成员国进行活动，其法律人格和法律能力应当得到非成员国的承认。因为国际组织赖以建立的基本文件的性质是一种多边条约，它对成员国具有约束力，成员国参加或者批准该基本文件就表明它承认了该国际组织具有法律人格。但是，国际组织的基本文件对非成员国没有约束力。

(2) 政府间的国际经济组织享有特权与豁免。这种特权与豁免也来自成员国的授权。国际经济组织享有的特权与豁免因其性质和职能而异。国家经济组织的特权与豁免通常限于其执行职能所必要的范围。一般来讲，其具体内容包括财产和资产免受搜查、征用、没收或者其他形式的扣押、档案不受侵犯等。但是由于各个经济组织的职能不同，其特权与豁免的范围也有宽有窄。

2. 答案：(1) 国际经济组织基本特征：它是国家之间的组织，不是凌驾于国家之上的组织；成员一般是国家，但在某些特殊情况下，非主权实体也取得了一些国际经济组织的正式成员或准成员资格；调整国际经济组织成员间关系的基本原则是国家主权平等原则；调整国际经济组织成员间关系的法律规范是国际经济组织法。

(2) 当今世界主要的国际经济组织有国际货币基金组织（IMF）、世界银行集团（WBG）和世界贸易组织（WTO），它们被称为战后世界经济发展的三大经济支柱。

IMF是目前世界上最大的政府间金融组织，是国际货币体系的核心。WBG由国际复兴开发银行（IBRD）、国际金融公司（IFC）和国际开发协会（IDA）三个金融机构和解决投资争议国际中心（ICSID）、多边投资担保机构（MIGA）两个非金融机构组成。WTO是正式的国际组织，其职能是为世贸组织协定和若干单项贸易协议的执行、管理运作提供方便和共同机构的框架，为各成员方的多边贸易谈判提供场所，对争端解决谅解规则程序进行管理。

(3) 从活动范围看，国际经济组织发展到对国际贸易、金融、投资等各领域的全面协调和管理。从活动内容看，国际经济组织制定的法律规范开始从国际经济整体立场出发，以促进国际协调，建立国际经济的法律秩序为目标。从活动方式看，国际经济组织调节经济活动的手段也从主要采取协商、调解等传统的外交手段发展到利用仲裁、诉讼等法律手段，手段增多，效力加强。新出现的国际经济组织则一般有比较完善的结构安排，出现了组织内部权力机构、执行机构、争端解决机构的分工，并发展出具有国际经济组织特色的议事规则等组织制度。结构更合理，工作更有效率。

论述题

答案：(1) 跨国公司在国内法上的地位。在国内法上，跨国公司并没有什么特殊的地位。它们与所在国的商业组织具有同等的地位。跨国公司的母公司或者总公司在其母国，与其他商业公司一样，是根据母国的法律成立的，其法律能力也是由母国的法律规定的。跨国公司在东道国的实体，或者是根据东道国法律成立而由母公司控制的子公司，或者是作为分公司在东道国登记注册，其地位仍然属于外国公司。无论跨国公司在东道国的这些实体是本国公司还是外国公司，它们与其他商业公司在法律地位上没有差别。但是，在法律上，子公司与分公司具有不同的法律地位。子公司具有独立的法律人格，相对于其母公司，它们都是独立的法律实体，子公司根据东道国法律的规定，能够独立以自己的名义享有权利能力和行为能力，能独立进行诉讼，是国内法上民事法律关系的实体。而分公司只是总公司在国外设立的办事机构、营业机构，这种机构没有独立的法律地位，不具有独立的法律人格，只不过是总公司的增设部分，具有总公司的国籍，总公司对分公司的行为承担责任。

(2) 跨国公司在国际法上的地位。在国际上并不存在国际公司法之类，因此，跨国公司是国内法，而不是国际法的产物。无论是跨国公司的母公司还是其子公司，都必须根据本国或者东道国的公司法之类的法律设立，作为本国或者东道国的营利法人。这就决定了跨国公司不是政府，不是国际组织，也不是国际法人，而是国内法人。既然它们都是国内法人，那么它们的权利能力和行为能力都只能根据国内法的规定，而不能超出国内法的规定。同时，也因为它们是国内法人，那么根据国际法的管辖原则，主权国家有属地管辖权和属人管辖权。跨国公司必须服从国家的管辖。基于这种管辖就产生了两个重要的后果：其一，跨国公司没有根据自己的意思独立参加国际关系的能力。它们的意志是以国家的意志为转移的。它们只能在国家的政策和法律允许的范围之内参加国际和国内活动。其二，它们也没有直接承担国际权利和义务的能力。它们只有当国际法成为国内法的时候才能享有该国际法上规定的某种权利，承担某种义务。这样，既然跨国公司缺少作为国际法上的法律能力，那么它就不可能是国际法主体了。然而，跨国公司虽然不是国际法上的主体，这并不妨碍国际法对它们的活动作出规定。但是这些规定并不直接赋予个人和公司权利和义务。就是当条约明确地规定个人和公司的权利和义务的时候，实际上是缔约国承担的一种义务，即必须通过国内法给予个人或者公司以某种权利和义务，国家是这种权利和义务的直接承担者，个人和公司仅是间接承担者而已。

第三章　国际贸易法概述

名词解释

1. **答案**：国际贸易法是调整各国间商品、技术、服务的交换关系以及与这种交换关系有关的各种法律制度与法律规范的总和，包括国际公约、国际商业惯例以及各国有关对外贸易方面的法律、制度、法令与规定。
2. **答案**：关于国际贸易法的发展可划分为三个阶段：第一阶段是民族国家出现之前，即中世纪商人习惯法时期。第二阶段是民族国家出现后，商人法被纳入各国国内法之中。第三阶段为当代，以跨国公司出现和联合国精神为代表的跨国贸易法。

简答题

1. **答案**：国际贸易法的调整范围包括：（1）国际货物买卖以及与之相联系的有关运输、保险与支付方面的法律；（2）有关服务贸易方面的法律与制度；（3）国际许可证贸易，即有关专利、商标、专有技术、版权的跨国转让和国际保护方面的法律与制度；（4）国际商品制度；（5）有关政府管理贸易方面的法律与制度。
2. **答案**：国际贸易法是调整各国间货物、技术、服务的交换关系以及与这种交换关系有关的各种法律制度与法律规范的总称。其调整范围包括国际货物买卖以及与之相联系的运输、保险和支付方面的法律与制度；有关技术贸易与服务贸易方面的法律与制度；国际商品制度；有关政府管理贸易方面的法律与制度。一般认为，国际贸易法突破了传统商法的界限，加入了国家调整和管制贸易的内容。因此，国际贸易法是指传统的商法与国家管理商事活动的法律规范的总称，传统的商法仅是贸易法的一个组成部分。此外，国际商法属于私法领域，而国际贸易法既包括国家管理商事活动的公法内容，也包括传统商法的私法内容。

第四章　国际货物贸易法

单项选择题

1. **答案**：C。《联合国国际货物销售合同公约》中规定，该公约不适用于船舶、船只、气垫船或飞机的销售；公债、股票、投资证券、流通票据或货币的销售。并且该公约的适用必须是营业地位于不同国家的当事人之间。所以选 C。
2. **答案**：D。因为中国公司的撤回早于要约的到达时间，因此该要约已被撤回，合同没有成立。
3. **答案**：B。CFR 与 CIF 的区别在于在 CIF 中，卖方须办理保险。CFR 中，卖方不需要办理海运保险。
4. **答案**：B。CFR 意为成本加运费（指定目的港），是指在装运港货物装上船卖方即完成交货，卖方必须支付将货物运至指定的目的港所需的运费和费用。但交货后货物灭失或损坏的风险，以及由于各种事件造成的任何额外费用，即由卖方转移到买方。CFR 术语要求卖方办理出口清关手续。但 CFR 下，卖方不承担保险费，这是与 CIF 的一个重大的不同。
5. **答案**：C。《联合国国际货物销售合同公约》第 6 条规定，双方当事人可以不适用本公约，或在第 12 条的条件下，减损本公约的任何规定或改变其效力。由此可见，公约的适用不是强制性的。一方面，当事人可以通过选择其他法律而排除公约的适用。另一方面，当事人可以在买卖合同中约定部分适用公约，或对公约的内容进行改变，但这项权利是受到一定限制的。以上所述可知 C 项的说法是错误的，为正确答案。
6. **答案**：B。对装船时间的修改属于实质性变更，应当属于反要约。
7. **答案**：C。1980 年《联合国国际货物销售合同公约》规定，一项逾期的承诺除非要约人毫不迟延地通知表示接受，否则无效。
8. **答案**：A。选项 A 正确，选项 BD 错误。CIF 术语下，货物的风险在装运港船上由卖方转移给买方。本题中，货物已经装船，风险转移给乙公司。根据《海牙规则》，由于雷击失火，承运人免责。所以，应由乙公司向保险公司提出索赔。选项 C 错误。此时甲公司没有过错，不需要退还货款给乙公司。
9. **答案**：B。1980 年《联合国国际货物销售合同公约》采用的是到达生效主义。
10. **答案**：D。在国际货物买卖中，象征性交货是指卖方将货物所有权的单据交给买方，以完成货物所有权的转移。
11. **答案**：A。《联合国国际货物销售合同公约》第 74 条规定，一方当事人违反合同应负的损害赔偿额，应与另一方当事人因他违反合同而遭受的包括利润在内的损失额相等。这种损害赔偿不得超过违反合同一方在订立合同时，依照他当时已知道或理应知道的事实和情况，对违反合同预料到或理应预料到的可能损失。
12. **答案**：C。这和我国《民法典》规定的不安履行抗辩权相似，A 公司的履约能力存在缺陷后，应当提供充分的担保，B 公司应继续履行义务。
13. **答案**：D。信用证是向银行申请开出的，是国际贸易中的一种支付方式。
14. **答案**：A。该题中的损失是由于乙方拒绝收货造成的，乙方有收货的义务。
15. **答案**：D。根据《联合国国际货物销售合同公约》规定，对于在途运输的货物交易，货物风险应当从合同成立时转移。
16. **答案**：C。参见《联合国国际货物销售合同公约》第 75 条，如果合同被宣布无效，而在宣告无效后一段合理时间内，买方已以合理方式购买替代货物，或者卖方已以合理方式把货物转卖，则要求损害赔偿的一方可以取得合同价格和替代货物交易价格之间的差额以及按照第 74 条规定可以取得的任何其他损害赔偿。

17. **答案**：D。减少价金是只能由买方采取的违约救济方法。

18. **答案**：A。CIF 包含的运费和保险费由卖方支付，而 FOB 中卖方不负责运输和保险。其余在海关手续和风险转移上两者是相同的。依此，本题正确答案为 A。

19. **答案**：A。DAT 术语中，货物风险自目的港交货时转移。

20. **答案**：D。风险转移依《联合国国际货物销售合同公约》规定，对于在运输途中销售的货物，从订立合同时起，风险就转移到买方承担。但是，如果情况表明有此需要，从货物交付给签发载有运输合同单据的承运人时起，风险就由买方承担。尽管如此，如果卖方在订立合同时知道或理应知道货物已经遗失或损坏，而其又不将这一事实告知对方，则这种遗失或损坏应由卖方负责。

21. **答案**：B。合同的订立承诺与反要约有点相似，但只要抓住一点——是否对交易条件进行了实质性的更改，如果对交易条件进行了实质性的更改，就是反要约。根据《联合国国际货物销售合同公约》和《民法典》第 488 条规定，受要约人对要约的内容作出实质性变更的为新要约，而有关合同标的、数量、质量、价款或者报酬、履行期限、履行地点和方式、违约责任和解决争议方法等条款的变更，均属实质性变更。乙公司的回电对货物价格的修改属实质性改变交易条件，属于反要约。

22. **答案**：C。大陆法系称“到达生效原则”。《联合国国际货物销售合同公约》第 18 条规定：（1）被发价人声明或做出其他行为表示同意一项发价，即接受。缄默或不行动本身不等于接受。（2）接受发价于表示同意的通知送达发价人时生效。如果表示同意的通知在发价人所规定的时间内，如未规定时间，在一段合理的时间内，未曾送达发价人，接受就成为无效，但须适当地考虑到交易的情况，包括发价人所使用的通信方法的迅速程度。对口头发价必须立即接受，但情况有别者不受此限。（3）但是，如果根据该项发价或依照当事人之间确立的习惯做法或惯例，被发价人可以做出某种行为，如与发运货物或支付价款有关的行为，来表示同意，而无须向发价人发出通知，则接受于该项行为做出时生效，但该项行为必须在上一款所规定的期间内做出。

23. **答案**：C。FOB 术语要求卖方办理货物出口清关手续。卖方必须在约定的日期或期限内，在指定的装运港，按照该港习惯方式，将货物交至买方指定的船只上。所以 A 是错误的。2010 年《国际贸易术语解释通则》没有规定卖方保险合同义务。所以 B 是错误的。2010 年《国际贸易术语解释通则》没有规定卖方运输合同义务。所以 C 是正确的。FOB 术语仅适用于海运或内河运输。所以 D 是错误的。

24. **答案**：D。就买卖合同而言，公约仅适用于合同的订立和买卖双方的权利、义务，而不涉及：（1）合同的效力，或其任何条款的效力或惯例的效力；（2）合同对所有权的影响；（3）货物对人身造成的伤亡或损害的产品责任问题。《联合国国际货物销售合同公约》第 4 条规定，本公约只适用于销售合同的订立及卖方和买方因此种合同而产生的权利和义务。特别是，本公约除非另有明文规定，与以下事项无关：（1）合同的效力，或其任何条款的效力，或任何惯例的效力；（2）合同对所售货物所有权可能产生的影响。

25. **答案**：D。因为成套设备的各部件是相互依存、不可分割的，如果不能将其中的任何一批货物用于双方当事人在订立合同时所设想的目的，则买方可以同时宣告合同对已经交付或今后将交付的各批货物均无效。参见《联合国国际货物销售合同公约》第 73 条。

26. **答案**：B。区别国际货物买卖与国内货物买卖的标准是双方当事人的营业地。《联合国国际货物销售合同公约》第 1 条规定：“（1）本公约适用于营业地在不同国家的当事人之间所订立的货物销售合同：（a）如果这些国家是缔约国；或（b）如果国际私法规则导致适用某一缔约国的法律。(2)当事人营业地在不同国家的事实，如果从合同或从订立合同前任何时候或订立合同时，当事人之间的任何交易或当事人透露的情报均看不出，应不予考虑。(3)在确定本公约的适用时，当事人的国籍和当事人或合同的民事或商业性质，应不予考虑。"

27. 答案：C。《联合国国际货物销售合同公约》于1980年在维也纳的外交会议上通过，于1988年正式生效，是国际货物买卖领域中最重要的国际公约。

28. 答案：D。《联合国国际货物销售合同公约》第1条规定："(1)本公约适用于营业地在不同国家的当事人之间所订立的货物销售合同：(a)如果这些国家是缔约国；或(b)如果国际私法规则导致适用某一缔约国的法律。(2)当事人营业地在不同国家的事实，如果从订立合同前任何时候或订立合同时，当事人之间的任何交易或当事人透露的情报均看不出，应不予考虑。(3)在确定本公约的适用时，当事人的国籍和当事人或合同的民事或商业性质，应不予考虑。"据此，公约适用于缔约国中营业地分处不同国家的当事人之间的货物买卖；或由国际私法规则导致适用某一缔约国法律。本题中的法院依合同约定应适用丙国法律；法院适用丙国法律包括其冲突规范。

29. 答案：C。国际贸易术语的作用主要是为了明确买卖双方各自的风险、责任和费用。

30. 答案：A。参见2010年《国际贸易术语解释通则》A4、A5、B5的规定。

31. 答案：D。要约是一方当事人以订立合同为目的向对方所作的意思表示。本题中，乙公司的发价就是要约，如果甲公司按照乙公司提出的条件作出承诺，则合同成立。但是，甲公司对标的的价格进行了更改就构成了反要约，反要约是对要约的拒绝，不能发生承诺的效力，须经过原要约人承诺合同才成立，因此反要约实际上是新的要约。但是，乙公司没有答复，视为拒绝。8月29日甲公司致电乙公司表示接受其8月11日发价的行为依然是新的要约。综上，本题应选D。

32. 答案：B。DAT（运输终端交货），卖方须承担货物在目的港交货以前的一切风险。

33. 答案：D。国际货物买卖合同中的"溢短装条款"是指允许卖方按一定的机动幅度多交或少交一定数量的货物。

34. 答案：C。《联合国国际货物销售合同公约》第31条规定："如果卖方没有义务要在任何其他特定地点交付货物，他的交货义务如下：(a)如果销售合同涉及货物的运输，卖方应把货物移交给第一承运人，以运交给买方；(b)在不属于上一款规定的情况下，如果合同指的是特定货物或从特定存货中提取的或尚待制造或生产的未经特定化的货物，而双方当事人在订立合同时已知道这些货物是在某一特定地点，或将在某一特定地点制造或生产，卖方应在该地点把货物交给买方处置；(c)在其他情况下，卖方应在他订立合同时的营业地把货物交给买方处置。"

35. 答案：A。所谓反要约是指受要约人在对要约要求接受的同时，也对要约进行了变更。反要约是对要约的拒绝，构成一个新的要约，原来的要约失效。根据《联合国国际货物销售合同公约》第19条第3款的规定，如果受要约人在对要约的答复中，对要约下列内容进行了变更，则视为对要约作了实质性的变更：货物的价格、付款、货物质量和数量、交货地点和时间、一方当事人对另一方当事人的赔偿责任范围或争端解决方法等。对要约作了实质性变更的答复，是一个无效的承诺，是对原要约的拒绝，构成反要约，原来的要约失效。

36. 答案：D。CFR术语中的交货地点是在装运港买方派来接货的船上，不是在目的港交货。因此，A项说法错误。CFR术语中是卖方负责办理出口清关手续，而非买方。因此，B项说法错误。CFR术语中由买方负责办理保险，而非卖方。因此，C项说法错误。CFR术语只适用于海运与内河运输。因此，D项说法正确。

37. 答案：A。《联合国国际货物销售合同公约》

第16条规定，(1) 在未订立合同之前，发价得予撤销，如果撤销通知于被发价人发出接受通知之前送达被发价人。(2) 在下列情况下，发价不得撤销：(a) 发价写明接受发价的期限或以其他方式表示发价是不可撤销的；或 (b) 被发价人有理由信赖该项发价是不可撤销的，而且被发价人已本着对该项发价的信赖行事。根据上述规定可知，本题中，如果L公司在要约中要求在7月15日前答复，那么要约因已经确定了承诺期限，因此，属于不可撤销要约，此时，L公司就不必考虑撤销要约的问题了。A项说法正确。B项错误之处有两点：其一是此要约为不可撤销要约，因此，L公司不能撤销该要约；其二是M公司在承诺期限内没有承诺的话，该要约就已经失效了，不必再对该要约进行撤销。如果M公司回函要求改用D/P方式付款，此时M公司对L公司要约中的主要条款作了修改，已经不再是承诺了，应该属于反要约，M公司发出反要约后，L公司原来的要约就自动失效了，L公司不需要再进行撤销。因此，C项说法错误。根据《联合国国际货物销售合同公约》第16条的规定，D项说得不全面，仅说了一般情况，没有包含例外情况，因此，这种说法过于绝对，不正确。

38. **答案**：D。《联合国国际货物销售合同公约》第38条规定，(1) 买方必须在按情况实际可行的最短时间内检验货物或由他人检验货物。(2) 如果合同涉及货物的运输，检验可推迟到货物到达目的地后进行。(3) 如果货物在运输途中改运或买方须再发运货物，没有合理机会加以检验，而卖方在订立合同时已知道或理应知道这种改运或再发运的可能性，检验可推迟到货物到达新目的地后进行。因此，本题的正确答案是D。

39. **答案**：A。根据《联合国国际货物销售合同公约》第73条第1款的规定，对于分批交付货物的合同，如果一方当事人不履行对任何一批货物的义务，便对该批货物构成根本违反合同，则另一方当事人可以宣告合同对该批货物无效。由此可知，如果卖方对第二批货物的质量问题构成根本违约，买方即可宣告合同对该批货物无效。所以A项正确，其他三项错误。

40. **答案**：C。根据《联合国国际货物销售合同公约》的规定，在给予的暂缓期期满之后，违约方未及时履行合同的，守约方有权终止履行合同，并提起仲裁或诉讼。

41. **答案**：B。货物数量、交货时间以及争议解决办法属于实质性条款，对其进行变更属于实质性变更。

42. **答案**：A。FOB术语下，卖方的风险和责任止于将货物置于买方指定的船只上。

43. **答案**：A。根据《联合国国际货物销售合同公约》规定，如果合同约定交货期为一段时间，在买卖双方没有约定的情况下，具体的交货时间应由卖方选定。

44. **答案**：C。根据1980年《联合国国际货物销售合同公约》第6条规定，双方当事人可以不适用本公约，或在第12条的条件下，减损本公约的任何规定或改变其效力。第12条规定，本公约第11条、第29条或第二部分准许销售合同或其更改或根据协议终止，或者任何发价、接受或其他意思表示得以书面以外任何形式作出的任何规定不适用，如果任何一方当事人的营业地是在已按照本公约第96条作出了声明的一个缔约国内，各当事人不得减损本条或改变其效力。所以，A选项错误。在国际贸易中常常使用某个国际民间组织或国际行业性协会拟定的空白的标准合同，这种空白合同并不是合同，它只是根据买卖合同应具备的基本内容所拟定的详细而固定的条文，印成固定的格式，所以叫作格式合同。格式合同具有针对性和简化性的作用。格式合同可以起到简化谈判过程的作用。它可以向谈判的当事人提供建议性的条文，作为合同条件的基础，这样可以缩短当事人之间协商的时间，为争取商业机会创造条件。从性质上讲，格式合同既不是法律，在双方签字以前也不是真正的合同。格式合同只是贸易谈判的一方给另一方提供的建议性的文本，在当事人签字前不具有约束力。经双方当事人的协商，可以对格式合同中的条文内容进行修改、删减或补充，只有经过双方当事人同意，填写了空白的项目并签字后，才能成为当事人之间订立的一个有效的合同。所以，B 选项错误，C 选项正确。国际贸易术语，又称价格术语。在国际贸易中，买卖双方所承担的义务，会影响到商品的价格。在长期的国际贸易实践中，逐渐形成了把某些和价格密切相关的贸易条件与价格直接联系在一起，形成了若干种报价的模式。每一模式都规定了买卖双方在某些贸易条件中所承担的义务。用来说明这种义务的术语，称为贸易术语。如双方在合同中选择了贸易术语，可以再适用公约，所以，D 选项错误。

45. 答案：A。CFR，全称 Cost and Freight，指在装运港船上交货，卖方需支付将货物运至指定目的地港所需的费用。但货物的风险是在装运港船上交货时转移。卖方义务主要是：（1）自负风险和费用，取得出口许可证或其他官方批准的证件，在需要办理海关手续时，办理货物出口所需的一切海关手续。（2）签订从指定装运港承运货物运往指定目的港的运输合同；在买卖合同约定的时间和港口，将货物装上船并支付至目的港的运费；装船后及时通知买方。（3）承担货物在装运港装上船为止的一切风险。（4）向买方提供通常的运输单据，如买卖双方约定采用电子通信，则所有单据均可被同等效力的电子数据交换（EDI）信息所代替。买方义务主要是：（1）自负风险和费用，取得进口许可证或其他官方批准的证件，在需要办理海关手续时，办理货物进口以及必要时经由另一国过境的一切海关手续，并支付有关费用及过境费。（2）承担货物在装运港装上船以后的一切风险。（3）接受卖方提供的有关单据，受领货物，并按合同约定支付货款。（4）支付除通常运费以外的有关货物在运输途中所产生的各项费用以及包括驳运费和码头费在内的卸货费。在 CFR 术语下，卖方负责安排运输，而买方自行办理保险，因此在货物装上船前，即风险转移至买方前，买方及时向保险公司办妥保险，是 CFR 中一个至关重要的问题。因此《国际贸易术语解释通则》强调卖方必须毫不迟延地通知买方货物已装上船。否则，卖方要承担违约责任。所以，A 选项正确，B 项错误。CFR 术语中，买方乙公司并没有办理保险，原因之一是卖方未对其进行通知。所以，甲公司应该承担违约责任，C 选项错误。D 选项也错误。

46. 答案：D。《联合国国际货物销售合同公约》第 9 条规定，（1）双方当事人业已同意的任何惯例和他们之间确立的任何习惯做法，对双方当事人均有约束力。（2）除非另有协议，双方当事人应视为已默示地同意对他们的合同或合同的订立适用双方当事人已知道或理应知道的惯例，而这种惯例，在国际贸易上，已为有关特定贸易所涉同类合同的当事人所广泛知道并为他们所经常遵守。因此公约与贸易术语可以同时适用，A 项说法错误。2010 年《国际贸易术语解释通则》规定，CIF（成本、保险费加运费）是指卖方以在指定装运港将货物装上买方指定的船舶或通过取得已交付至船上货物的方式交货。货物灭失或损坏的风险在货物交到船上时转移，买方承担自那时起的一切费用。卖方办理出口清关手续，但无义务办理进口清关、支付任何进口税或办理任何进口海关手续。因此 B 项和 C 项说法均错误。在 CIF 条件下，卖方负责对货物查对、包装、标记，卖方必须支付交货所需进行的查对费用（如核对货物品质、丈量、过磅、点数的费用）。卖方必须自付费用，提供符合其安排的运输所要求的包装（除非按照相关行业惯例该合同所描述货物无须包装发运）。包装应作适当标记。因此 D 项说法正确。

47. 答案：B。《联合国国际货物销售合同公约》第 5 条规定："本公约不适用于卖方对于货物对任何人所造成的死亡或伤害的责任。"故 A 错误。第 71 条规定："（1）如果订立合同后，另一方当事人由于下列原因显然将不履行其大部分重要义务，一方当事人可以中止履行义务：（a）他履行义务的能力或他的信用有严重缺陷；或（b）他在准备履行合同或履行合同中的行为。（2）如果卖方在上一款所述的理由明显化以前已将货物发运，他可以阻止将货物交给买方，即使买方持有其有权获得货物的单据。本款规定只与买方和卖方间对货物的权利有关。（3）中止履行义务的一方当事人不论是在货物发运前还是发运后，都必须立即通知另一方当事人，如经另一方当事人对履行义务提供充分保证，则他必须继续履行义务。”第72条规定：“（1）如果在履行合同日期之前，明显看出一方当事人将根本违反合同，另一方当事人可以宣告合同无效。（2）如果时间许可，打算宣告合同无效的一方当事人必须向另一方当事人发出合理的通知，使他可以对履行义务提供充分保证。（3）如果另一方当事人已声明他将不履行其义务，则上一款的规定不适用。”故B正确，C错误，D错误。

48. 答案：B。DAT（Delivered at Terminal，运输终端交货），适用于任何运输方式，是2010年《国际贸易术语解释通则》新增加的贸易术语。DAT术语下，卖方必须在约定日期或期限内，在指定港口或目的地的运输终端，将货物从抵达的运输工具上卸下，并交由买方处置。“Terminal”可以是任何地点，如码头、仓库、集装箱堆场或者铁路、公路或航空货运站等。本题中，卖方需要将货物运到南京，将货物从运输工具上卸下并交由买方处置才完成交货。故A项错误，B项正确。关于清关手续，DAT术语下是“卖出买进”，即卖方自负风险和费用，取得所有出口许可和其他官方授权办理出口和交货前从他国过境运输所需的一切海关手续。而买方必须自负风险和费用，取得所有进口许可或其他官方授权，办理货物进口的一切海关手续。故C项错误。关于风险转移，DAT术语下，卖方承担交货完成前货物灭失或损坏的一切风险。D项错误。

49. 答案：C。CIF术语下货物风险在装运上船时已经转移。本案中，货损发生在风险转移后，故买方无权因此不支付货款，A项错误。CIF术语下，如无特殊约定，卖方只有义务投保海运最低险即平安险，B项错误，C项正确。在CIF的条件下，买方只有在付款赎单后才能提货，并对货物进行检验，此种情况下当然不能以验货为付款的条件，D项错误。

50. 答案：C。本案买卖合同约定的为FOB贸易术语，故风险转移和卖方交货义务均为货物在装运港装运上船，买方只负责安排海上货物运输，故从卖方营业地到装运港的陆路运输应由卖方负责，C项正确。

51. 答案：A。依据1980年《联合国国际货物销售合同公约》第35条规定，卖方交付的货物质量应与卖方向买方提供的货物样品或样式相同，双方在合同中另有约定的除外。本案中，虽然卖方提供了货物样品，但双方在合同中约定了设备规格，且买方明确要求按照合同履行，故卖方所交货物不符合合同约定即构成违约，B项错误，A项正确。DPU术语的基本内容是卖方承担“运到并卸下”的义务，故货物风险应运到目的地并卸下后才转移，交货地点也应是约定的目的地，而非装运地，C、D项错误。

52. 答案：A。首先明确《联合国国际货物销售合同公约》适用于营业地位于不同缔约国的合同，本题中甲、乙两公司满足公约的适用条件。根据该公约的规定，卖方有义务担保其货物不侵犯他人的知识产权。但这种担保有地域的限制：（1）如果第三方根据使用地或转售地国家的法律提出赔偿请求，除非能够预见，否则原卖方不承担责任；（2）如果第三方根据原买方营业地国家的法律提出请求，原卖方应承担责任。本题中丙公司是根据转售地某国法提出请求，且没有任何文字表明该地能够被预见，所以甲公司不需承担责任，故A项正确。根据该公约的规定，乙公司的情况属于预期违约，即在合同订立后，履行期到来前，一方明示拒绝履行合同，或通过其行为推断其将不履行。甲公司可以中止履行同时应通知对方，当对方提供了充分的担保后应该恢复履行，故B项错误。如B项解析所述，在乙公司提供了充分的担保后，甲公司应该恢复履行，故C项错误。该公约本身并不解决三个问题：（1）合同的效力；（2）所有权；（3）卖方对于货物对任何人所造成的死亡或伤害的责任。所以人身伤害赔偿是无法依据该公约进行解决的，故D项错误。

53. 答案：A。DPU术语，意为“目的地卸货后交货（指定目的地）”，指卖方必须在约定日期或期限内，在指定目的地或者在该指定目的地内的约定交货地点，将货物从抵达的运输工具上卸载，并交由买方处置的方式交货。卖方自负风险和费用，取得所有出口许可和其他官方授权办理出口和交货前从他国过境运输所需的一切海关手续。但是，取得所有进口许可或其他官方授权，办理货物进口的一切海关手续，则由买方负责，也就是说，卖方B公司不负责办理货物进入甲国的进口手续。因此A项正确。DPU术语的具体内容是2020年《国际贸易术语解释通则》确定的，由之前的DAT术语更名而成，并且相应的含义也发生了变化。因此B选项错误。题干“设备运抵目的地”，根据DPU术语，卖方B公司应当将货物从抵达的运输工具上卸下并交由买方A公司处置，应承担目的地的卸货费用。因此C项错误。DPU术语，买卖双方均无订立保险合同的义务。题干“设备运抵目的地”以及“承运人为乙国C公司”，说明卖方B公司需要运输货物，运输途中的风险都由卖方承担。因此，虽然卖方B公司对买方没有保险的义务，但是其为了成功交货，应当办理保险。因此D项错误。

54. 答案：C。因为CIP术语适用于一切运输方式，包括多式联运。所以，货物不一定经由海运。而货物一定是送往敦刻尔克，但并不一定送往敦刻尔克港。因此A项错误。CIP术语适用于各种运输方式，交货地点要根据运输方式的不同由双方约定，风险在承运人控制货物时转移。因此B项错误。CIP术语中，卖方的义务为办理出口手续，买方的义务为办理进口手续。因此C项正确。CIP术语中，运输、保险都应当由卖方负责办理。而且在2020年《国际贸易术语解释通则》CIP贸易术语下，对卖方有义务取得保险的要求有所提高，相当于我国的“一切险”。如果双方当事人有约定，仍然可以商定较低的保险级别，因此D项错误。

55. 答案：A。《联合国国际货物销售合同公约》关于违约救济的规定基本与我国《民法典》合同编相同，如有充分理由断定对今后各批货物将会发生根本违反合同，则可在一段合理时间内宣告合同今后无效。但若违约方提供充分保证，则应继续履行义务。故若乙公司提供充分保证，则甲公司应继续履行第二批货物的交付义务。因此，A项正确。CIP术语下的交货地点为第一承运人所在地，注意这里是装运地而不一定是装运港，因为CIP适用于所有运输方式。故甲公司应在装运港完成交货的说法错误。因此，B项错误。根据《出口管制法》第16条第1款规定：“管制物项的最终用户应当承诺，未经国家出口管制管理部门允许，不得擅自改变相关管制物项的最终用途或者向任何第三方转让。”本案中，电子仪器属于出口管制物项，甲国乙公司未经国家出口管制管理部门允许不得向第三方转卖。因此，C项错误。在2020年《国际贸易术语解释通则》下，CIP要求投保一切险。（注意区分CIF：一般投平安险，除非买方有特殊要求）。故甲公司在CIP术语下应投保一切险。因此，D项错误。

56. 答案：B。无论是约定管辖法院还是使用中文文本，都不意味着对合同准据法作出选择。因此，A项错误。《联合国国际货物销售合同公约》的适用具有任意性，双方对准据法明确选择将完全排除《联合国国际货物销售合同公约》的适用，若双方选择适用法国法，则应当适用法国法。因此，B项正确。本案合同双方的营业地为中国和法国，满足营业地在不同缔约国的条件。若双方没有就法律适用达成合意，则合同纠纷应适用《联合国国际货物销售合同公约》。因此，C项错误。《联合国国际货物销售合同公约》不解决合同效力、所有权转移和产品责任问题。因此，D 项错误。

57. **答案**：C。根据 1980 年《联合国国际货物销售合同公约》第 52 条规定，买方具有接收义务，但有例外。在两种情形下买方可以拒收：①卖方提前发货；②卖方多发货，买方可以拒收多发部分。本题不存在以上两种情形，因此乙公司不能拒绝收货，A 项错误。CIP 术语下货物风险在卖方货交第一承运人时转移，本案卸货时的钩损发生在风险转移后，买方无权向卖方索赔，B 项错误。2020 年《国际贸易术语解释通则》下的 CIP 术语对应一切险（除非另有约定），而钩损在一切险的承保范围内；同时，因风险已在交承运人时转移给买方甲国乙公司，故发生保险事故后，亦应当由享有保险利益的甲国乙公司向保险公司索赔，C 项正确。信用证具有独立性，只要符合“单单一致单证相符”，银行即应付款。该义务不受基础交易之影响，D 项错误。

多项选择题

1. **答案**：ABD。《联合国国际货物销售合同公约》第 36 条第 1 款规定，卖方应按照合同和本公约的规定，对风险移转到买方时所存在的任何不符合合同情形，负有责任，即使这种不符合合同情形在该时间后方始明显。因此，A 项说法正确。第 35 条第 1 款规定，卖方交付的货物必须与合同所规定的数量、质量和规格相符，并须按照合同所定的方式装箱或包装。据此可知，提供符合货物方式的包装是卖方的法定义务，如果卖方没有履行该义务，就需要承担相应的责任。因此，B 项说法正确。第 31 条第（a）项规定，如果销售合同涉及货物的运输，卖方应把货物移交给第一承运人，以运交给买方。第 67 条第 1 款规定，如果销售合同涉及货物的运输，但卖方没有义务在某一特定地点交付货物，自货物按照销售合同交付给第一承运人以转交给买方时起，风险就移转到买方承担。如果卖方有义务在某一特定地点把货物交付给承运人，在货物于该地点交付给承运人以前，风险不移转到买方承担。卖方受权保留控制货物处置权的单据，并不影响风险的移转。据此可知，如果当事人对交货地点没有特别约定的话，一般情况下卖方将货物交给第一承运人时，完成交付，风险转移，此后再因非出卖人的原因导致货物不符合合同的，出卖人不应承担责任。因此，C 项说法错误。第 36 条第 2 款规定，卖方对在上一款所述时间后发生的任何不符合合同情形，也应负有责任，如果这种不符合合同情形是由于卖方违反他的某项义务所致，包括违反关于在一段时间内货物将继续适用于其通常使用的目的或某种特定目的，或将保持某种特定质量或性质的任何保证。因此，D 项说法正确。
2. **答案**：BC。A 项把两者的交货方式混淆，F 项下只有 FOB 术语下，货物的风险是在装运港船上转移。
3. **答案**：BC。《联合国国际货物销售合同公约》中规定，该公约不适用于船舶、船只、气垫船或飞机的销售。
4. **答案**：AC。我国在核准公约时，提出了下列两项保留：第一，对公约第 11 条的保留，即“销售合同无须以书面订立或书面证明，在形式方面也不受任何其他条件的限制。销售合同可以用包括人证在内的任何方法证明”。第二，对公约第 1 条第 1 款第（b）项规定的保留，即扩大适用的保留。我国不同意通过对国际私法的引用而使公约适用于非缔约国。2013 年 2 月我国政府撤回了第 1 项保留。
5. **答案**：BCD。要约的撤销、拒绝以及反要约都会造成要约的失效。要约的撤回不会构成要约的失效，因为要约被撤回后，要约还没有生效。
6. **答案**：BC。《联合国国际货物销售合同公约》中规定，如果载有逾期的承诺信件或其他书面文件表明依照它寄发时的情况，只要邮寄正常，它本应及时到达要约人，则此项逾期承诺应认为具有承诺的效力，除非要约人毫不迟延地用口头或书面通知受要约人，他认为该要约已因逾期而失效。
7. **答案**：AB。根本违反合同是一方当事人违反合同的结果，使另一方当事人遭受损害，以至于实际上剥夺了他根据合同有权期望得到的东西。案例（1）中，卖方的行为即属根本违反合同，因而买方有权撤销合同，拒收迟交的货物；而案例（2）中，卖方延迟交货不属根本违反合同，买方不能撤销合同。参见《联合国国际货物销售合同公约》第25条。

8. **答案**：BD。要约既可以撤回也可以撤销；而承诺只能撤回不能撤销。

9. **答案**：CD。承运人只能在接到正本提单的时候才可以交付货物，以保函的形式要求交货事实上构成了欺诈的行为。银行应该向收货人要求付款。

10. **答案**：AD。依1980年《联合国国际货物销售合同公约》的规定，当卖方交货不符构成根本违约时，买方可以宣告合同无效；当一方先期违约时，另一方可以根据它先期违约的具体情况解除合同或中止履行。

11. **答案**：BD。根据《联合国国际货物销售合同公约》该合同没有成立，因为某国乙公司修改装船日期，实为一个新的要约而不是承诺。《联合国国际货物销售合同公约》第19条规定，(1) 对发价表示接受但载有添加、限制或其他更改的答复，即为拒绝该项发价，并构成还价。(2) 但是，对发价表示接受但载有添加或不同条件的答复，如所载的添加或不同条件在实质上并不变更该项发价的条件，除发价人在不过分迟延的期间内以口头或书面通知反对期间的差异外，仍构成接受。如果发价人不做出这种反对，合同的条件就以该项发价的条件以及接受通知内所载的更改为准。(3) 有关货物价格、付款、货物质量和数量、交货地点和时间、一方当事人对另一方当事人的赔偿责任范围或解决争端等的添加或不同条件，均视为在实质上变更发价的条件。依此，BD项为正确答案。

12. **答案**：AD。合同无效，甲公司仍然承担违约责任，因此，B项说法错误。争议解决条款具有独立性，并不随着合同无效而无效，因此，C项说法错误。

13. **答案**：ABD。CFR术语下，货物风险在装运港船上转移，CIP术语是运费和保险费付至指定目的地，CIF术语下，货物的风险是在装运港船上转移。

14. **答案**：ABD。根据《联合国国际货物销售合同公约》规定，其涉及国际货物买卖中的违约救济问题。

15. **答案**：AB。对要约保持沉默，以及对要约实质性的变更都不能视为有效的承诺。

16. **答案**：ABC。必须是双方的营业地位于不同的缔约国，而不是跨境的所有买卖合同都适用。另外，第11条保留已被我国政府于2013年2月撤回。

17. **答案**：AC。买方具有收取货物的义务、付款的义务。

18. **答案**：AB。甲公司的去电是反要约，合同不能成立。

19. **答案**：AD。A对，CIF（成本、运费加保险费），是指在装运港把货物装上船时卖方即完成交货，但卖方须支付将货物运至指定目的港所需的运费，并办理运输中的保险。在CIF术语下货物的风险在装运港船上由卖方转移给买方。据此，本题中货物的风险是在装运港船上转移，风险应由乙公司承担。BC错D对，因为虽然承运人的责任自装船时起，但依中国《海商法》及《海牙规则》的规定，除非承运人本人有过失，其对火灾是免责的。因CIF价格条件的风险是在装运港船上转移，该批货物已投保了一切险，故乙公司应向保险公司提出索赔。

20. **答案**：ABC。根据国际商会的《国际销售示范合同》的规定，商标条款不属于其中的主要条款。

21. **答案**：ABCD。在国际货物买卖中，表示货物品质的方法主要有：凭规格、等级或标准确定货物品质；凭样品确定货物品质；凭商标或牌号确定货物品质；凭说明书确定货物的品质。

22. **答案**：BCD。商检条款通常规定商品检验所应依据的标准、检验机构、检验期间及商检权等内容。其作用主要有：是确定卖方所交货物是否符合合同的依据，关系到合同的履行；是卖方议付货款的依据；是买方要求索赔的凭据；是仲裁、诉讼的证据。

23. **答案**：ABC。一项有效的承诺必须满足以下条件：（1）承诺要由受要约人作出才发生效力。（2）与要约的条件保持一致。（3）承诺应在要约有效的时间内作出。逾期作出的承诺，原则上无效，但如果考虑到交易的情况或要约人毫不迟疑地发出通知表示接受，则仍具有承诺的效力。（4）承诺必须通知要约人才产生效力。承诺于表示同意的通知送达要约人时生效。承诺生效时合同成立。我国《民法典》规定，通过函件、电报、电传达成的协议，如一方要求签订确认书时，则合同不是在收到承诺的函件、电报、电传时成立，而是在确认书经双方签字后才能成立。沉默一般不构成承诺。但是，根据要约的规定以及当事人之间确立的习惯做法或惯例，受要约人可以做出某种行为，诸如发货或支付价金等表示同意。然而，其行为必须在规定的期限内实施。如未规定时间，则应在合理的时间内作出。综上所述，ABC三项表述错误，D项表述正确。

24. **答案**：ABD。《联合国国际货物销售合同公约》第16条规定：“（1）在未订立合同之前，发价得予撤销，如果撤销通知于被发价人发出接受通知之前送达被发价人。（2）但在下列情况下，发价不得撤销：（a）发价写明接受发价的期限或以其他方式表示发价是不可撤销的；或（b）被发价人有理由信赖该项发价是不可撤销的，而且被发价人已本着对该项发价的信赖行事。”

25. **答案**：ABC。承诺，是受要约人对要约的内容表示无条件接受的意思表示。有效的承诺应符合下列条件：承诺须由受要约人作出；承诺应在要约有效期内作出，对于规定了有效期限的要约，应在规定的期限内作出承诺；对于未规定期限的要约，应在合理的期限内作出承诺；与要约的内容相一致。

26. **答案**：ABC。《联合国国际货物销售合同公约》第24条规定：“为公约本部分的目的，发价、接受声明或任何其他意旨表示‘送达’对方，系指用口头通知对方或通过任何其他方法送交对方本人，或其营业地或通讯地址，如无营业地或通讯地址，则送交对方惯常居住地。”

27. **答案**：BC。《联合国国际货物销售合同公约》第21条规定：“……（2）如果载有逾期接受的信件或其他书面文件表明，它是在传递正常、能及时送达发价人的情况下寄发的，则该项逾期接受具有接受的效力，除非发价人毫不迟延地用口头或书面通知被发价人：他认为他的发价已经失效。”据此，本题中发价人甲公司对乙公司逾期的承诺立即表示了“该发价已失效”，因此，该合同未成立，也无从谈起甲公司的履约义务。

28. **答案**：ABD。《联合国国际货物销售合同公约》第14条规定：“（1）向一个或一个以上特定的人提出的订立合同的建议，如果十分确定并且表明发价人在得到接受时承受约束的意旨，即构成发价。一个建议如果写明货物且明示或暗示地规定数量和价格或规定如何确定数量和价格，即为十分确定……”一项要约为十分确定须满足的条件为明确货物的名称；明示或暗示地规定数量和价格或规定如何确定数量和价格。

29. **答案**：BD。《联合国国际货物销售合同公约》第53条规定：“买方必须按照合同和本公约规定支付货物价款和收取货物。”

30. **答案**：AD。《联合国国际货物销售合同公约》第41条规定：“卖方所交付的货物，必须是第三方不能提出任何权利或要求的货物，除非买方同意在这种权利或要求的条件下，收取货物。但是，如果这种权利或要求是以工业产权或其他知识产权为基础的，卖方的义务应依照第四十二条的规定。”

31. **答案**：ABD。货物的风险，指的是货物因自然原因或意外事故所致的损坏或灭失，如果货物的损坏或灭失是由于卖方违反合同所致，买方仍然有权向卖方提出索赔，采取因此种违反合同而可以采取的各种补救办法。故A对。根据《联合国国际货物销售合同公约》第68条规定：“对于在运输途中销售的货物，从订立合同时起，风险就移转到买方承担。但是，如果情况表明有此需要，从货物交付给签发载有运输合同单据的承运人时起，风险就由买方承担。尽管如此，如果卖方在订立合同时已知道或理应知道货物已经遗失或损坏，而他又不将这一事实告知买方，则这种遗失或损坏应由卖方负责。”据此，在途货物的销售，风险自买卖合同成立时转移。故B对。《联合国国际货物销售合同公约》第69条规定：“（1）在不属于第六十七条和第六十八条规定的情况下，从买方接收货物时起，或如果买方不在适当时间内这样做，则从货物交给他处置但他不收取货物从而违反合同时起，风险移转到买方承担。（2）但是，如果买方有义务在卖方营业地以外的某一地点接收货物，当交货时间已到而买方知道货物已在该地点交给他处置时，风险方始移转。（3）如果合同指的是当时未加识别的货物，则这些货物在未清楚注明有关合同以前，不得视为已交给买方处置。”据此，“风险转移以交货时间为基本原则”须以卖方无违约责任为前提。故C错D对。公约在确定货物的风险转移上基本采取的是以交货时间为基本原则，即风险随着交付走，而不是随着所有权走。

32. 答案：AD。合同解除后，违约方仍然要承担违约责任，因此，B项说法错误。由于法律规定或双方约定免责条款的原因不属违约，因此，C项说法错误。AD项正确。

33. 答案：BD。根据《联合国国际货物销售合同公约》第42条规定，（1）卖方所交付的货物，必须是第三方不能根据工业产权或其他知识产权主张任何权利或要求的货物，但以卖方在订立合同时已知道或不可能不知道的权利或要求为限，而且这种权利或要求根据以下国家的法律规定是以工业产权或其他知识产权为基础的：（a）如果双方当事人在订立合同时预期货物将在某一国境内转售或做其他使用，则根据货物将在其境内转售或做其他使用的国家的法律；或者（b）在任何其他情况下，根据买方营业地所在国家的法律。（2）卖方在上一款中的义务不适用于以下情况：（a）买方在订立合同时已知道或不可能不知道此项权利或要求；或者（b）此项权利或要求的发生，是由于卖方要遵照买方所提供的技术图样、图案、程式或其他规格。因为乙公司的营业地在法国，且在合同签订的时候，卖方不知道货物将转卖意大利，所以甲公司应按照法国的法律承担责任。根据（2）的规定，甲公司的知识产权担保义务不适用于卖方要遵照买方所提供的技术图样生产的情形。

34. 答案：BC。在CIF术语下，买卖双方的风险自货物在装运港装运上船时转移，A项错误，B项正确。《联合国国际货物销售合同公约》规定运输途中货物风险原则上自双方订立合同时转移，C项正确，D项错误。

35. 答案：ABD。卖方应当在合同指定的地点和时间交货和包装，如果合同未作约定，应按公约的规定进行：（1）交货地点。一般情况下，由卖方在其营业地交货；如果在订立合同时，双方都知道是在某一特定地点的特定货物或在特定存货中提取或在某特定地点生产加工，则在该特定地点交货；如果货物涉及运输，则货交第一承运人的地点为交货地点。（2）交货时间。卖方应在合同约定的时间内交货，如果合同没有约定，则卖方应当按公约的规定在一段合理时间内交货。（3）包装方式。货物应按通用的方式包装，如果没有通用方式，则按照足以保护和保全货物的方式包装。EXW（工厂交货）术语下，是在卖方中国甲公司所在地交货。所以，C项错误。

36. 答案：CD。CIF（成本、保险费加运费）交货：卖方必须在装运港，在约定日期或期限内，将货物交至船上。CIF风险转移：货物的风险在装运港船上由卖方转移给买方。CIF双方义务：①卖方义务：提供符合合同规定的货物和单证；办理出口许可证及其他货物出口手续；订立运输合同，将货物运至指定的目的港并支付运费；办理货物的保险并交纳保险费；承担在装运港货物装上船前的风险和费用。②买方义务：支付货款并接受卖方提供的单证；取得进口许可证并办理进口手续；承担在装运港货物装上船以后的风险和除运费和保险费外的费用。所以，本题中，A项卖方负责把货物运到上海是不对的，不应选。B项中装运工人罢工，不构成不可抗力，所以不选。

37. **答案**：BCD。国际贸易包括国际货物买卖、国际技术转让和国际无形贸易，不包括国际投资。

38. **答案**：ACD。各国有关国际货物买卖的判例不能作为国际货物买卖的法律渊源。

39. **答案**：ABC。当事人可以没有确定交货的时间和地点，这不影响发价的确定性。

40. **答案**：BCD。发价的撤回不是发价失效的原因，因为发价被撤回前，发价还没有生效。

41. **答案**：ABCD。《联合国国际货物销售合同公约》的基本原则是：建立新的国际经济秩序的原则；平等互利原则；照顾不同的社会、经济制度的原则；促进国际贸易发展的原则。

42. **答案**：ABC。《联合国国际货物销售合同公约》第 75 条规定，如果合同被宣告无效，而在宣告无效后一段合理时间内，买方已以合理方式购买替代货物，或者卖方已以合理方式把货物转卖，则要求损害赔偿的一方可以取得合同价格和替代货物交易价格之间的差额以及按照第 74 条规定可以取得的任何其他损害赔偿。因此，A 项说法正确。第 76 条规定：（1）如果合同被宣告无效，而货物又有时价，要求损害赔偿的一方，如果没有根据第 75 条规定进行购买或转卖，则可以取得合同约定的价格和宣告合同无效时的时价之间的差额以及按照第 74 条规定可以取得的任何其他损害赔偿。但是，如果要求损害赔偿的一方在接收货物之后宣告合同无效，则应适用接收货物时的时价，而不适用宣告合同无效时的时价。（2）为上一款的目的，时价指原应交付货物地点的现行价格，如果该地点没有时价，则指另一合理替代地点的价格，但应适当地考虑货物运费的差额。因此，B 项说法正确。第 74 条规定，一方当事人违反合同应负的损害赔偿额，应与另一方当事人因他违反合同而遭受的包括利润在内的损失额相等。这种损害赔偿不得超过违反合同一方在订立合同时，依照他当时已知道或理应知道的事实和情况，对违反合同预料到或理应预料到的可能损失。因此，C 项说法正确。第 77 条规定，声称另一方违反合同的一方，必须按情况采取合理措施，减轻由于该另一方违反合同而引起的损失，包括利润方面的损失。如果他不采取这种措施，违反合同一方可以要求从损害赔偿中扣除原可以减轻的损失数额。因此，D 项说法错误。

43. **答案**：AD。EXW 是在卖方工厂交货，卖方义务最小，买方义务最大。所以甲公司如果选择 EXW 贸易术语，就意味着它要承担的相关义务比选择任何其他的贸易术语都要大。故 A 正确。CFR 是卖方已付运费的术语，该术语下卖方办理托运，应当指定目的港。而选项 B 指定了始发港，所以甲公司不可以接受。故 B 错误。在“CFR 布宜诺斯艾利斯”的贸易术语中，由于卖方乙公司已经办理了运输保险，并且货物损失是在海上运输过程中产生的，已经脱离了乙公司的支配，所以应由保险公司负赔偿责任。故 C 错误。《国际贸易术语解释通则》F 组中的贸易术语 FCA、FAS、FOB 也是常用的术语，所以双方都有可能接受 F 组中的某项贸易术语。故 D 正确。由此可知，本题答案为 AD。

44. **答案**：CD。DAP（Delivered at Place），即目的地交货，是指卖方已经用运输工具把货物运送到买方指定的目的地后，将装在运输工具上的货物（不用卸载）交由买方处置，即完成交货。卖方必须签订运输合同，支付将货物运至指定目的地或指定目的地内的约定地点所发生的运费；在指定目的地将符合合同约定的货物放在已抵达的运输工具上交给买方处置时即完成交货；卖方必须向买方发出所需通知，以便买方采取收取货物通常所需的措施；承担在指定目的地运输工具上交货之前的一切风险和费用；自负风险和费用取得出口所需的许可或其他官方授权，办理货物出口和交货前从他国过境运输所需的一切海关手续；提供商业发票或相等的电子信息。买方承担在指定目的地运输工具上交货之后的一切风险和费用；自负风险和费用取得进口所需的许可或其他官方授权，办理货物进口所需的一切海关手续；按合同约定收取货物，接受交货凭证，支付价款。故CD正确。

45. 答案：BD。FCA术语下卖方无运输义务，也无保险义务，因此，中国丙公司不应承担运费和保险费用，A项错误。根据《出口管制法》第19条规定，出口货物的发货人或者代理报关企业出口管制货物时，应当向海关交验由国家出口管制管理部门颁发的许可证件，并按照国家有关规定办理报关手续。第45条规定，管制物项的过境、转运、通运、再出口或者从保税区、出口加工区等海关特殊监管区域和出口监管仓库、保税物流中心等保税监管场所向境外出口，依照本法的有关规定执行。由此可知，仍然须办理许可手续，申领出口许可证，B项正确。根据《出口管制法》第16条规定，管制物项的最终用户应当承诺，未经国家出口管制管理部门允许，不得擅自改变相关管制物项的最终用途或者向任何第三方转让，C项错误。根据《出口管制法》第18条规定，对违反最终用户或者最终用途管理要求的进口商和最终用户，国家出口管制管理部门有权将其列入管控名单，禁止或限制向其出口管制物项，D项正确。

不定项选择题

1. 答案：ABCD。本题中ABCD项下的国际立法均调整了EDI的法律关系。

2. 答案：D。本题考查国际货物买卖合同的成立。国际货物买卖合同是当事人之间意思表示一致的结果。要约是一方当事人为订立合同而向特定的人所作的意思表示；承诺是受要约人对要约的内容表示无条件接受的意思表示。要约一经承诺，合同即告成立。但受要约人如果在承诺中对原要约的内容有实质性的更改、扩展或限制，则该承诺被视为新的要约即反要约，从而使原要约失效，合同并未成立。反要约实际上是一个新要约，只有经过要约人的承诺才能成立一个新的合同。本题中，乙公司的还价实际上是反要约，甲公司没有对乙公司的反要约作出答复，因此，该合同没有成立。所谓实质性变更，是指要约条件中有关货物价格、付款、货物质量和数量、交货地点和时间、赔偿责任范围或争议解决方式等的变更。本题中，装船时间的改变是交货时间的改变，是实质性变更。国际货物买卖合同的成立条件与我国《民法典》的规定是类似的，可以依照我国《民法典》的规定进行判断。

3. 答案：B。《联合国国际货物销售合同公约》第67条第1款规定，如果销售合同涉及货物的运输，但卖方没有义务在某一特定地点交付货物，自货物按照销售合同交付给第一承运人以转交给买方时起，风险就移转到买方承担。如果卖方有义务在某一特定地点把货物交付给承运人，在货物于该地点交付给承运人以前，风险不移转到买方承担。卖方经授权保留控制货物处置权的单据，并不影响风险的移转。因此，ACD项说法正确。第68条规定，对于在运输途中销售的货物，从订立合同时起，风险就移转到买方承担。但是，如果情况表明有此需要，从货物交付给签发载有运输合同单据的承运人时起，风险就由买方承担。尽管如此，如果卖方在订立合同时已知道或理应知道货物已经遗失或损坏，而他又不将这一事实告知买方，则这种遗失或损坏应由卖方负责。因此，B项说法错误。

4. 答案：BCD。卖方无须承担货物侵犯第三方知识产权的情况有三个：（1）卖方订立合同时并不知道货物将转运到未约定的第三国；（2）卖方是依据买方提供的技术、图样、款式进行生产的货物导致侵权，卖方不承担责任；（3）买方在知道或理应知道第三人的权利或要求后的合理时间内未通知卖方，卖方不承担责任。所以BCD正确。

5. 答案：BD。根据《联合国国际货物销售合同公约》第38条规定，（1）买方必须在按情况实际可行的最短时间内检验货物或由他人检验货物。（2）如果合同涉及货物的运输，检验可推迟到货物到达目的地后进行。（3）如果货物在运输途中改运或买方须再发运货物，没有合理机会加以检验，而卖方在订立合同时已知道或理应知道这种改运或再发运的可能性，检验可推迟到货物到达新目的地后进行。所以，A 选项错误。B 选项正确。第 39 条规定，（1）买方对货物不符合合同，必须在发现或理应发现不符合情形后一段合理时间内通知卖方，说明不符合合同情形的性质，否则就丧失声称货物不符合合同的权利。（2）无论如何，如果买方不在实际收到货物之日起两年内将货物不符合合同情形通知卖方，他就丧失声称货物不符合合同的权利，除非这一时限与合同约定的保证期限不符。所以，C 选项错误。第 36 条规定，（1）卖方应按照合同和本公约的规定，对风险移转到买方时所存在的任何不符合合同情形，负有责任，即使这种不符合合同情形在该时间后方始明显。（2）卖方对在上一款所述时间后发生的任何不符合合同情形，也应负有责任，如果这种不符合合同情形是由于卖方违反他的某项义务所致，包括违反关于在一段时间内货物将继续适用于其通常使用的目的或某种特定目的，或将保持某种特定质量或性质的任何保证。所以，D 选项正确。

6. **答案**：B。FCA，全称 Free Carrier，意为“货交承运人”，指卖方在卖方所在地或其他指定地点将货物交给买方指定的承运人或其他人，并办理出口清关手续，即完成交货。“承运人”指在运输合同中承诺通过铁路、公路、航空、海上、内河运输或联合方式履行运输或由他人履行运输的任何人。该术语适用于各种运输方式，包括多式联运。B 项错误。（1）交货：交货地点的选择对在该地点装货和卸货的义务会产生影响。如在卖方所在地交货，则卖方应负责装货。如在其他地点交货，则卖方可以在自己的运输工具上完成交货，而不负责将货物从自己的运输工具上卸下。（2）风险转移：货物的风险在交货时转移。（3）双方义务：①卖方义务：卖方必须提供符合销售合同的货物和单据；办理出口手续；在指定的地点和约定的时间将货物交付给买方指定的承运人或其他人；承担交货前的风险和费用。②买方义务：支付货款；办理进口手续；订立运输合同并承担运费；承担交货后的风险和费用，包括办理保险。由此可见，FCA 术语下，货交第一承运人时，卖方完成交货义务，且实现风险转移，因此，C、D 项正确。

7. **答案**：A。2010 年《国际贸易术语解释通则》和 2020 年《国际贸易术语解释通则》中 FCA 的基本含义都是“货交第一承运人”时风险转移，卖方“不包运也不包险”，C 项错误。即使 2020 年《国际贸易术语解释通则》中增加了买卖双方可在合同中约定，买方通知海运承运人向卖方签发已装船提单，以解决卖方需要向信用证下的银行交单以获得货款的需求，但此项规定没有改变 FCA 术语货交第一承运人时风险即转移的基本内容，本案货物损失发生在风险已经转移到买方的海运途中，故买卖合同关系中的损失应由买方自行承担，B 项错误。信用证下银行是否付款只考虑单证、单单是否表面相符，货物的实际情况与银行付款无关，D 项错误。

名词解释

1. **答案**：CIF 是 Cost，Insurance and Freight 的缩写。CIF 术语表明卖方在装运港将货物运送至船上时卖方即完成交货，虽然卖方必须支付将货物运至指定的目的港所需的运费，但交货后货物灭失或损坏的风险及由于各种事件造成的任何额外费用即由卖方转移到买方。同时卖方在 CIF 价格条件下还必须办理买方货物在运输途中灭失或损坏风险的海运保险，但应该明确指出，该保险只要求卖方投保最低限度的保险险别。该术语仅适用于海运和内河运输。

2. **答案**：承诺是受要约人对要约表示无条件接受的意思表示。一项有效的承诺必须满足一定的条件：承诺要由受要约人作出才发生效力；与要约的条约保持一致；承诺应在要约有效的时间内作出；承诺必须通知要约人才发生效力。

3. **答案**：电子单证产生于 20 世纪 60 年代末的欧美。经过几十年的发展，电子单证在欧美的大公司中的使用已非常普遍。电子单证也称作 EDI，是 Electronic Data Interchange 的英文缩写，直译为电子数据交换，指当事人依照法律和协议用电子计算机对约定的信息和数据标准化、格式化，通过计算机网络进行交换和处理。

4. **答案**：货物的品质规格是指商品所具有的内在质量与外观形态。在国际贸易中，商品的品质首先应符合合同的要求，对于某些由国家制定了品质标准的商品，如某些食品，其品质还必须符合有关国家的规定。品质条款的主要内容是：品名、规格和牌号，合同中约定品质规格条款的方法有两种：凭样品及凭文字与图样的方法。

5. **答案**：瑕疵担保是指卖方对其所售货物的质量、特性或适用性承担的责任。

6. **答案**：不可抗力是指合同订立以后发生的当事人订立合同时不能预见、不能避免、不能克服的客观情况，导致不能履约或不能如期履约。遭受不可抗力一方可由此免除责任，而对方无权要求赔偿。不可抗力条款的主要内容包括：不可抗力的含义、范围以及不可抗力引起的法律后果、双方的权利义务等。

7. **答案**：所谓第三方要求，又称为卖方的权利担保义务，是《联合国国际货物买卖销售公约》中使用的概念之一，是指卖方保证对其所交付的货物享有合法的权利，其可以出卖这些货物，没有侵害任何第三人的权利，第三人不能就该项货物提出任何权利或要求。如果卖方违反了权利担保义务，应当承担责任。

8. **答案**：先期违约是指合同订立以后，履行期到来之前，一方表示拒绝履行合同的意图。先期违约可由违约方明确表示，或由对方从其行动中判断出来。

简答题

1. **答案**：卖方知识产权担保，是指在货物买卖法律关系中，卖方有义务保证，对于其向买方交付的货物，任何第三方不能基于知识产权向买方主张任何权利或要求。由于知识产权具有无形性、地域性、独占性等特点，其权利人的专有权被他人侵犯的机会和可能性比物权等权利大得多。一旦第三人对卖方交付的货物基于工业产权或其他知识产权提出权利或要求，买方对货物的使用或转售就会受到干扰，因为第三人可能向法院申请禁令，禁止买方使用或转售货物，而且还会要求买方赔偿因侵权而造成的经济损失，所以规定卖方的知识产权担保义务，对保护买方的利益非常必要。知识产权的保护具有严格的地域性，各国授予的知识产权是相互独立的，在某国取得的知识产权，只在该国境内受到保护。同一商品在甲国被认为没有侵犯他人的知识产权，但在乙国却可能会被认为是侵犯了他人的知识产权。那么应依何国的法律来判断卖方所出售的货物是否侵犯了第三人的知识产权呢？根据《联合国国际货物销售合同公约》第 42 条的规定，卖方对第三方依买方营业地所在国法律提出的有关知识产权的请求，应承担责任。另外，如果在订立合同时卖方已知买方打算把该项货物转售到某一国家或在某国使用，那么卖方对于第三方依据该国法律所提出的权利要求，应承担责任。

   《联合国国际货物销售合同公约》第 43 条对于卖方的权利担保义务进一步规定，买方如果不在已经知道或理应知道第三方的权利或要求后一段合理时间内，将此一权利或要求的性质通知卖方，则买方就丧失援引第 41 条或第 42 条规定的权利。但是，如果卖方知道第三方的权利或要求以及此一权利或要求的性质，则卖方就无权援引前款规定。《联合国国际货物销售合同公约》第 44 条则规定，虽有上述规定，但如果买方对于其未能发出所需的通知具有合理的理由，则买方仍可以要求降低价格，或者要求利润损失以外的损害赔偿。

2. **答案**：（1）对合同书面形式的保留。《联合国国际货物销售合同公约》规定，合同可以采取任何形式订立，包括口头形式。根据我国当时《涉外经济合同法》的规定，国际货物销售合同必须以书面的形式订立。我国从买卖关系的复杂性以及解决纠纷的原则性考虑对此作出保留。这样做的法律根据是保持合同的确定性和统一性。1999 年《涉外经济合同法》废止，我国政府已于2013年2月撤回了该项保留。

（2）对公约适用范围的保留。对公约为了扩大其适用范围而规定，如果因为国际私法规则导致适用公约，则对于营业地不在公约的适用范围之内的双方当事人订立的货物销售合同也适用这一规定，我国作了保留。这样做的法律根据是保证公约适用的确定性。

3. 答案：根据《联合国国际货物销售合同公约》的规定，国际货物销售合同是指营业地处于不同国家的当事人之间订立的货物销售合同。解除合同的条件：

（1）根本违约。是指一方当事人违反合同的结果，使得另一方当事人蒙受损失，并且在实质上剥夺了他根据合同期待得到的东西。受损害的一方当事人有权要求解除合同，并且要求损害赔偿。（2）预期违约。如果订立合同之后，一方当事人由于他履行义务的能力或者其信用有严重缺陷，或者其在准备履行合同或者履行合同中的行为，表明其显然将不履行其大部分主要义务，另一方可以以对方当事人预期违反合同为由，中止履行义务，但是要通知对方。如对方提供了担保，就要继续履行合同，如果对方不提供担保则可以解除合同。（3）分批交货中的违反合同。如果各批货物是相互依存的，对方一次不履行合同构成对以后各批货物的根本违反合同，那么就可能导致交货无效，当事人有权解除合同。（4）双方协议解除合同。（5）不可抗力中，如果遭受不可抗力的一方无法履行合同义务，可以解除合同。

效果：合同解除的效力一般就是返还财产和损害赔偿。

4. 答案：《联合国国际货物销售合同公约》对卖方承担的权利担保义务作了如下规定：

第41条，卖方所交付的货物，必须是第三方不能提出任何权利或要求的货物，除非买方同意在这种权利或要求的条件下，收取货物。但是，如果这种权利或要求是以工业产权或其他知识产权为基础的，卖方的义务应依照第42条的规定。

第42条：（1）卖方所交付的货物，必须是第三方不能根据工业产权或其他知识产权主张任何权利或要求的货物，但以卖方在订立合同时已知道或不可能不知道的权利或要求为限，而且这种权利或要求根据以下国家的法律规定是以工业产权或其他知识产权为基础的：（a）如果双方当事人在订立合同时预期货物将在某一国境内转售或做其他使用，则根据货物将在其境内转售或做其他使用的国家的法律；或者（b）在任何其他情况下，根据买方营业地所在国家的法律。（2）卖方在上一款中的义务不适用于以下情况：（a）买方在订立合同时已知道或不可能不知道此项权利或要求；或者（b）此项权利或要求的发生，是由于卖方要遵照买方所提供的技术图样、图案、程式或其他规格。

第43条：（1）买方如果不在已知道或理应知道第三方的权利或要求后一段合理时间内，将此一权利或要求的性质通知卖方，就丧失援引第41条或第42条规定的权利。（2）卖方如果知道第三方的权利或要求以及此一权利或要求的性质，就无权援引上一款的规定。

5. 答案：当一方出现预期违反合同的情况时，依据1980年《联合国国际货物销售合同公约》的规定，另一方可以采取中止履行义务的措施。此公约第71条对中止履行义务的条件进行了规定，条件可以概括为下列几点：（1）被中止方当事人在履行合同的能力或信用方面发生严重缺陷。如买方已经申请破产，或者发生不支付的情况，卖方可以判定买方的支付能力发生严重缺陷，因而可以中止履行义务。（2）被中止方当事人须在准备履行或履行合同的行为方面表明其将不能履行合同中的大部分主要义务。如在甲合同中，货物不符是由当事人所使用的原料造成的，而情况表明乙合同和甲合同使用的原料都出自同一产地，因此，如果该当事人准备使用或已经使用了这种原料，那么，这种准备使用或已经使用了的行为，就表明该当事人不能履行合同的大部分主要义务。应当注意，只要当事人一方对另一方的履约能力或信用产生合理的怀疑，就可以中止履约。但怀疑是否合理是个事实问题，要根据每一个合同的具体情况判断。而最终判定者常常是法院或仲裁庭。

除上述两种情况外，其他情况也有可能导致当事人中止履行义务，如对卖方来说，其所在的国家对与合同有关的货物实行出口禁运，货物的交付可能性在合同约定的期限内已经不存在。此时，买方可以根据合理的判断中止履行义务。中止履行义务的一方必须立即通知对方当事人，不论货物是否已经发运。

6. 答案：《联合国国际货物销售合同公约》对于买卖双方风险的转移采用了以下原则：

（1）交货时间确定风险的原则。《联合国国际货物销售合同公约》第69条规定，从买方接收货物时起，风险转移于买方。

（2）过失划分的原则。从交货时间起，风险从卖方移于买方。这一原则的适用有一个前提，即风险的转移是在卖方无违约行为的情况下，若卖方发生违约行为，则上述原则不适用。《联合国国际货物销售合同公约》第66条规定，货物在风险转移到买方后遗失或损坏，买方仍需履行付款义务，除非这种遗失或损坏是由卖方的作为或不作为所致。

（3）国际惯例优先原则。在国际货物买卖实践中，对于货物风险的转移，一些惯例有明确的规定，《联合国国际货物销售合同公约》第9条规定：双方当事人业已同意的任何惯例和他们之间确立的任何习惯做法，对双方当事人均有约束力。

（4）划拨是风险发生转移的前提条件。根据公约规定，货物在划拨合同项下前风险不发生转移。当货物涉及运输时，《联合国国际货物销售合同公约》第67条规定：风险于货交第一承运人时起转移到买方，但在货物未划拨合同项下前不发生转移。在交货不涉及运输时，《联合国国际货物销售合同公约》第69条规定，风险是在货物交由买方处置时发生转移，但在货物未清楚注明有关合同以前，不得视为已交给买方处置。

论述题

1. 答案：（1）根据《国际贸易术语解释通则》，FOB术语中买卖双方的权利和义务划分如下：卖方必须提供符合合同约定的货物和单证或者相等的电子单证；自负费用以及风险办理出口许可证手续，并缴纳出口捐、税、费。按照约定的时间、地点，并且依照港口惯例将货物运上买方所指定的船舶并且给买方充分的通知；承担在装运港货物装上船之前的风险和费用。使用FOB术语，应当注意卖方在货物装运完毕之后要给买方以充分的通知。由于货物的风险是在装上船时由卖方转移给买方，因此，卖方在货物装船的时候必须通知买方，以便买方投保。如果卖方不给予及时的通知导致买方受到损失应当由卖方负责。

（2）《联合国国际货物销售合同公约》中规定卖方的义务有：提交货物和相关的单证或者电子单证；担保的义务：主要是货物的质量方面的担保、知识产权方面的担保、所有权方面的担保。卖方对货物的知识产权担保义务是指：卖方有义务保证其所交付的货物，必须是任何第三方不得根据工业产权或者其他知识产权主张任何权利或者要求的货物。也就是说，卖方所交付的货物不得侵犯任何第三方的工业产权或者知识产权。

（3）卖方在这两个公约中都承担交付货物、提交单证的义务；在《联合国国际货物销售合同公约》中卖方要承担对知识产权和所有权方面的担保，但是在《国际贸易术语解释通则》中没有规定这方面的义务。

2. 答案：（1）逾期承诺是指承诺通知到达要约人的时间已经超过了要约所规定的有效期，或者在要约没有规定有效期时，已超过了合理的时间。（2）按照各国法律，逾期承诺不能认为是种有效的承诺，而只是一项新的要约。《联合国国际货物销售合同公约》也认为逾期的承诺在原则上是无效的。但为了有利于双方合同的成立，公约对逾期的承诺亦采取了一些灵活的处理方法，以便逾期承诺在符合某些条件的情况下，仍然具有承诺的效力，合同仍然得以成立。（3）按照《联合国国际货物销售合同公约》第21条第1款的规定：逾期的承诺仍具有承诺的效力，只要要约人毫不迟延地以口头或书面将其认为该逾期的承诺仍属有效的意思通知受要约人即可。这样，即使承诺逾期，合同仍可有效成立，合同成立的时间就是该逾期承诺送达要约人的时候。反之，如果要约人不及时对此项逾期的承诺予以确认，或表示由于承诺逾期，其要约已经失效，则该迟到的承诺就不具有承诺的效力，合同就不能成立。（4）按照《联合国国际货物销售合同公约》第21条第2款的规定，如果载有逾期承诺的信件或其他书面文件表明，依照它寄发的情况，只要邮递正常，它本来应当是能够及时送达要约人的，但事实上却由于传递的延误而迟到了，则此项逾期承诺应认为具有承诺的效力，除非要约人毫无迟延地用口头或书面通知受要约人，表示他的要约已因承诺逾期而失效。这项规定同前款规定的区别在于这项规定所指的是由于邮递延误致使承诺迟到，而不是由于受要约人做出承诺的时间太晚造成的，逾期的原因不能归咎于受要约人，在处理上亦与前款不同。

3. **答案**：（1）合同订立时间为所有权转移时间。采用以合同订立时间确定所有权转移时间的原则。在司法实践中，对于所有权的转移还可适用以下原则：

①对于种类物的买卖，所有权在货物经划拨后发生转移；

②对于附条件的买卖，则在满足条件后所有权发生转移；

③买卖双方可在合同中自由确定所有权转移时间。

（2）货物特定化后，在交货时所有权发生转移。货物在特定于合同项下之前，所有权不发生转移。除双方另有约定外，特定化后的货物所有权是在交货时发生转移：

①当合同约定在目的地交货时，所有权在目的地由卖方提交货物时发生转移；

②当合同约定卖方需将货物发送买方而需送至目的地时，货物所有权在交付发运的时间和地点转移给买方；

③当不需移动货物即可交付时，如卖方需提交所有权凭证时，所有权在交付所有权凭证的时间和地点发生转移；在不需提交所有权凭证时，所有权在订立合同时发生转移。

无论有无正当理由，当买方以任何形式拒绝接收货物时，所有权不发生转移。

（3）货物特定化后，以双方当事人的意图决定所有权转移。货物未经特定化之前，所有权不发生转移。特定化后的所有权转移时间取决于双方当事人的意图。为确定双方意图，除需考虑合同条款、缔约双方行为以及合同的具体情况外，还要遵循以下原则：

①当无保留条件的买卖是处于可交付状态的特定物时，货物所有权是在缔约时转移给买方。处于可交付状态是指货物已经备妥，买方应立即根据合同提取货物。

②当买方必须对货物有所作为才能使货物处于可交付状态时，所有权是在完成了这些工作并在买方收到有关通知时发生转移。

③当货物已处于可交付状态，但卖方还必须对货物进行称重、丈量、检验或其他行为才能确定价金时，所有权是在以上行为都已完成且买方收到有关通知时转移。

④当货物属于附有“看货和试用后决定”（on approval）或“准许退还剩货”（on sale or return）或其他类似条件交付买方时，所有权在买方向卖方表示认可或接受，或采取其他接受该项交易行为时；或买方虽未对卖方表示认可或接受，但留下货物且未通知拒收时发生转移。

⑤如特定化后，卖方根据合同条款保留对货物的处置权，则不管货物是否交付买方、交付承运人或其他委托人以便转移给买方，货物所有权都不发生转移，直至所附条件完成。

（4）订立独立的物权合同，转移货物所有权。货物所有权是在卖方将货物交付时发生转移；在卖方必须交付物权凭证的场合，卖方则通过提交物权凭证完成所有权转移。

（5）所有权于交货时发生转移。我国法律采用这一原则。我国没有专门的货物买卖法，也没有特定化的概念。《民法典》第598条规定：出卖人应当履行向买受人交付标的物或者交付提取标的物的单证，并转移标的物所有权的义务。

案例分析题

1. **答案**：（1）A要求B支付延误期间的大米仓储保管费及其他费用是能够成立的。本案中，依合同约定，B有义务于2024年6月10日派船只来中国接货，但B未能履行这一义务，才使A多支付了迟延期间的仓储费及其他费用。

（2）B的索赔要求不能成立。因为本案中的合同采用了FOB价格术语，在此条件下，买方自己承担货物自装运港装上船以后的一切风险。本案中，卖方A交货时货物品质是完好的，所以这一损失应由B承担。

本案中的合同采用了价格术语，买方要自行负担费用订立从指定装运港运输货物的合同，并给予卖方关于船名、装货地点和所要求交货时间的充分通知。依合同，B作为买方，应于2024年6月10日派船只来中国接货，但直到同年9月20日，买方才派船，迟延了3个多月。正是由于买方未履行自己的义务，才使卖方A多支付了迟延期间的仓储费及其他费用，这笔费用应由B支付。B的索赔要求不能成立。按FOB条件，买方承担货物自装运港装上船后的一切风险。卖方A只能保证大米在交货时的品质规格，对运输途中所引起的大米品质变化不属卖方责任；并且合同约定，以中国商检局的检验证明为最后依据，而保存在中国商检局的检验货样至争议发生后仍然完好，未发生虫害，因此，可以肯定卖方A不承担责任。

2. **答案**：甲公司应承担付款义务。本案涉及国际贸易术语中的CIF术语。CIF术语是国际贸易中运用得最广泛的术语之一。CIF即成本、保险费加运费，系指卖方必须支付成本费和将货物运至指定目的港所需的运费，还必须办理货物在运输途中应由买方承担的货物灭失或损坏风险的海运保险，由卖方订立保险合同并支付保险费。本术语只适用于海运和内河运输。

本案中，根据CIF贸易术语，乙公司在上海港口将茶叶装运交付到船上，就已完成了交货义务。自该批货物装上船时止，其灭失、损坏的风险已转移到买方，该批货物由于遭风暴袭击而报废，甲公司应向保险公司索赔，不能以此为由拒付货款。

3. **答案**：该案国际货物买卖合同成立，我方公司应实际履行合同。

本案的关键问题是如何认识合同订立的程序。本案中，经过推迟的要约有效期是5月10日，甲公司的承诺于5月5日到达，是有效承诺，合同应于5月5日成立。我方公司以市场价格变化，货物在接到承诺电报前已售出为由不履行合同是缺乏法律依据。

4. **答案**：（1）卖方的主张不合理。

（2）卖方应该赔偿买方的损失，但在赔偿买方的损失之后，有权再向造成损失的装运港的装运人索赔。因为，该风险发生在货物在装运港装上船之前。根据2020年《国际贸易术语解释通则》的规定，在FOB术语中，货物装上船之前的风险由卖方承担。而本案中的部分货物在装运过程中，包装被吊钩钩破即属于装上船之前的风险，因此，应该由卖方承担该货损责任，而不是买方。卖方让买方向装运部门索赔没有法律依据。

5. **答案**：（1）甲贸易公司的处理方法合理。因为乙贸易公司未按期交货已经构成了违约，而且在甲贸易公司拒绝将信用证延期的情况下，仍未履行交货义务，故乙贸易公司的行为构成根本违约，甲贸易公司有权解除合同并向乙贸易公司索赔。

（2）乙贸易公司应该赔付合同约定的价格与卖方应交货时，货物在卖方所在地价格之间的差额，如买方补进货物，应赔付合同价格与补进货物价格之间的差额。

第五章 国际货物运输与保险

单项选择题

1. **答案**：A。选项A正确，选项BD错误。CIF术语下，货物的风险在装运港船上由卖方转移给买方。本题中，货物已经装船，风险转移给乙公司。根据《海牙规则》，由于雷击失火，承运人免责。所以，应由乙公司向保险公司提出索赔。此时甲公司没有过错，不需要退还货款给乙公司。选项C错误。
2. **答案**：D。C错，倒签提单，是指承运人倒填签发日期的提单，提单上的签发日期早于实际装船日期。倒签提单变更了卖方交付货物的日期，使原本可能不符合合同约定的交货变得符合合同约定，从而可能剥夺了买方相应的权利。一般发生在托运人不能在信用证规定的期限内装船，同时又来不及修改信用证或不能修改信用证的情况下，其目的是使卖方能够交付合格的单据，取得货款。D对，预借提单，是指货物尚未全部装完，或货物已在承运人的接管下，但尚未开始装船的情况下签发的提单。签发预借提单一般是信用证的装船日期和交单结汇日期将届满，应托运人的要求预借提单。
3. **答案**：A。《汉堡规则》首次在一定范围内承认了保函的效力，即规定托运人为了换取清洁提单可向承运人出具保函，但保函只在托运人和承运人之间有效；如果保函有欺诈意图，则保函无效，承运人应赔偿第三者的损失，且不能享受责任限制。也就是说，善意的保函只在承运人和托运人之间有效；恶意的保函属于欺诈，无效。
4. **答案**：C。《汉堡规则》实行推定完全过失责任。其将《海牙规则》中承运人的不完全过失责任改为承运人的推定完全过失责任制。
5. **答案**：D。A错，A项表述是我国《海商法》规定的承运人的迟延交货赔偿责任限额。BC错，BC两项表述是《汉堡规则》规定的货物灭失或损坏的赔偿责任限额。D对，D项表述是《汉堡规则》规定的承运人迟延交货的责任限额。
6. **答案**：D。《海牙规则》规定的责任期间一般理解为"钩到钩"期间。有时承运人是在陆上接收货物，并在陆上仓库向收货人交货的，在收受货物至装船及卸下货物至交付这两个期间中，货物是在承运人的掌管之下，依《海牙规则》，承运人对装船前和卸货后的货损不负责任。为此，《汉堡规则》规定了承运人的责任期间为货物在装货港、运送途中和卸货港在承运人掌管下的全部期间，也就是"接到交"期间，或称"仓到仓"期间。
7. **答案**：C。《海牙规则》在承运人的责任上采用的是不完全过失责任，因为《海牙规则》规定了承运人的航行过失免责。
8. **答案**：C。C对，《海商法》第47条规定："承运人在船舶开航前和开航当时，应当谨慎处理，使船舶处于适航状态，妥善配备船员、装备船舶和配备供应品，并使货舱、冷藏舱、冷气舱和其他载货处所适于并能安全收受、载运和保管货物。"
9. **答案**：D。《汉堡规则》全称是1978年《联合国海上货物运输公约》，于1992年11月1日正式生效。该规则对承运人或托运人在货物运输中应享有的权利、承担的责任以及适用范围与其他公约不同。在承运人免责的问题上，《汉堡规则》取消了"航行过失免责"和"过失火灾免责"，即承运人对船长、船员等在驾驶船舶或管理船舶及火灾中的过失免责。但在火灾的举证责任上进行了妥协，索赔人只有在证明承运人对发生火灾有过失的条件下才能得到赔偿。
10. **答案**：D。此种货物锈损应由承运人负责，因其货舱盖不严是对船舶适航义务的违反。《海商法》第47条规定：承运人在船舶开航前和开航当时，应当谨慎处理，使船舶处于适航状态，妥善配备船员、装备船舶和配备供应品，并使货舱、冷藏舱、冷气舱和其他载货处所适于并能安全收受、载运和保管货物。依此，只有D项为正确答案。

11. 答案：B。《海牙规则》第4条第2项规定："不论承运人或船舶，对由于下列原因引起或造成的灭失或损坏，都不负责：(a) 船长、船员、引水员或承运人的雇佣人员，在驾驶船舶或管理船舶中的行为、疏忽或不履行义务；(b) 火灾，但由于承运人的实际过失或私谋所引起的除外；(c) 海上或其他可航水域的灾难、危险和意外事故；(d) 天灾；(e) 战争行为；(f) 公敌行为；(g) 君主、当权者或人民的扣留或管制，或依法扣押；(h) 检疫限制；(i) 托运人或货主、其代理人或代表的行为或不行为；(j) 不论由于任何原因所引起的局部或全面罢工、关厂停止或限制工作；(k) 暴动和骚乱；(l) 救助或企图救助海上人命或财产；(m) 由于货物的固有缺点、质量或缺陷引起的体积或重量亏损，或任何其他灭失或损坏；(n) 包装不充分；(o) 标志不清或不当；(p) 虽恪尽职责亦不能发现的潜在缺点；(q) 非由于承运人的实际过失或私谋，或者承运人的代理人，或雇佣人员的过失或疏忽所引起的其他任何原因；但是要求引用这条免责利益的人应负责举证，证明有关的灭失或损坏既非由于承运人的实际过失或私谋，亦非承运人的代理人或雇佣人员的过失或疏忽所造成。"根据上述规定可知，ACD项中的情况承运人免责。《海牙规则》规定：承运人负有在开航前和开航时谨慎处理，使船舶适航的义务。B项中，承运人自己把船上的救火设施拆除，使船舶处于不适航的状态，违背了法律规定的强制义务，因此，不能免责。

12. 答案：A。《维斯比规则》对《海牙规则》修改的主要内容有：提单的最终证据效力。提单对于善意受让人是最终证据。

13. 答案：C。按照平安险的条款，只对运输工具发生意外事故而使货物发生的损失（全部损失和部分损失）负责赔偿，而对自然灾害造成的部分损失不负赔偿责任，即一般情况下，保险公司对该批货物的第一次损失即6月7日的损失不负赔偿责任；但按照平安险的责任范围规定：在运输工具已经发生搁浅、触礁、沉没、焚毁等意外事故的情况下，货物在此前后在海上遭受恶劣气候、雷电、海啸等自然灾害所造成的部分损失也应列入赔偿范围。因而，保险公司应对上例发生的两次部分损失负赔偿责任。

14. 答案：D。海上运输又分为提单运输和租船运输两种主要形式。(1) 提单运输合同，又称班轮运输合同，是指航运公司的船舶以固定的航线、在固定的港口间、按事先规定的船期和公布的费率进行的运输合同。提单运输的书面内容多以提单的形式表现。(2) 租船运输合同主要包括：航次租船合同、定期租船合同和光船租赁合同。其中定期租船合同符合题目所述定义。

15. 答案：C。受载日，是指在航次租船合同中，租船人可以接受船舶并进行装货的最早日期。解约日，是指在航次租船合同中规定的船舶应到达装货港的最迟日期。在航次租船运输中，船舶如果迟于解约日到达装货港，租船人有解除合同的权利。

16. 答案：B。在航次租船运输中，承租人在合同约定的装卸时间内未能完成装货或卸货，应支付出租人一定数额的滞期费。而如果承租人在合同约定的装卸期间届满前提前完成了装货或卸货，出租人应支付承租人一定数额的速遣费。

17. 答案：B。光船租赁合同是指船舶所有人向承租人出租不配备船员的船舶，在约定的期间内由承租人占有、使用和营运，并向出租人支付租金的合同。从性质上讲，光船租赁合同属于财产租赁合同。光船租赁合同是要式合同，应以书面形式订立。

18. 答案：B。国际航空运输主要方式有：班机运输、包机运输、集中托运。集中托运是指航空代理公司将若干单独发运的货物组成一整批货物，用一份总运单将货物整批发运到目的地的航空运输。

19. **答案**：A。《华沙公约》规定的诉讼时效是自航空器到达目的地或应该到达之日起2年。

20. **答案**：C。《海商法》第274条规定："共同海损理算，适用理算地法律。"因此，本题应适用美国法。

21. **答案**：D。我国参加的调整国际铁路货物运输的国际公约是《国际货协》。

22. **答案**：B。根据《国际货协》规定，为了保证铁路核收运输合同项下的一切费用，铁路当局对货物享有留置权，留置权的效力是以货物交付地国家的法律为依据。

23. **答案**：A。海运提单具有物权凭证的特性，而航空货运单、铁路运单、货物运输保险单皆不具有物权凭证的特征。

24. **答案**：C。A错，公约规定的诉讼时效为2年，但如果货物在交付之日起或应交付之日后6个月内，没有提出书面索赔通知，说明索赔的性质和主要事项，则在时效届满后失效。也就是说，公约规定的2年诉讼时效是以在6个月内提出索赔通知为条件的。B错，根据公约规定，"国际多式联运"，是指由多式联运经营人以两种以上运输方式，将货物从一国境内接管货物的地点运至另一国指定交付货物的地点的运输。与我国《海商法》的规定略有不同，我国《海商法》所调整的多式联运，其中必须有一种是海运。C对，在联合国贸发会的主持下，于1980年通过了《联合国国际货物多式联运公约》。公约目前尚未生效。D错，根据公约规定，多式联运经营人的责任期间为从其接管货物之时起至交付货物时止的期间。与《汉堡规则》的规定相同。

25. **答案**：A。委付发生在保险标的出现推定全损的情况下，当保险标的出现推定全损时，被保险人可以选择按部分损失向保险人求偿或按全部损失求偿。当被保险人选择后者时，则由被保险人将保险标的权利转让给保险人，而由保险人赔付全部的保险金额。此称为委付。代位求偿权是指如果保险标的损失是由第三者的疏忽或故意造成的，在保险人依保险合同向被保险人支付了约定的赔偿后，即取得了由被保险人转让的对第三者的损害赔偿请求权，此称为代位求偿权。由此可知BCD项中的说法都是正确的，故只有A项为正确选项。

26. **答案**：A。《联合国国际货物多式联运公约》在联运经营人的责任制问题上，采用的是完全推定责任原则，与《汉堡规则》规定的责任原则相同。除非经营人能证明其本人、受雇人或代理人为避免事故的发生和其后果已采取了一切所能合理要求的措施。否则，便推定损坏是由于其本人、受雇人或代理人的过错行为所致，并由其负赔偿责任。

27. **答案**：C。《海商法》第227条第1款规定："除合同另有约定外，保险责任开始后，被保险人和保险人均不得解除合同。"

28. **答案**：A。多边投资担保机构是一会员国从其他会员国取得投资时，对投资的非商业性风险予以担保，因而其承保的风险范围排除商业性风险。

29. **答案**：A。《海商法》第264条规定："根据海上保险合同向保险人要求保险赔偿的请求权，时效期间为二年，自保险事故发生之日起计算。"

30. **答案**：C。实际全损是指保险标的发生事故后灭失，或受到严重损坏完全丧失原有形体、效用，不能再归被保险人拥有。

31. **答案**：D。委付是指海上保险事故发生后，保险标的构成推定全损时，被保险人要求保险人按照全部损失赔偿，而将该保险标的的全部权利和义务转移给保险人。

32. **答案**：C。中国人民保险公司海上运输货物保险的主要险别有：平安险、水渍险和一切险。平安险，即"单独海损不赔"，只承担由于海损事故和自然灾害造成的全部损失和特定意外事故。平安险是海上货物运输保险中责任最小的一种险别，在保险业务中使用较少。水渍险，即负责单独海损的赔偿。其承保范围不仅包括平安险承保的全部责任，还负责被保险货物由于恶劣气候、雷电、海啸、地震、洪水等自然灾害所造成的部分损失。一切险的承保范围除包括平安险和水渍险的全部责任外，还负责被保险货物在运输途中由于外来原因所致的全部或部分损失。所谓外来原因，是指偷窃、提货不着、淡水雨淋、短量、混杂、玷污、渗漏、串味异味、受潮受热、包装破裂、钩损、碰损破碎、锈损等原因。

33. **答案**：C。CIF术语中货物装上船以前的所有风险均由卖方承担，装上船以后则由买方承担。双方未就保险条款和投资险别加以约定时，卖方购买保险的义务仅限于负责办理最低级别的海运保险（平安险）并支付投保费用。风险转移的前提是没有违约行为。本题中乙公司没有违约行为，故该批设备自装上船风险转移给甲公司，因海水浸泡造成的设备质量降低不属于平安险的承保范围。故该批货物的损失应由甲公司承担。

34. **答案**：B。根据我国《海商法》第72条的规定，货物由承运人接收或装船后，应托运人的要求，应当签发提单，而不是可以签发提单。

35. **答案**：C。记名提单，是指提单正面载明收货人名称的提单。在此情况下，我国《海商法》第79条规定，记名提单不得转让。

36. **答案**：B。我国《海商法》第79条规定："提单的转让，依照下列规定执行……（二）指示提单：经过记名背书或者空白背书转让……"

37. **答案**：C。《海牙规则》第4条规定了承运人的17项免责条款，主要包括两种类型：过失免责和无过失免责。因此，属于不完全过失责任。

38. **答案**：D。定期租船合同是指出租人向承租人提供约定的船舶，在规定的期限内承租人按照约定的用途使用，由承租人支付租金的合同。其属性仍然是租船合同，而该题中是拖轮所有人用自己的驳船运送货物，因此，应当是海上货物运输合同。

39. **答案**：C。保险金额，是指合同约定的保险人赔偿的最高限额。

40. **答案**：A。本题考查承运人免责事由。《海商法》第51条第1款规定："在责任期间货物发生的灭失或者损坏是由于下列原因之一造成的，承运人不负赔偿责任：（一）船长、船员、引航员或者承运人的其他受雇人在驾驶船舶或者管理船舶中的过失；（二）火灾，但是由于承运人本人的过失所造成的除外；（三）天灾，海上或者其他可航水域的危险或者意外事故；（四）战争或者武装冲突；（五）政府或者主管部门的行为、检疫限制或者司法扣押；（六）罢工、停工或者劳动受到限制；（七）在海上救助或者企图救助人命或者财产；（八）托运人、货物所有人或者他们的代理人的行为；（九）货物的自然特性或者固有缺陷；（十）货物包装不良或者标志欠缺、不清；（十一）经谨慎处理仍未发现的船舶潜在缺陷；（十二）非由于承运人或者承运人的受雇人、代理人的过失造成的其他原因。"由第5项可知选A。

41. **答案**：B。本题考查平安险的责任范围。平安险的责任范围主要包括：（1）被保险货物在运输途中由于恶劣气候、雷电、海啸、地震、洪水等自然灾害造成的整批货物的全部损失或推定全损。（2）由于运输工具遭受搁浅、触礁、沉没、互撞、与流水或其他物体碰撞以及失火、爆炸等意外事故造成货物的全部或部分损失。（3）在运输工具已经发生搁浅、触礁、沉没、焚毁等意外事故的情况下，货物在此前后又在海上遭受恶劣气候、雷电、海啸等自然灾害所造成的部分损失。（4）在装卸或转运时由于一件或数件货物落海造成的全部或部分损失。（5）被保险人对遭受承保责任内危险的货物采取抢救、防止或减少货损的措施而支付的合理费用，但以不超过该批被救货物的保险金额为限。（6）运输工具遭遇海难后，在避难港由于卸货所引起的损失以及在中途港、避难港由于卸货、存仓以及运送货物所产生的特别费用。（7）共同海损的牺牲、分摊和救助费用。（8）运输合同中订有"船舶互撞责任"条款，根据该条款约定由货方偿还船方的损失。注意：平安险承保的是被保险货物在运输途中由于自然灾害造成的全部损失，而不包括被保险货物在运输途中由于自然灾害造成的部分损失。

42. 答案：A。CIF 项下，货物风险自装上船时转移。

43. 答案：C。海运单是证明海上运输货物由承运人接管或装船，且承运人保证将货物交给指定的收货人的一种不可流通的书面运输单证。所以 A 项错误。海运单具有提单货物的收据和海上货物运输合同的书面证明的作用。所以 B 项错误。海运单的不可转让性使第三者在非法得到海运单时不能提取货物。所以 C 项正确。海运单不是货物的物权凭证，收货人提货时无须凭海运单，而只需要证明其身份，所以 D 项错误。

44. 答案：C。本案中提单收货人一栏写明“凭指示”，说明是一份指示提单。指示提单可以转让，但需要背书，因此兼具安全性和流通性，为大多数交易所采用。所以 A 错误。在本案中，承运人乙公司无正本提单放货，提单持有人甲公司可要求乙公司承担侵权或违约责任。所以 B 错误，因为承运人应该见正本提单方能放货。承运人无正本提单后，正本提单持有人在没有重新占有货物情况下与提货人就货款的支付进行协商，在协议款项没有得到赔付时，正本提单持有人仍有权追究承运人无单放货责任，因为提单物权效力人仍存在。所以 C 正确。《海商法》关于限制赔偿责任的规定是承运人和货主共同分担海上风险原则的体现，而无正本提单放货行为发生在货物卸下船舶后的交付环节，并不存在海上风险，不同于发生在承运人运输责任期间的货物灭失、损坏或者迟延交付。所以对承运人不适用限制赔偿责任的规定。D 错误。

45. 答案：D。《海牙规则》第 4 条第 2 款规定：“不论承运人或船舶，对由于下列原因引起或造成的灭失或损坏，都不负责：(a) 船长、船员、引水员或承运人的雇佣人员，在驾驶船舶或管理船舶中的行为、疏忽或不履行义务；(b) 火灾，但由于承运人的实际过失或私谋所引起的除外；(c) 海上或其他可航水域的灾难、危险和意外事故；(d) 天灾；(e) 战争行为；(f) 公敌行为；(g) 君主、当权者或人民的扣留或管制，或依法扣押；(h) 检疫限制；(i) 托运人或货主、其代理人或代表的行为或不行为；(j) 不论由于任何原因所引起的局部或全面罢工、关厂停止或限制工作；(k) 暴动和骚乱；(l) 救助或企图救助海上人命或财产；(m) 由于货物的固有缺点、质量或缺陷引起的体积或重量亏损，或任何其他灭失或损坏；(n) 包装不充分；(o) 标志不清或不当；(p) 虽恪尽职责亦不能发现的潜在缺点；(q) 非由于承运人的实际过失或私谋，或者承运人的代理人，或雇佣人员的过失或疏忽所引起的其他任何原因；但是要求引用这条免责利益的人应负责举证，证明有关的灭失或损坏既非由于承运人的实际过失或私谋，亦非承运人的代理人或雇佣人员的过失或疏忽所造成。”因此，对于货物生产过程中的固有缺陷，承运人和保险人可以免责。A 项说法错误，D 项说法正确。一切险的责任范围除包括“平安险”和“水渍险”的所有责任外，还包括货物在运输过程中，因各种外来原因所造成保险货物的损失。投保一切险是投保人因附加险的种类繁多，为避免遗漏，保障货物安全而投保的一种安全性较大的险别。通常是在所发运货物容易发生碰损破碎、受潮受热、雨淋发霉、渗漏短少、串味、玷污以及混杂污染等情况下投保一切险。因此，货物生产过程中的固有缺陷不属于一切险的承保范围，保险人可以免责。B 项说法错误。指示提单，是指提单上收货人一栏内载明“凭指示”或“凭某人指示”字样的提单。前者称为不记名指示提单，承运人应按托运人的指示交付货物；后者叫记名指示提单，承运人按记名的指示人的指示交付货物。指示提单必须经过背书转让，可以是空白背书，也可以是记名背书。因此，C 项说法错误。

46. 答案：C。平安险，是指单独海损不负责赔偿。根据国际保险界对单独海损的解释，它是指保险标的物在海上运输途中遭受保险范围内的风险直接造成的船舶或货物的灭失或损害。因此，平安险的原来保障范围只赔全部损失。概括起来，这一险别的责任范围主要包括：（1）在运输过程中，由于自然灾害和运输工具发生意外事故，被保险货物的实物的实际全损或推定全损。（2）由于运输工具遭搁浅、触礁、沉没、互撞。与同一运输工具上其他物体碰撞以及失火、爆炸等意外事故造成被保险货物的部分损失。（3）只要运输工具曾经发生搁浅、触礁、沉没、焚毁等意外事故，不论这个意外事故发生之前或者以后曾在海上遭恶劣气候、雷电、海啸等自然灾害所造成的被保险货物的部分损失。（4）在装卸转船过程中，被保险货物一件或数件落海所造成的全部损失或部分损失。（5）运输工具遭自然灾害或意外事故，在避难港卸货所引起被保险货物的全部损失或部分损失。（6）运输工具遭自然灾害或意外事故，需要在中途的港口或者在避难港口停靠，因而引起的卸货、装货、存仓以及运送货物所产生的特别费用。（7）发生共同海损所引起的牺牲、公摊费和救助费用。（8）发生了保险责任范围内的危险，被保险人对货物采取抢救、防止或减少损失的各种措施，因而产生合理费用。但是保险公司承担费用的限额不能超过这批被救货物的保险金额。施救费用可以在赔款金额以外的一个保险金额限度内承担。本题中货物因台风全损属于平安险承保范围，保险公司应该赔偿甲公司货物的损失。故C正确。

47. 答案：A。航空运输比较快，没有必要单货分离，故航空运单不是物权凭证，A项正确。根据我国《涉外民事关系法律适用法》第16条规定，代理适用代理行为地法律，但被代理人与代理人的民事关系，适用代理关系发生地法律。当事人可以协议选择委托代理适用的法律。B项的结论过于武断，没有考虑到当事人意思自治优先的可能性，B项错误。根据《华沙公约》，承运人应对货物在航空运输期间发生的，因毁灭、遗失或损坏而产生的损失负责。航空运输期间包括货物在承运人保管下的整个期间，不论在航空站内、在航空器上或在航空站外降停的任何地点，C、D项错误。

48. 答案：D。首先看承运人，根据我国《海商法》的规定，承运人一共有十二项免责事由，可以总结为四个方面：（1）航行或管船过失免责；（2）火灾免责，承运人本人的过失造成的除外；（3）救助或企图救助人命或财产免责；（4）民法的一般免责事由（自然灾害、意外事件、不可抗力等）。题目中只要有“为了船”“维修船”等字样，就是管船；其余则为管货。其次是海上运输保险中的平安险。平安险的主要内容是：（1）单纯自然灾害造成的部分损失不赔；（2）意外事故加自然灾害造成的部分损失需赔偿；（3）共同海损造成的损失需赔偿。“船外海上”即平安险只赔偿船外海上风险造成的损失，损失由船内风险造成不赔。A项涉及自然灾害造成的部分损失。承运人对自然灾害免责，不赔。平安险下保险公司对于单纯自然灾害造成的部分损失也不赔，故A项错误。B项涉及承运人管船过失造成的部分损失。承运人对管船过失免责，不赔。平安险下该损失由船内风险造成，保险公司也不赔，故B项错误。C项涉及承运人管货过失造成的损失。承运人对管货过失造成的损失应该赔偿。平安险下该损失也由船内风险造成，保险公司不赔，故C项错误。D项中的保险义务，术语为CIF，甲公司作为卖方有购买保险并付费的义务，故D项正确。

49. 答案：D。A项错误，根据《国际货协》，从始发站承运货物时起，运输合同即成立。也就是说始发站只要答应承运，合同就成立了。运单的签发发生在合同成立之后。B项错误，根据《国际货协》，承运人的责任期间为从签发运单时起至终点交付货物时止。C项错误，根据《国际货协》，发货人有权任意变更到站和收货人；收货人只能够在到达国境内之后变更到站和收货人。本题中波兰乙公司是收货人，所以不能“任意”变更。D项正确，根据《国际货协》，按运单承运货物的铁路部门应对货物负连带责任。

多项选择题

1. 答案：BCD。目前调整提单运输的国际公约有《海牙规则》《维斯比规则》《汉堡规则》。我国虽不是《汉堡规则》的缔约国，也未加入《海牙规则》和《维斯比规则》。但是我国《海商法》分别吸纳了这三个规则的长处。

2. **答案**：BC。根据《汉堡规则》第1条第7款规定，提单是指一种用以证明海上运输合同和货物由承运人接管或装船，以及承运人据以保证交付货物的单证。

3. **答案**：AC。提单运输合同，又称班轮运输合同，是指航运公司的船舶以固定的航线、在固定的港口间、按事先规定的船期和公布的费率进行的运输合同。提单运输的书面内容多以提单的形式表现。虽然实际承运人和收货人不是运输合同的当事人，但实际承运人应对其承运的那一段期间货物的损坏承担责任，也享有运费的请求权；如果货物在运输中受损，收货人也有索赔的权利，在运输合同约定运费到付的情况下，收货人有支付运费的义务。也就是说，运输合同的效力会及于实际承运人和收货人等。

4. **答案**：CD。AB错，AB两项均属于按收货人抬头的不同所作的划分。根据收货人的抬头不同，可将提单划分为记名提单、不记名提单和指示提单。记名提单，是指提单正面载明收货人名称的提单。在此情况下，承运人只能向提单所载明的收货人，或向经收货人背书转让的提单持有人交付货物。从转让的角度看，记名提单一般不能转让。不记名提单，是指提单正面未载明收货人名称的提单。从转让的角度看，不记名提单凭交付便可转让。谁持有提单，谁就可以提取货物，承运人见单交货，而不管持单人的身份是否真的有权提货。指示提单，是指提单正面载明凭指示交付货物的提单。从转让的角度看，指示提单必须经过背书才能转让。如果受让人不作任何背书，则意味着其保留对货物的所有权。

5. **答案**：AB。AB对，提单中注明的装船日期早于实际装船日期的情况有：预借提单和倒签提单。CD错，根据签发提单时货物是否已装船，可将提单划分为已装船提单和收货待运提单。已装船提单，是指由船长或承运人的代理人在货物装上指定的船舶后签发的提单。装载日期即提单的签发日。收货待运提单，是指船方在收到货物后，在货物装船以前签发的提单。

6. **答案**：ABD。关于承运人赔偿责任基础《汉堡规则》将《海牙规则》中承运人的不完全过失责任改为承运人推定完全过失责任制。《维斯比规则》没有解决《海牙规则》中权益失衡这一本质问题，关于承运人的责任和豁免、责任起讫、托运人义务等问题均未作实质改变。我国《海商法》吸纳了《海牙规则》中关于承运人责任和豁免的规定。

7. **答案**：BD。在提单中承运人的责任制问题上，《汉堡规则》规定对承运人实行完全过失责任制，而且是推定过失责任制，即发生货损后推定承运人有过失，承运人对自己无过失要承担举证责任。

8. **答案**：ABCD。《汉堡规则》第2条规定：1. 本公约的各项规定适用于两个不同国家间的所有海上运输合同，如果：（1）海上运输合同所约定的装货港位于一个缔约国内，或（2）海上运输合同所约定的卸货港位于一个缔约国内，或（3）海上运输合同所约定的备选卸货港之一为实际卸货港，并且该港位于一个缔约国内，或（4）提单或证明海上运输合同的其他单证是在一个缔约国内签发的，或（5）提单或证明海上运输合同的其他单证规定，本公约各项规定或实行本公约的任何国家的立法，应约束该合同……3. 本公约的各项规定不适用于租船合同。但是，如果提单是依据租船合同签发的，并制约承运人和不是租船人的提单持有人之间的关系，则本公约的各项规定适用于该提单……

9. **答案**：BD。《海牙规则》第4条第1款规定："不论承运人或船舶，对于因不适航所引起的灭失或损坏，都不负责，除非造成的原因是由于承运人未按第3条第1款的规定，恪尽职责；使船舶适航；保证适当地配备船员、装备和供应该船，以及使货舱、冷藏舱和该船的其他装货处所能适宜并安全地收受、运送和保管货物。凡由于船舶不适航所引起的灭失和损害，对于已恪尽职责的举证责任，应由根据本条规定要求免责的承运人或其他人承担。”据此，承运人最低限度的义务包括适航义务和管货义务。该两项义务皆为强制性的，提单中解除或降低这两项义务的条款均属无效。

10. **答案**：CD。目前，国际上最常用的航次租赁合同格式是《统一杂货租船合同》，租约代号 Gencon，简称金康合同。该格式由波罗的国际航运公会制定。

11. **答案**：AB。预备航次条款和装卸期间条款是航次租船合同所特有的条款。（1）预备航次条款。预备航次，是指船舶在上一个卸货港时达成一项租船合同，则船舶驶往下一个租船合同的空放航次。船方在预备航次中应尽责速遣，否则，须对因延迟而造成的承租人的损失负赔偿责任。（2）装卸期间条款。装卸期间，是指合同当事人双方约定的货物装船或卸船而无须在运费之外支付附加费的期间。航次租船合同约定有装卸期间的原因在于航次租船下的时间损失在船东；承租人在合同约定的装卸时间内未能完成货物装卸作业，应支付一定数额的滞期费；承租人在合同约定的装卸时间内提前完成了装卸作业，出租人应支付一定数额的速遣费。

12. **答案**：CD。目前有关国际航空货物运输的国际公约主要有《华沙公约》，修改《华沙公约》的《海牙议定书》《瓜达拉哈拉公约》。我国加入了前两个公约。《海牙议定书》主要是在航行过失免责、责任限制、运输单证的项目以及提出索赔期限等方面对《华沙公约》作出了修改。

13. **答案**：BCD。航空运单是承运人出具的证明承运人与托运人已订立了国际航空货物运输合同的运输单证。与海上运输提单的性质不同，在航空运输中，航运提单不是物权凭证。在实务中，航空运单一般都印有“不可转让”的字样。航空运单的作用主要在于：是航空运输合同的证明；是托运人托运货物后取得的货物收据；是运费记载的账单；是进出口申报海关的单证；是承运人或托运人投保的依据，当承运人承办保险或托运人要求承运人代办保险时，航空运单即可作为保险证书。

14. **答案**：AB。根据公约规定，多式联运经营人在其责任期间，发生货物灭失、损坏应负赔偿责任。（1）如果在国际多式联运中包括了海运或内河运输，则货物灭失或损坏赔偿责任限制按灭失或损坏货物的每件或其他货运单位不得超过 920 特别提款权，或按毛重每公斤不得超过 2.75 特别提款权，以较高者为准。（2）如果多式联运不包括海上运输或内河运输，则多式联运经营人的赔偿责任按灭失或损坏货物毛重每公斤不得超过 8.33 特别提款权。对于迟延交货的赔偿责任限制，相当于迟延交付的货物应付费用的 2.5 倍，但该费用不得超过多式联运合同约定应付的总额。

15. **答案**：ABCD。国际货物运输保险的基本原则有：保险利益原则、最大诚实信用原则、损失补偿原则、近因原则。

16. **答案**：AB。A 对 C 错，《海商法》第 238 条规定：“保险人赔偿保险事故造成的损失，以保险金额为限。保险金额低于保险价值的，在保险标的发生部分损失时，保险人按照保险金额与保险价值的比例负赔偿责任。”B 对 D 错，《海商法》第 239 条规定：“保险标的在保险期间发生几次保险事故所造成的损失，即使损失金额的总和超过保险金额，保险人也应当赔偿。但是，对发生部分损失后未经修复又发生全部损失的，保险人按照全部损失赔偿。”

17. **答案**：AD。在被保险人向保险公司发出委付通知的情况下，该保险公司可以选择的处理方法只有：无条件地接受委付或者拒绝接受委付。

18. **答案**：ABCD。本题考查适航责任的内容。

19. **答案**：AC。海上运输货物保险的附加险别是投保人在投保主要险别时，为补偿主要险别范围以外可能发生的某些危险造成的损失所附加的保险。附加险又可分为一般附加险、特别附加险和特殊附加险。（1）一般附加险，承保各种外来原因造成的货物全损或部分损失。外来原因指不与海水或运输工具联系起来的原因。附加险不能单独承保，必须附于主险项下。（2）特别附加险，是指必须附属于主要险别项下，对因特定风险造成的保险标的的损失负赔偿责任的附加险。（3）特殊附加险包括战争险和罢工险。综上所述，AC 两项属于一般附加险；BD 两项属于特别附加险。

20. **答案**：ACD。A 对，《海商法》第 243 条规定："除合同另有约定外，因下列原因之一造成货物损失的，保险人不负赔偿责任：（一）航行迟延、交货迟延或者行市变化；（二）货物的自然损耗、本身的缺陷和自然特性；（三）包装不当。"B 错 D 对，《海商法》第 244 条规定："除合同另有约定外，因下列原因之一造成保险船舶损失的，保险人不负赔偿责任：（一）船舶开航时不适航，但是在船舶定期保险中被保险人不知道的除外；（二）船舶自然磨损或者锈蚀。运费保险比照适用本条的规定。"C 对，《海商法》第 242 条规定："对于被保险人故意造成的损失，保险人不负赔偿责任。"

21. **答案**：ABC。D 项为保险人的义务。

22. **答案**：AC。不清洁提单和收货待运提单，买方和议付货款的银行一般不愿意接受。

23. **答案**：AC。班轮运输合同的当事人包括承运人和托运人。

24. **答案**：BC。《海牙规则》规定，其不适用于活牲畜和舱面货。

25. **答案**：AC。我国《海商法》第 78 条第 2 款规定："收货人、提单持有人不承担在装货港发生的滞期费、亏舱费和其他与装货有关的费用，但是提单中明确载明上述费用由收货人、提单持有人承担的除外。"据此，AC 项正确。

26. **答案**：ABC。我国《海商法》第 102 条规定："本法所称多式联运合同，是指多式联运经营人以两种以上的不同运输方式，其中一种是海上运输方式，负责将货物从接收地运至目的地交付收货人，并收取全程运费的合同……"

27. **答案**：AD。《联合国国际货物多式联运公约》中规定的"国际多式联运"和我国《海商法》不同，没有要求必须是一种海上运输。公约规定的责任期间是从其接管货物之时起至交付货物时止的期间。

28. **答案**：BCD。平安险中"单独海损"不赔。

29. **答案**：BD。共同海损，是指在同一海上航程中，船舶、货物和其他财产遭遇共同危险，为了共同安全，有意地和合理地采取措施所直接造成的特殊牺牲，支付的特殊费用。

30. **答案**：BD。《海牙规则》和《华沙公约》采用金法郎作为计算单位。

31. **答案**：ABCD。水渍险的承保责任范围除包括平安险的各项责任外，保险人还负责被保险货物由于恶劣气候、雷电、海啸、地震、洪水等自然灾害所造成的其他部分损失。

32. **答案**：ABCD。国际货物运输保险合同的分类依据是货物运输方式。海上货物运输保险适用于海运，承保海上风险，是国际贸易中最常见的保险类型。陆上货物运输保险覆盖公路、铁路等陆路运输风险，如自然灾害或交通事故。航空货物运输保险针对空运特有的风险（如货物装卸意外、飞机事故）。多式联运保险适用于多种运输方式结合的联运模式，保障全程风险。均属于国际货物运输保险的分类，因此 ABCD 项正确。

33. **答案**：BD。水渍险包括平安险加上"单独由自然灾害造成的单独海损"，平安险理赔范围为：（1）全部海损和共同海损；（2）与意外事故有关的单独海损；（3）货物装卸、转运时落水的损失；（4）被保险人自救费用。所以，BD 属于理赔范围。茶叶异味串味属于一般附加险中的异味串味险，并不属于水渍险理赔范围。所以 A 错误。运输延迟造成的货物损失并非海上运输风险，而是选择承运人合作的商业风险，对此，保险公司不予承保。所以，C 错误。

34. **答案**：ACD。指示提单（Order Bill of Lading），是指提单上收货人一栏内载明"凭某人指示"（to Order）或"凭指示"（to the Order of）字样的提单。前者称为不记名指示提单，承运人应按记名的指示人的指示交付货物；后者称为记名指示提单，承运人按托运人的指示交付货物。指示提单背书交付后产生两个效力，对内，除非另有约定，背书人（提单出让人）背书交付提单的行为是转让提单所证明的运输合同项下的权利义务（包括对承运人的提单项下货损索赔权）的初步证据；对外，承运人此后只需也只能向提单受让人履行提单项下的合同义务并承担义务不履行的责任包括货损赔偿责任，而不再向提单出让人履行义务或承担责任。如果同样持有正本提单，可以提货。所以，A选项正确。指示提单中，承运人按照托运人的指示形式交货，不是按照托运人的要求交货，所以，乙公司按照提单托运人的要求返还货物，需要承担责任。B选项错误。根据《海商法》第51条“承运人免责事由”规定，在责任期间货物发生的灭失或者损坏是由于下列原因之一造成的，承运人不负赔偿责任：（1）船长、船员、引航员或者承运人的其他受雇人在驾驶船舶或者管理船舶中的过失；（2）火灾，但是由于承运人本人的过失所造成的除外；（3）天灾，海上或者其他可航水域的危险或者意外事故；（4）战争或者武装冲突；（5）政府或者主管部门的行为、检疫限制或者司法扣押；（6）罢工、停工或者劳动受到限制；（7）在海上救助或者企图救助人命或者财产；（8）托运人、货物所有人或者他们的代理人的行为；（9）货物的自然特性或者固有缺陷；（10）货物包装不良或者标志欠缺、不清；（11）经谨慎处理仍未发现的船舶潜在缺陷；（12）非由于承运人或者承运人的受雇人、代理人的过失造成的其他原因。所以，C选项、D选项正确。

35. 答案：AB。我国《海商法》第51条第1款规定：在责任期间货物发生的灭失或者损坏是由于下列原因之一造成的，承运人不负赔偿责任：（1）船长、船员、引航员或者其他受雇人在驾驶船舶或者管理船舶中的过失；（2）火灾，但是由于承运人本人的过失所造成的除外；（3）天灾，海上或者其他可航水域的危险或者意外事故；（4）战争或者武装冲突；（5）政府或者主管部门的行为、检疫限制或者司法扣押；（6）罢工、停工或者劳动受到限制；（7）在海上救助或者企图救助人命或者财产；（8）托运人、货物所有人或者他们的代理人的行为；（9）货物的自然特性或者固有缺陷；（10）货物包装不良或者标志欠缺、不清；（11）经谨慎处理仍未发现的船舶潜在缺陷；（12）非由于承运人或者承运人的受雇人、代理人的过失造成的其他原因。从这12项免责可看出，承运人对货物在责任期间所发生的灭失或损坏是否负责，依其本人、船长、船员、其他受雇人或代理人有无过失而定，有过失便应负责，无过失便可免责；但作为例外，如果货物的灭失或损坏系船长、船员、其他受雇人或代理人在驾驶船舶或管理船舶中的过失所致，或者由于他们的过失所引起的火灾所致，承运人仍可免责。所以，A选项正确。平安险是指单独海损不负责赔偿。根据国际保险界对单独海损的解释，它是指保险标的物在海上运输途中遭受保险范围内的风险直接造成的船舶或货物的灭失或损害。由于运输工具遭搁浅、触礁、沉没、互撞、与流域其他物体碰撞以及失火、爆炸等意外事故造成被保险货物的全部或部分损失。所以，B选项正确。根据《最高人民法院关于审理无正本提单交付货物案件适用法律若干问题的规定》第2条规定，承运人违反法律规定，无正本提单交付货物，损害正本提单持有人提单权利的，正本提单持有人可以要求承运人承担由此造成损失的民事责任。第3条规定，承运人因无正本提单交付货物造成正本提单持有人损失的，正本提单持有人可以要求承运人承担违约责任，或者承担侵权责任。正本提单持有人要求承运人承担无正本提单交付货物民事责任的，适用《海商法》规定；《海商法》没有规定的，适用其他法律规定。第4条规定，承运人因无正本提单交付货物承担民事责任的，不适用《海商法》第56条关于限制赔偿责任的规定。所以，C选项错误。第6条规定，承运人因无正本提单交付货物造成正本提单持有人损失的赔偿额，按照货物装船时的价值加运费和保险费计算。所以，D 选项错误。

36. 答案：BCD。根据《反补贴条例》第 3 条规定，补贴，是指出口国（地区）政府或者其任何公共机构提供的并为接受者带来利益的财政资助以及任何形式的收入或者价格支持。出口国（地区）政府或者其任何公共机构，以下统称出口国（地区）政府。本条第 1 款所称财政资助，包括：（1）出口国（地区）政府以拨款、贷款、资本注入等形式直接提供资金，或者以贷款担保等形式潜在地直接转让资金或者债务；（2）出口国（地区）政府放弃或者不收缴应收收入；（3）出口国（地区）政府提供除一般基础设施以外的货物、服务，或者由出口国（地区）政府购买货物；（4）出口国（地区）政府通过向筹资机构付款，或者委托、指令私营机构履行上述职能。所以，A 选项错误，BCD 正确。

37. 答案：BCD。根据我国法律的规定，收货人一栏记载“凭指示”的提单属于指示提单，该提单通过背书方式转让，故 A 项正确。根据《最高人民法院关于审理无正本提单交付货物案件适用法律若干问题的规定》规定，丙公司作为提单持有人可以要求承运人和无单提货人承担连带责任，故 B 项错误。根据该解释规定，丙公司作为提单持有人既可以向承运人主张侵权责任，也可以向承运人主张违约责任，故 C 项错误。根据该解释规定，承运人在下列情况下不承担无单放货的责任：（1）依法向当局交货；（2）货物无人领取被海关依法变卖，或货物被法院裁定拍卖；（3）记名提单托运人要求改变运输，记名提单持有人要求承运人承担责任的；（4）签发数份正本提单，承运人已向最先提交人交货。因此，D 项错误。

38. 答案：ABD。CIF 贸易术语下卖方包运也包险，但除非合同另有约定，卖方乙公司只需要买最便宜的平安险。因此，A 项正确。本案卖方乙公司是根据买方丙公司提供的技术图样与款式生产的设备，是按照买方的指示供货，属于知识产权担保免责情形之一。因此，B 项正确。船舶碰撞导致的货损在运输关系中属于船方航行过失致损，在《海牙规则》下承运人可免责。因此，C 项错误。船舶碰撞导致的货损在运输保险关系中属于意外事故致损，属于平安险的承保范围。因此，D 项正确。

39. 答案：BD。本案提单属于指示提单，转让须经背书，A 项错误。根据《海牙规则》，第一批货物损失承运人无过失可免责。同时，该损失是海上风险中的自然灾害导致的单独海损，平安险不赔，但属于水渍险的承保范围，保险公司应赔偿，B 项正确。因托运人要求无单放货免责只适用于记名提单，在本案指示提单的情况下不适用，C 项错误。海运承运人无单放货的赔偿额按货物装船时的价值加运费和保险费计算，且不适用《海商法》关于限制赔偿责任的规定，D 项正确。

不定项选择题

1. 答案：AC。单独海损一般是由偶然的意外事件造成的，而不是人的有意行为引起的，因此，单独海损应由损失方自己承担。

2. 答案：ABD。C 项不选，本题中的 C 项属于该险别中承保范围内的“装卸时，一件或数件货物落海造成的全部或部分损失”。故 C 项属于平安险的承保范围，甲公司可以向保险公司要求赔偿。

3. 答案：ACD。B 错 D 对，本题中甲公司所提供的货物在转运前就已含有大量虫卵，其对货物的损失有过失，构成违约，因此不适用风险转移，应承担货物的损失。C 对，除外责任，是指保险单中规定的保险人不负责赔偿的海上运输货物损失。

4. 答案：ABC。《民事诉讼法》第 31 条规定，因船舶碰撞或者其他海事损害事故请求损害赔偿提起的诉讼，由碰撞发生地、碰撞船舶最先到达地、加害船舶被扣留地或者被告住所地人民法院管辖。本题中，中国为最先到达地和被扣留地，日本为碰撞发生地，巴拿马为被告住所地，故均有管辖权。

5. 答案：B。提单由承运人单方面制定，它只是海上货物运输合同的证明，并不是合同本身，当提单与当事人的约定冲突时，以当事人的约定为准。通常承运人一旦作了非法绕航，则其无权援引免责事项和责任限制。故ACD项错误。

6. **答案**：BD。倒签提单的情况下，承运人仍然应当承担责任。

7. **答案**：BC。平安险为“单独海损不赔”，其责任范围包括：被保险货物在运输途中由于自然灾害造成的整批货物的全部损失或推定全损；由于运输工具与其他物体碰撞等意外事故造成货物的全部或部分损失等。甲轮为单独海损，而乙轮则为共同海损，因而前者不能得到赔偿，而后者可以得到赔偿。依此，BC项为正确答案。

8. **答案**：AC。一切险负责赔偿所保货物因遭受一切意外灾害所致损失。所以，在我方工厂投保一切险的情况下，保险公司应予赔偿。同时，也不能免除海运公司的责任，保险公司在支付赔偿之后，取得代位求偿权，有权向过失方海运公司进行追偿。

9. **答案**：BCD。共同海损，是指在同一海上航程中，船舶、货物和其他财产遭遇共同危险，为了共同安全，有意地和合理地采取措施所直接造成的特殊牺牲，支付的特殊费用。A项的损失不是为了共同的安全所作出的牺牲。

10. **答案**：ABD。《海商法》第275条规定：“海事赔偿责任限制，适用受理案件的法院所在地法律。”故A正确。第272条规定：“船舶优先权，适用受理案件的法院所在地法律。”故B正确。第273条规定：“船舶碰撞的损害赔偿，适用侵权行为地法律。船舶在公海上发生碰撞的损害赔偿，适用受理案件的法院所在地法律。同一国籍的船舶，不论碰撞发生于何地，碰撞船舶之间的损害赔偿适用船旗国法律。”故C错误，D正确。由此可知，本题答案为ABD。

11. **答案**：D。本题考查平安险的承保范围。（1）海损分全损和部分损失。全损又包括实际全损和推定全损。实际全损，是指保险标的发生保险事故后灭失或者受到严重损坏，完全失去原有形体、效用，或者不能再归被保险人拥有的损失状态。推定全损，是指货物发生保险事故后，认为实际全损已经不可避免，或者为避免发生实际全损所需要支付的费用与继续将货物运抵目的地的费用之和超过保险价值的损失状态。全损在中国人民保险公司三个海运主要险种平安险、水渍险、一切险中基本上都是要赔的。所谓“基本上”，是指由于“外来原因”造成的全损只在一切险中赔，在前两个险种中只赔非外来原因（如自然灾害、意外事故）造成的全损。（2）部分损失又分为共同海损、单独海损。共同海损，是指在同一海上航程中，船舶、货物和其他财产遭遇共同危险，为了共同安全，有意地和合理地采取措施所直接造成的特殊牺牲，支付的特殊费用。（3）平安险是三个险种中承保范围最小的险种，其英文意思是“单独海损不赔”。平安险只承担海损事故和自然灾害造成的全部损失和特定意外事故造成的损失。单独海损不赔，仅指由于自然灾害造成的单独海损不赔。

12. **答案**：AC。本题考查记名提单、不记名提单和指示指单的区别。本题中如果当收货人一栏填写了甲公司名称时，此种提单为记名提单，承运人只能向该收货人即甲公司交付货物；当收货人一栏填写了“凭甲公司指示”字样时，此种提单成为托运人指示提单。在此种情形下，如托运人作出了指示背书，承运人应向被背书人交货，如托运人未背书，则承运人只能向托运人交付货物。本题中，乙公司从银行取得提单，即付款赎单，因此可能由于上述两种情况乙公司没有取得提单项下的货物。如果收货人栏填写乙公司名称或填写“凭乙公司指示”字样，乙公司都可以取得提单项下的货物。

13. **答案**：CD。本题考查提单的种类。根据以收货人的抬头为标准，提单可分为记名提单（不可转让提单）、指示提单和不记名提单三种。指示提单，是指提单正面载明“凭指示”交付货物的提单。指示提单通过背书可以转让，故又称“可转让提单”，在国际贸易中得到普遍使用。提单正面载明收货人名称的提单是记名提单，一般不能转让。提单正面未载明收货人名称的提单是不记名提单。不记名提单的收货人一栏中空白不填或填写“持有人”的字样。不记名提单由于未写明收货人的名称，因此，转让十分简便，无须背书，只要将提单交给受让人即可。

14. 答案：A。CIF 适用最低级别的保险即平安险。

15. 答案：BC。本题考查无单放货的法律后果。A 错 C 对，提单是一种用以证明海上运输合同和货物已由承运人接管或装船，以及承运人保证凭以交付货物的单据。承运人在收到货物并签发提单后，负有在目的地只向正本提单持有人交付货物的义务。B 对 D 错，承运人没有根据提单正本交货，构成了违约，是造成银行损失的根本原因，应当赔偿银行的损失。

16. 答案：（1）A。在这些损失和费用中，1000 箱货损、主机和部分甲板受损属于单独海损，600 箱货损、拖船的费用及船只修理费用则属于共同海损。

（2）A。本题考查单独海损和共同海损的内涵。

17. 答案：C。保险公司承担责任程度的顺序从大到小为：一切险、水渍险、平安险。

18. 答案：（1）ACD。本题考查 CIF 术语的内容。根据 2010 版贸易术语规定，FOB、CIF、CFR 三个术语的风险转移由 2000 版术语中的装运港过船舷转移风险变为装运港船上转移，因为其交货地点是装运港船上。所以，A 正确，B 错误。在 C 组术语和 D 组术语项下，卖方义务大，由卖方负责安排运输，在 E 组和 F 组术语下，买方义务大，由买方安排运输，故 C 正确。CIF 和 CIP 两个术语中，卖方有义务去投保，所以 D 正确。

（2）AB。本题考查海运货物风险和险种。共同海损是指为了避免船货面临的共同危险，人为有意作出的合理损失，由各方共同分摊的损失。船舶搁浅若不能及时上浮，船和货都有风险，为了起浮不得已抛弃部分货物属于共同海损，故 A 正确。单独海损指货物因非人为的意外原因发生的损失，并且只涉及船舶或货物一方利益，与他方利益无关。本题中，海浪将部分货物打入海中属于单独海损。故 B 正确。本题中投保的平安险，其英文直译成中文为“单独海损不赔”，指单独由自然灾害引起的单独海损是不赔的，但对与意外事故有关的单独海损、全部海损和共同海损是赔偿的。被海浪打入海中的货物属于自然灾害引起的单独海损，所以，保险公司不赔付。故 C 错误。货物本身固有缺陷引起的损失承运人是免责的，保险公司对此也不赔付，故 D 错误。

19. 答案：C。2010 年《国际贸易术语解释通则》于 2011 年 1 月 1 日生效，当事人希望适用新术语必须注明适用新术语，2000 年《国际贸易术语解释通则》和 2010 年《国际贸易术语解释通则》并存由当事人选择适用。所以 A 错误。FOB 术语在 2000 年《国际贸易术语解释通则》中是装运港过船舷转移风险，在 2010 年《国际贸易术语解释通则》中是装运港船上转移风险。所以 B 错误。《国际贸易术语解释通则》是国际商业惯例，在其没有具体规定的方面仍可以适用《联合国国际货物销售合同公约》，所以 D 错误。FOB 术语中，买方负责签订承运合同，所以 C 正确。

20. 答案：BD。根据《联合国国际货物销售合同公约》第 38 条规定：（1）买方必须在按情况实际可行的最短时间内检验货物或由他人检验货物。（2）如果合同涉及货物的运输，检验可推迟到货物到达目的地后进行。（3）如果货物在运输途中改运或买方须再发运货物，没有合理机会加以检验，而卖方在订立合同时已知道或理应知道这种改运或再发运的可能性，检验可推迟到货物到达新目的地后进行。所以，A 选项错误。B 选项正确。第 39 条规定，（1）买方对货物不符合合同，必须在发现或理应发现不符合情形后一段合理时间内通知卖方，说明不符合合同情形的性质，否则就丧失声称货物不符合合同的权利。（2）无论如何，如果买方不在实际收到货物之日起两年内将货物不符合合同情形通知卖方，其就丧失声称货物不符合合同的权利，除非这一时限与合同约定的保证期限不符。所以，C 选项错误。第 36 条规定，（1）卖方应按照合同和本公约的规定，对风险移转到买方时所存在的任何不符合合同情形，负有责任，即使这种不符合合同情形在该时间后方始明显。（2）卖方对在上一款所述时间后发生的任何不符合合同情形，也应负有责任，如果这种不符合合同情形是由于卖方违反他的某项义务所致，包括违反关于在一段时间内货物将继续适用于其通常使用的目的或某种特定目的，或将保持某种特定质量或性质的任何保证。所以，D 选项正确。

名词解释

1. **答案**：在国际海上货物运输实践中，托运人为取得清洁提单，向承运人出具承担赔偿责任的保函的做法一直被司法实践认为是一种欺诈行为而无效。但实践中，这一做法却因为实用、简便而经常为当事人采纳作为紧急情况下的一种变通做法。《汉堡规则》将保函合法化，规定托运人为取得清洁提单而向承运人出具承担赔偿责任的保函在托运人和承运人之间有效，但对提单受让人，包括任何收货人在内的第三方无效。在发生欺诈行为的情况下（无论是托运人或承运人欺诈），承运人均需承担损害赔偿责任，并且不能享受公约规定的责任限制的利益。
2. **答案**：航次租船合同在租船运输中得到广泛应用。它是为完成特定航次运输，由船舶出租人向承租人提供船舶或船舶的部分舱位，装运约定的货物，从一港运至另一港，由承租人支付约定运费的合同。航次租船合同多以标准格式出现，常见的有波罗的海国际航运公会（The Baltic and International Maritime Conference，BIMCO）制定的《统一杂货租船合同》（Uniform Genenal Charter），简称金康合同（Gencon）；《澳大利亚谷物租船合同》（Chamber of Shipping Australian Grain Charter），简称奥斯特拉尔（Austral）等。
3. **答案**：《国际货约》（CIM）1961 年在伯尔尼签字，1975 年 1 月 1 日生效。其成员国包括了主要的欧洲国家，如法国、德国、比利时、意大利、瑞典、瑞士、西班牙及东欧各国。此外，还有西亚的伊朗、伊拉克、叙利亚，西北非的阿尔及利亚、摩洛哥、突尼斯等共 28 国。
4. **答案**：国际货物多式联运是指以至少两种不同的运输方式将货物从一国接管货物的地点运至另一国境内指定交付货物的地点的运输。
5. **答案**：共同海损指海上运输中，船舶、货物遭到共同危险，船方为了共同安全，有意和合理地作出特别牺牲或支出的特别费用。对于共同海损所作牺牲和支出的费用，用获救船舶、货物、运费获救后的价值按比例在所有与之有利害关系的受益人之间进行分摊，因此，共同海损属于部分损失。保险公司对共同海损牺牲和费用以及共同海损分摊都给予赔偿。
6. **答案**：委付指在推定全损的情况下，被保险人把残存货物的所有权转让给保险公司，请求取得全部保险金额。委付是被保险人的单方行为，保险公司没有必须接受委付的义务。但委付一经接受则不能撤回。接受委付后，保险公司取得残存货物的所有权，当损失由第三者过失引起时，同时取得向有过失的第三方代位追偿的权利。如追偿额超过保险公司的赔付额，也不必将超出部分退还被保险人。
7. **答案**：平安险原意为“单独海损不赔”。承保被保险货物由于恶劣气候、雷电、海啸、地震、洪水等自然灾害造成的整批货物的全损；运输工具搁浅触礁、沉没、互撞以及失火、爆炸等意外事故造成的货物全部或部分损失；运输工具在发生上述意外事故前后又在海上遭受恶劣气候等自然灾害造成的部分损失；装卸时，一件或数件货物落海造成的全部或部分损失；被保险人为抢救货物支出的合理费用等。平安险是三种基本险别中保险人责任最小的一种。

简答题

1. **答案**：1975 年《国际货约》和 1951 年《国

际货协》，我国于1953年加入后一个条约。

2. **答案**：提单是指用以证明海上运输合同的订立和货物已经由承运人接收或者装船，以及承运人保证据以交付货物的单据。提单中载明的向记名人交付货物，或者按照指示人的指示交付货物，或者向提单持有人交付货物的条款，构成承运人据以交付货物的保证。从上述定义中可以看出，提单具有下列法律特征：

(1) 提单是海上运输合同的证明。关于提单是海上运输合同本身还是运输合同的证明是有争议的。多数的意见认为，提单只是运输合同的证明。首先，从理论上说，合同是以当事人双方一致为生效的主要条件，而提单只是由一方当事人签发的。其次，从时间上说，运输合同是在提单签发之前签订的。运输合同在托运人依班轮公司的船期、费率等与班轮公司洽订舱位时即成立，而提单通常是在货物装船后才签发的，这时，运输合同实际上已在履行了。《汉堡规则》和我国《海商法》均采用了提单是运输合同的证明的观点。

提单是运输合同的证明只是就承运人与托运人之间的关系而言。在一般情况下货物的托运人是货物买卖合同的卖方，卖方在收到船方签发的提单后，会将其转让给买方，买方又有可能将其再背书转让给其他受让人。提单的受让人并非原托运人与承运人运输合同的当事方，其对托运人与承运人在订舱时有什么约定并不知情，因此，提单在承运人与提单的受让人之间就不仅是运输合同的证明，还是运输合同本身。

(2) 提单是承运人出具的接收货物的收据。提单是在承运人收到所交运的货物后向托运人签发的，提单的正面记载了许多收据性的文字，如货物的标志、货物的包装、数量或重量及货物的表面状况等。如运输合同在开航前解除或于中途终止合同，托运人可依提单的记载领回货物。

提单的证明作用在托运人手中和托运人以外的第三方持有人手中的效力是不同的。提单在托运人手中时只是初步证据，所谓初步证据是指如承运人有确实的证据证明其收到的货物与提单上的记载不符，承运人可以向托运人提出异议。但在托运人将提单背书转让给第三人的情况下，对于提单受让人来说，提单就成了终局性的证据。因为提单的受让人是根据提单上的记载事项受让提单的，他对货物的实际情况并不知情，如提单中的记载不实是由于托运人的误述引起的，承运人可以向托运人提出抗辩。但承运人不得以此对抗提单的受让人，这样可以保证提单的流通性。

(3) 提单是承运人凭以交付货物的具有物权特性的凭证。也有学者认为提单只是提货的凭证。提单是承运人凭以交付货物的具有物权特性的凭证。提单的流通性决定了提单所具有的物权凭证的特性。提单签发后，货物的控制权即和提单紧密联系在一起，只有持有提单才能控制货物。提单的流通性使得提单的最终持有人总是处于不确定的状态，只有到了目的港，承运人才能知道应将货物交给谁。为了避免错交货物，承运人只能采用谁持有提单就向谁交货的做法。可见，赋予提单物权凭证的特性是国际贸易流通环节的需要。依商业惯例，提单的转让就表明了货物所有权的转移，提单的持有人就是货物的所有人。如承运人向非提单持有人交付货物，则须承担因此而产生的赔偿责任。

3. **答案**：关于倒签提单和预借提单的责任属性是有争议的。第一种观点认为责任者应承担合同责任，因为提单是承运人与收货人、提单持有人和提单受让人之间的合同，在倒签提单和预借提单的情况下，货物最终还是装上了船舶，因此，承运人的这两种做法违反的是合同法规定的强制性义务，承运人应承担这种违约行为所引起的合同责任。在法国，类似上述行为被认为是违反合同要件的“实质性违约”，在日本也将此种行为按“根本违约”判定责任。第二种观点认为责任者应承担侵权责任，因为预借提单和倒签提单的行为符合侵权的一般特征，满足侵权行为成立所必需的四个条件，具有侵权性质。第三种观点主张竞合责任说，认为倒签提单带有双重的法律特征，其行为过程是由违约与侵权行为的结合而形成的，该行为本身侵犯了两种经济关系，引起了两种民事法律后果，因此是违约和侵权的竞合。由于倒签提单和预借提单均为欺诈行为，因此，在实践中，在信用证即将到期，而托运人又不能如期装船的情况下，正确的处理方法是要求修改信用证。

4. **答案**：首先，从当事人上讲，航次租船合同当事人一方的出租人一般为航运公司，也可能是转租船人，另一方当事人，即承租人可以是国际货物买卖合同中的买方，也可以是卖方。在采用 FOB 贸易术语的条件下，是由买方负责租船订舱，因此，在航次租船合同中该买方就是承租人。在采用 CFR 和 CIF 的贸易术语下，是由国际货物贸易中的卖方负责租船，因此，承租人就应是国际贸易中的卖方。其次，从航次租船合同与国际货物买卖合同的衔接上讲，无论是国际贸易中的买方还是卖方负责租船，都应注意租船合同与货物买卖合同的衔接，即所租的船舶应符合买卖合同所要运输的货物的要求，否则的话，租来的船舶不适合运输货物合同中的货物，就可能导致赔偿责任。主要应注意下列几个方面：

（1）租的船舶应适应装货港与卸货港的要求。承租人应依装卸港对船长、船高、吃水等方法的限制租船。例如，在某案中，买方租的船舶因吨位过大不能进出可供卖方选择及指定的装货港口。再如，买方租的船是被装货港当局列入黑名单而拒绝入港的船舶。

（2）租的船舶应适合装运期间的要求。在货物买卖合同中一般都有装运期间的规定，买方在申请开立的信用证中也会对装运期间进行规定，如货方未能在装货港按时完成装船，提单上的装船日期就会与信用证上规定的装运期间产生不符，导致卖方无法结汇。因此，所租的船舶应适合装运期间的要求。在 CFR 和 CIF 的情况下，是卖方自己租船并完成装船，而在 FOB 的情况下，是买方租船，如买方租的船未能准时抵达装运港，使卖方不能在装运期间内合理地把货物装上船舶，有的案例判定，此情况下买方行为违约，卖方可以要求损害赔偿。

（3）租的船舶应适合货物的要求。例如，在运输某种食品的货物时，有通风的要求。在运输一定长度的货物时，要求船舱中没有障碍物等。

5. **答案**：保险合同的转让指被保险人将其在保险合同中的权利转移给第三方的行为。保险合同的转让分为需经保险人同意的转让和不需经保险人同意的转让。海上货物运输保险合同的转让不需经保险人的同意。

（1）需经保险人同意的转让。一般的保险合同的转让都应经保险人的同意并进行书面批改后，才能取得赔偿权利。主要考虑的是被保险人的个人素质、道德品质、管理水平、财务状况等因素。《海商法》第 230 条规定的船舶保险合同的转让也是需经保险人同意的转让。如上所述，一般保险合同的转让均应经保险人的同意，因为保险人承保的责任的风险大小与被保险人本人的因素有关，不同的被保险人，保险合同约定的承保条件不同。例如，一个经营管理良好的船舶所有人，其船舶的出险率就会低于一个经营作风恶劣的船舶所有人，后者的保险费率当然也会高于前者，因为船舶所有人的经营作风对船舶的安危会产生很大的影响。《海商法》第 230 条对需经保险人的同意才可转让的船舶保险合同进行了规定，依该条规定，因船舶转让而转让船舶保险合同的，应当取得保险人同意。未经保险人同意，船舶保险合同从船舶转让时起解除；船舶转让发生在航次之中的，船舶保险合同至航次终了时解除。合同解除后，保险人应当将自合同解除之日起至保险期间届满之日止的保险费退还被保险人。

（2）不需经保险人同意的转让。《海商法》第 229 条规定的转让是不需经保险人同意的转让。依该条的规定，海上货物运输保险合同的转让不需经保险人的同意，可以由被保险人背书或者以其他方式转让，合同的权利和义务也随之转移。合同转让时尚未支付保险费的，被保险人和合同受让人负连带支付责任。海上货物运输保险合同的转让不需经保险人的同意是由此类保险的保险标的流动性决定的，因为运输中的货物在途中其所有权可能因提单的转让而多次转移，此外，货物在运输过程中，已在承运人管辖范围，危险发生的可能与被保险人没有直接的关联。这样就不会影响商品的流通和正常贸易。所以，运输货物保险合同的转让不像固定财产的保险那样需要征得保险人的同意。值得注意的是：当保险合同主体变更时，其权利义务当然也随之转移，如原被保险人在货物转让之前没有支付保险费，那保险合同转让后，受让人就有支付保险费的义务。

保险单是保险合同的书面证明，海上货物运输保险合同的转让一般就是保险单的转让，保险单的转让有两种形式，一种是空白背书的方式，即由保险单抬头署名的被保险人在保险单后面背书，此保险单即可随着货物所有权的转让而一起转让。另一种方式为指名背书，即在背书时明确受让人的一种背书方式。

6. **答案**：根据《海牙规则》规定，承运人的适航责任包括三个方面要求：(1) 承运人在开航前和开航当时，应谨慎处理使船舶适航；(2) 承运人应妥善地配备船员、装备船舶和配备供应品；(3) 承运人应确保货仓具有适合装货的能力。

论述题

答案：海运保函概括起来有以下几种：

(1) 为提货出具保函。依国际航运惯例，承运人在目的港必须凭正本提单交付货物，而在实践中由于提单流转环节多，速度慢，而运输速度则随着科技的进步越来越快，特别是短途运输所需时间较短，往往造成货物运抵目的港而提单还未到达收货人之手的情况，致使收货人无法在货物到港后凭正本提单将货物及时提走，既影响了承运人和收货人的经济效益，又将使大量货物滞留港口，增加了港口的压力。为了解决上述困难，避免给有关方面造成经济损失，航运实务中出现了以正本提单以外的其他单证连同保函提货的做法。目前这个提货方式已普遍存在，很多国家默认了这一做法。尽管凭保函放货违反了正本提单提货的国际航运惯例，但其作为解决凭正本提单放货困难的一种权宜之计，在实践中不无合理性，它对于加速商品流通，提高经济效益具有一定的积极意义。这种保函有善意与恶意之分：第一，恶意保函。是指承运人与提货人恶意串通欺骗收货人，提货人不是货物的将来所有权人，而是以骗取货物为目的将货提走，承运人明知提货人不是货物的买主而将货放走，致使货物的真正所有权人持正本提单提不到货物，也就是说，承运人明知如此放货必定会导致对第三人的损害而追求或放任损害结果的发生，属主观上的故意，那么承运人不仅要赔偿收货人的全部经济损失，而且承运人和提货人之间订立的保函也因其具有欺诈性归于无效，承运人也不得依保函向提货人索赔。第二，善意保函。在因凭保函加副本提单错交货物的情况下，承运人在承担什么责任的问题上是有争论的，一种认为这是欺诈，另一种则认为承运人在主观上无恶意，因此只能承担过失责任。因为一般而言，承运人凭保函放货只是为了解决上述凭正本提单放货的实际困难。在主观认识上，承运人认为提货人即为提单收货人。如果这种判断正确，提货人和提单收货人一致，则交货准确。发生提货人和提单收货人不一致的情况，一方面是提货人本不是提单收货人而冒充提单收货人骗取货物，或者提货人本是该批货物的买方，但提货人提取货物之后没有及时到银行付款赎单；另一方面是承运人对提货人的资格审查不严格或过于相信提货人即为收货人所致，这属于民法上的过失。过失并不构成欺诈，欺诈首先必须是故意，从承运人的地位上看，承运人错交货物势必受到提单收货人的追偿，且不能享受责任限制，承运人并不希望错交事实的发生，并不存在欺诈的故意。当然，承运人不凭正本提单放货给提货人骗取货物提供了可乘之机，是提单收货人提不到货物的原因之一，承运人应承担过失责任，赔偿提单收货人的经济损失，但是，并不能以承运人的过失否定保函的效力，承运人赔偿提单收货人的经济损失后可以依保函向提货人索赔。

（2）为取得清洁提单而出具的保函。此类保函也有善意和恶意之分：第一，善意保函。有的情况下承运人接受保函签发清洁提单并不是对收货人存心欺诈，而是因为某些客观条件的限制，如缺乏识别手段或计量工具，或者货物外表虽有瑕疵，但程度轻微，这种轻微的瑕疵可能是买卖合同所允许的，买方应该接受，收货人不会因此对承运人提出异议，此时，承运人虽有批注的权利，但行使此项权利并无必要，反而会阻碍贸易的顺利进行。在这种情况下，承运人接受保函免去提单上的批注，并不是对收货人的恶意欺诈，而是因为认识上的偏差或限制造成，在此背景下订立的保函应视为有效，承运人如果受到索赔，可以通过保函从托运人或其保证人处得到补偿。第二，恶意保函。在托运人与承运人明知货物的表面状况有瑕疵仍以保函换取清洁提单的情况下，此种保函是一种恶意保函。此种保函无效，承运人在对收货人承担责任后不得依法依保函向托运人索赔，即保函强制的效力，但也存在托运人自己愿意履行的情况，也就不会出现承运人告托运人的情况了。

（3）为预借提单和倒签提单而出具保函。提单中注明的装船日期早于实际装船的日期就称为倒签提单。承运人应托运人的要求倒签了提单，实际上就隐瞒迟延交货的责任，构成了对收货人的欺诈行为，日后须对因此而引起的损失负责。预借提单是当信用证规定的有效期即将届满，而货物还未装船时，托运人为了使提单上的装船日期与信用证规定的日期相符，要求承运人在货物装船前签发的已装船提单。预借提单在议付时，货物实际上可能还未装运，使信用证对装货这一环节的制衡力丧失，无法保证货物的准时到达。预借提单与倒签提单一样，都掩盖了货物的实际装船日期，从而避开了迟延交货的责任。由于倒签提单和预借提单均为欺诈行为，因此，为预借提单和倒签提单而出具保函均为无效保函。在实践中，在信用证即将到期，而在托运人又不能如期装船的情况下，正确的处理方法是要求修改信用证。

案例分析题

1. **答案**：（1）收货人可以向承运人索赔。承运人签发了清洁提单即表明其收到货物时货物没有问题，承运人应对途中受到的损失负责。如果承运人在装货时已发现货物有问题，承运人就不应签发清洁提单，这样收货人的货款也不会付出。在承运人依保函签发清洁提单的情况下，使提单在跟单信用证机制中的制衡作用被破坏。因此，承运人必须对依保函签发清洁提单的后果承担责任。

（2）不可以。因为本题保函无效，且即使是有效保函，也不能对抗第三人。

（3）不可以，本题投保的是水渍险，水渍险不包括雨水造成的损失。

2. **答案**：（1）可以。本案承运人以保函倒签了提单，应对因此而造成的迟延交付负责。因此，乙公司可以向承运人提出索赔。

（2）本案属于倒签提单的行为，即将实际装船的日期提前的行为。

（3）不可以。水渍险并不承保因迟延交付造成的损失。因此，乙公司不应向保险公司提出索赔。

3. **答案**：（1）国际海上货物运输中，提单是承运人保证据以交付货物的凭证，持有提单就拥有对提单项下货物的物权。原告某银行作为开证银行，根据信用证关系承兑付款后，在开证申请人未付款赎单的情况下，合法持有提单，就拥有提单项下货物的物权。船务公司违反法定义务，将货物交付给非提单持有人，侵犯了某银行的合法权益。

（2）船务公司违反了依正本提单放货的法定义务，应对由此给某银行造成的损失承担责任。因此，某银行应起诉船务公司。

4. **答案**：（1）本案船公司与银行之间是一种担保关系。国内根据《汉堡规则》的有关规定，银行可以提供“提货担保书”，只要这种行为是善意的，不带有欺诈性，我国就对此予以承认。本案中银行为医药公司出具了

"提货担保书"，因此，银行就与船公司之间形成保证关系，保证医药公司作为提货人的真实资格。

（2）本案医药公司应该承担船公司在上海败诉所受到的损失。因为医药公司在银行提供"提货担保"的情况下，医药公司作为提货人，委托某进出口公司报关，结果进出口公司在报关时伪报货物名称，致使该批货物被海关没收。于是收货人医药公司没有付款赎单，提单被退回给了上海托运人。由此看来，由于医药公司委托其他公司不正确报关而使货物被扣，又因医药公司没有付款赎单致使提单被退回了上海托运人。医药公司对船公司在上海的败诉负有直接责任。因此，医药公司应该承担船公司在上海败诉所受到的损失。

（3）本案银行有责任。因为银行为医药公司出具了"提货担保书"，根据《汉堡规则》，只要银行的行为是善意的，其行为就具有法律效力。于是医药公司就作为提货人向船公司提取货物，并导致了货物被扣和医药公司没有付款赎单的结果。因此，银行的担保行为与船公司的损失也具有一定的因果关系，银行也应该对此承担责任。

（4）收货人向船公司或保险公司提出索赔。根据《海牙规则》的规定，承运人须承担在开航前或开航时必须履行最低限度的责任，具体是：使船舶适用航行；适当地配备船员、装备和供应船舶；使货舱、冷藏舱和该船其他装载货物的部分能适宜和安全地收受、运输和保存货物。承运人应当适当和谨慎地装载、搬运、积载、运输、保管、照料和卸载所运货物。本案中有 12 箱因放置离机舱太近而受热变质，说明承运人船公司违反了《海牙规则》中规定的义务，对此应当承担赔偿的责任。同时，因该批货物投保了一切险，对此保险公司也应承担理赔责任，收货人可以直接向船公司索赔也可以向保险公司索赔。

（5）本案中各债权项目的受偿顺序是：船员的工资；天津港的港务费；银行贷款。根据我国《海商法》的有关规定，轮船享有"船舶优先权"原则，必须首先保障船舶自身的一切需要。在本案中，船东应首先保障船员的工资，满足该船正常运行；其次要交纳拖欠天津港的港务费，这属于对船舶征收的行政性收费，处于次要地位；最后是偿还银行的贷款。

5. 答案：（1）不能。本案合同为 CIF 合同，中国公司的交货地点是在装运港，而非目的港纽约；货物自装运港装上船后，灭失或损坏的风险由买方某国公司承担，买方某国公司不得以装上船后因意外事故造成的货物灭损（即茶叶遭海水浸泡、货物不合格）为由拒绝接收货物。

（2）不能。信用证支付方式体现银行信用，由银行承担付款责任。银行付款的条件是单证一致。银行的付款义务不涉及货物是否受损。信用证与买卖合同是独立的。

第六章　国际技术贸易法

单项选择题

1. **答案**：C。《与贸易有关的知识产权协议》第9条规定："……二、版权的保护仅延伸至表达方式，而不延伸至思想、程序、操作方法或数学概念本身。"
2. **答案**：C。《与贸易有关的知识产权协议》要求成员方应按《集成电路知识产权条约》的有关规定对集成电路布图设计提供保护。
3. **答案**：B。《巴黎公约》是知识产权领域第一个世界性多边公约。
4. **答案**：A。《巴黎公约》（1980年修订）第4条规定……上述优先权的期限，对于专利和实用新型为十二个月，对于工业品外观设计和商标为六个月。
5. **答案**：C。驰名商标的特殊保护是《巴黎公约》成员国应履行的义务。
6. **答案**：D。根据《伯尔尼公约》第3条规定……在首次发表后三十天内在两个或两个以上国家出版的任何作品视为同时在几国发表。所谓"同时发表"，是指一个作品在首次发表后30天内在两个或两个以上国家内出版。
7. **答案**：D。《伯尔尼公约》第7条规定，本公约给予保护的期限为作者终生及其死后五十年。
8. **答案**：A。A对，《罗马公约》是《保护表演者、唱片制作者和广播组织国际公约》的简称，是第一个为著作邻接权提供保护的国际公约。
9. **答案**：C。《罗马公约》对唱片制作者规定了特别的保护。根据公约规定，唱片制作者有权授权或禁止直接或间接复制他们的唱片。
10. **答案**：C。保密条款是专有技术许可证协议的特色条款。
11. **答案**：B。根据《与贸易有关的知识产权协议》第21条规定，各成员可对商标的许可和转让确定条件，与此相关的理解是，不允许商标的强制许可，且注册商标的所有权人有权将商标与该商标所属业务同时或不同时转让。因此，正确答案是B。
12. **答案**：D。根据受让方获得权利的大小和权利的地域范围不同，可将国际许可证协议划分为独占许可协议、排他许可协议、普遍许可协议。
13. **答案**：A。在各种许可证协议的分类中，受让方所获使用权范围最大的是独占许可证协议。
14. **答案**：A。统包价格，是指在签订国际许可合同时，一次性算清各项技术项目所应支付的全部费用，由双方当事人确定一个固定的金额，并在合同中加以明确规定。
15. **答案**：B。维持权利有效性条款是专利许可证协议的特有条款。
16. **答案**：C。根据《巴黎公约》的规定，保护国按本国法律对外国国民提供保护，即根据成员国自己的法律规定来确定是否对外国国民提供保护。因此，本题的正确答案是C。
17. **答案**：B。《伯尔尼公约》规定，一个作品在首次出版后30天内在两个或两个以上国家内出版，则该作品应视为同时在几个国家内出版。本题中，迈克的著作《希望之路》在甲国和乙国出版时间间隔25天，应视为同时出版。《伯尔尼公约》确立了文学艺术作品保护的基本原则：国民待遇原则、自动保护原则、独立保护原则和最低保护原则。国民待遇原则又称为"双国籍国民待遇"，即作者国籍是公约缔约国，或作者是在缔约国有惯常居所的非缔约国国民，或非公约缔约国国民的作品在任一个缔约国出版，或在一个缔约国和一个非缔约国同时出版，均在一切缔约国中享有国民待遇。本题中迈克的著作一经在乙国出版，便在缔约国中享有国民待遇。故A错误。自动保护原则是指享有和行使依成员国法律和公约所规定的权利，不需要履行任何手续，也不论作品在起源国是否受到保护。保护国法律对文学艺术作品自动保护，独立保护原则是指享有和行使文学艺术作品的权利，不依赖于在起源国是否受到保护。故 CD 错误。《伯尔尼公约》规定，在非缔约国和缔约国同时发表的作品，后者为作品国籍国。故 B 正确。（注：《伯尔尼公约》中的原文为起源国，起源国系其所使用的特有概念，《世界版权公约》则采用“首次出版”和“国籍”的说法）

18. 答案：B。由于专利权具有地域性特点，甲国某公司的发明只在甲国申请了专利，并且中国某公司的制造、销售行为也无须甲国某公司授权，A、C 项错误。若中国某公司在中国获得了专利权，甲国某公司在中国未经中国某公司许可的销售行为构成侵权，B 项正确。自专利授权之日起，任何单位或者个人认为该专利权的授予不符合《专利法》相关规定的，可以请求国务院专利行政部门宣告该专利权无效。但基于专利的地域性特点和《巴黎公约》所确立的独立性原则，同一发明在其他国家的专利申请，并不必然导致专利被宣告无效，D 项错误。

不定项选择题

1. 答案：CD。《与贸易有关的知识产权协议》的基本原则包括国民待遇原则、最惠国待遇原则。（1）国民待遇原则，是指各成员在知识产权保护上，对其他成员的国民提供的待遇，不得低于其本国国民。但《巴黎公约》《伯尔尼公约》《罗马公约》及《集成电路知识产权条约》允许在某些情况下以互惠原则代替国民待遇原则；对表演者、录音制品制作者及广播组织而言，国民待遇仅适用于本协议所规定的权利；一些司法和行政程序，如必须在一成员管辖范围内指定送达地址或委托代理人，也可以成为国民待遇的例外。（2）最惠国待遇原则，是指在知识产权保护上，某一成员提供给第三方国民的任何利益、优惠、特权或豁免，均应立即、无条件地适用于全体其他成员的国民。

2. 答案：BC。根据《与贸易有关的知识产权协议》第 27 条规定：“一、在遵守第二款和第三款规定的前提下，专利可授予所有技术领域的任何发明，无论是产品还是方法，只要它们具有新颖性、包含发明性步骤，并可供工业应用。在遵守第六十五条第四款、第七十条第八款和本条第三款规定的前提下，对于专利的获得和专利权的享有不因发明地点、技术领域、产品是进口的还是当地生产的而受到歧视。二、各成员可拒绝对某些发明授予专利权，如在其领土内阻止对这些发明的商业利用是维护公共秩序或道德，包括保护人类、动物或植物的生命或健康或避免对环境造成严重损害所必需的，只要此种拒绝授予并非仅因为此种利用为其法律所禁止。三、各成员可拒绝对下列内容授予专利权：（a）人类或动物的诊断、治疗和外科手术方法；（b）除微生物外的植物和动物，以及除非生物和微生物外的生产植物和动物的主要生物方法。但是，各成员应规定通过专利或一种有效的特殊制度或通过这两者的组合来保护植物品种。本项的规定应在《WTO 协定》生效之日起 4 年后进行审议。”

3. 答案：ABD。《与贸易有关的知识产权协议》第 36 条规定：“在遵守第三十七条第一款规定的前提下，如从事下列行为未经权利持有人授权，则应视为非法：为商业目的进口、销售或分销一受保护的布图设计、含有受保护的布图设计的集成电路、或含有此种集成电路的物品，只要该集成电路仍然包含非法复制的布图设计。”据此，各成员应禁止未经权利持有人许可的下列行为：（1）为商业目的进口、销售或以其他方式发行受保护的布图设计。（2）为商业目的进口、销售或以其他方式发行含有受保护的布图设计的集成电路。（3）为商业目的进口、销售或以其他方式发行含有上述集成电路的物品。C 项表述属于《与贸易有关的知识产权协议》规定的关于工业品外观设计的保护问题，不是关于集成电路布图设计的保护规定，故 C 项不选。

4. 答案：AB。A 对，《与贸易有关的知识产权协议》第15条第3款规定："各成员可以将使用作为注册条件。但是，一商标的实际使用不得作为接受申请的一项条件。不得仅以自申请日起三年期满后商标未按原意使用为由拒绝该申请。"据此，各成员可以根据使用进行注册，但实际使用并非注册申请的条件。B对，《与贸易有关的知识产权协议》第15条第4款规定："商标所适用的货物或服务的性质在任何情况下不得形成对商标注册的障碍。"C错，《与贸易有关的知识产权协议》第18条规定："商标的首次注册及每次续展的期限均不得少于七年。商标的注册应可以无限续展。"D错，《与贸易有关的知识产权协议》第15条第1款规定，"任何标记或标记的组合，只要能够将一企业的货物和服务区别于其他企业的货物或服务，即能够构成商标。此类标记，特别是单词，包括人名、字母、数字、图案的成分和颜色的组合以及任何此类标记的组合，均应符合注册为商标的条件。如标记无固有的区别有关货物或服务的特征，则各成员可以由通过使用而获得的显著性作为注册的条件"。

5. 答案：ACD。乌拉圭回合谈判涉及的新议题有服务贸易、知识产权、与贸易有关的投资等，货物贸易并不是乌拉圭回合涉及的新议题，所以ACD项正确。

6. 答案：D。独占许可协议：指在协议规定的时间和地域范围内，受让方对受让的技术拥有独占的使用权，许可方不能将该技术使用权另行转让给第三方，同时许可方也不能在该时间和地域范围内使用该项出让的技术。

7. 答案：B。我国《专利法》规定，发明专利权的保护期限为自申请日起算的20年；实用新型专利权和外观设计专利权的保护期限为自申请日起算的10年。故该项实用新型专利权的保护期限终止于2023年7月1日起10年，即2033年6月30日。

8. 答案：C。我国《商标法》规定，注册商标有效期的起算之日是核准注册之日。

9. 答案：B 。《与贸易有关的知识产权协议》第4条规定在知识产权保护上实行最惠国待遇，即授予国给予某外国的待遇不低于或者不少于已经给予或即将给予任何第三国的待遇。国民待遇又叫平等待遇，指内国给予外国的待遇和给予本国人的待遇相同。优惠待遇是指一国为了某种目的给予外国及其自然人和法人特定的优惠待遇。

10. 答案：BCD。我国已加入的公约有：《巴黎公约》《世界版权公约》《保护唱片制作者禁止未经许可复制其录音制品公约》，我国未加入《罗马公约》。

11. 答案：ABC。《巴黎公约》的基本原则包括国民待遇原则、优先权原则、独立性原则和强制许可原则等。（1）国民待遇原则，是指任何成员国的国民，在其他成员国国内应享有各该国法律现在或今后给予该国国民的各种便利，不论他们在各该国有无永久住所或营业所。非成员国的国民如果在成员国领土内有永久住所或者有真实的正当的工商业营业所者，享有与成员国国民同样的待遇。（2）独立性原则，是指成员国国民在任何成员国中提出的商标注册申请，不能以未在本国申请、注册或续展为理由而加以拒绝或使其注册失效。（3）优先权原则，是指以某一申请人在一个巴黎联盟成员国为一项工业产权提出的正式申请为基础，在此后一定时期内（6个月或12个月），同一申请人或者他的继承人在其他成员国就同一工业产权申请保护时，该后来的国家应当把该申请人第一次提出申请的日期视为在后来国家的申请日期。根据《巴黎公约》规定，即使作为优先权基础的第一个申请最终被驳回，优先权仍然有效。（4）强制许可原则，是指根据《巴黎公约》第5条规定，各成员国可以采取立法措施，规定在一定条件下可以核准强制许可，以防止专利权人可能对专利权的滥用。强制许可的条件是：专利权人自提出专利权申请之日起满4年或者自批准专利权之日起满3年未实施专利且又提不出正当理由。D错，自动保护原则是《伯尔尼公约》的基本原则，是指公约成员国的国民和在成员国有居所的人在作品完成时就自动享有著作权，无须履行任何手续；在成员国无居所的非成员国国民的作品首先在成员国出版的，也自动享有著作权。这样，一部作品只要符合公约规定的条件，就可以自动在公约的全体成员国获得著作权。

12. 答案：ABCD。《巴黎公约》对各成员国的专利权、实用新型、外观设计、商标和发明人证书的申请给予优先权。

13. 答案：AC。根据《巴黎公约》所确立的临时保护制度，成员国应依照其本国法律，对在任何一个成员国举办的官方或经官方承认的国际展览会展出的商品中可以取得专利的发明、实用新型、外观设计和商标，给予临时保护。发明、实用新型的临时保护期一般为12个月，商标、外观设计的临时保护期一般为6个月。

14. 答案：BC。《巴黎公约》第5条规定了强制许可原则，其内容是每一成员有权采取立法措施颁发强制许可证，以防止专利权人可能对专利权的滥用，主要指专利权人不实施或不充分实施专利。颁发强制许可证须符合一定条件：（1）必须是专利权人在其专利被批准后3年内（或申请专利后4年内——以最迟届满的期限为准）未实施专利，才可以对其专利采用强制许可证。（2）强制许可证只能是非独立许可证。即在管理机关颁发了强制许可证之后，专利权人自己仍旧有权向别人再发许可证。（3）强制许可证是不可转让的。（4）强制许可证的被许可人仍应向专利权人支付使用费。

15. 答案：AB。《专利合作条约》是在《巴黎公约》的原则指导下缔结的，《商标国际注册马德里协定》是《巴黎公约》中关于商标国际保护的补充。前述条约和协定都是非开放性的，只对《巴黎公约》成员国开放。

16. 答案：AD。作者的人身权利不受经济权利存在与否的影响，作者有要求表明其作品作者身份的权利（即署名权），并有权反对对其作品的任何有损其声誉的歪曲、割裂或其他更改、损害行为（即保护作品完整权）。

17. 答案：BC。A错B对，《伯尔尼公约》规定了最低保护限度原则，是指各成员国为享有国民待遇的外国国民提供的著作权保护不能低于公约所规定的专门的保护，这种最低限度保护包括精神权利和财产权利两方面内容。对这些内容可以在成员国直接生效适用，不允许附加任何条件。（1）作者的人身权利不受经济权利存在与否的影响，作者有要求表明其作品作者身份的权利，并有权反对对其作品的任何有损其声誉的歪曲、割裂、更改或其他损害行为。（2）作者的经济权利包括：翻译权、复制权、广播权、朗诵权、改编权、录制权、电影权、公演权。C对D错，《伯尔尼公约》规定了自动保护原则，是指公约成员国的国民和在成员国有居所的人在作品完成时就自动享有著作权，无须履行任何手续；在成员国无居所的非成员国国民的作品首先在成员国出版的，也自动享有著作权。这样，一部作品只要符合公约规定的条件，就可以自动在公约的全体成员国获得著作权。

18. 答案：AD。AD对，《伯尔尼公约》的基本原则包括国民待遇原则、自动保护原则、版权独立性原则、最低保护限度原则等。其中：国民待遇原则，是指各国在著作权保护上应给予下列人员不低于本国国民的待遇：其他成员国国民；非成员国国民，但其作品首次在成员国发表；非成员国国民，但在成员国有惯常居所。版权独立性原则，是指由于各国著作权保护的时间、保护的范围是由各国著作权法决定的，所以对作者权利的保护、行政或司法救济的方式等，都只能依据提供保护的国家的法律。即作者在其他成员国可以享有和行使的权利独立于在作品起源国所享有的权利。B错，优先权原则是《巴黎公约》的基本原则。C错，最惠国待遇原则既不是《伯尔尼公约》的基本原则，也不是《巴黎公约》的基本原则。

19. 答案：BD。《联合国国际货物销售合同公约》对卖方的知识产权担保义务进行了某些限制，主要表现在地域限制。公约虽然规定了卖方的知识产权担保义务，但并不是其出售的货物不得侵犯全世界任何一个知识产权人的权利，这是不现实的，对此公约第42条规定了限制标准：第一，依货物销售目的国的法律，即第三人的请求必须是依货物使用地或转售地国家的法律提出的。如果双方在订立合同时，没有约定货物的最终使用地或转卖地，则卖方对买方不承担知识产权的担保义务。第二，依买方营业地所在国法律，即第三人的请求必须是依买方营业地所在国的法律提出的。也就是说，如果双方没有确定货物的最终使用地或转卖地，则卖方只对那些依买方营业地所在国的法律提出的请求向买方负责。如果买方有一个以上的营业地，则依公约的规定，以与合同及合同的履行关系最密切的营业地为其营业地。如果没有营业地，则以其惯常居住地为准。此外该条还规定了时间限制。

20. **答案**：AD。A 对 B 错，《伯尔尼公约》第 2 条第 2 款规定："但本联盟各成员国法律有权规定仅保护表现于一定物质形式的文学艺术作品或其中之一种或数种。"据此，各成员国可以通过国内立法规定所有作品或任何特定种类的作品如果未以某种物质形式固定下来，则不受保护。各成员国对于口述作品并非必须保护。C 错，《伯尔尼公约》第 2 条第 1 款规定："'文学艺术作品'一词包括科学和文学艺术领域内的一切作品，不论其表现方式或形式如何，诸如书籍、小册子及其他著作；讲课、演讲、讲道及其他同类性质作品；戏剧或音乐戏剧作品；舞蹈艺术作品及哑剧作品；配词或未配词的乐曲；电影作品或以与电影摄影术类似的方法创作的作品；图画、油画、建筑、雕塑、雕刻及版画；摄影作品以及与摄影术类似的方法创作的作品；实用美术作品；插图、地图；与地理、地形、建筑或科学有关的设计图、草图及造型作品。"据此，《伯尔尼公约》所保护的"文学和艺术作品"是指文学、科学和艺术领域内的一切成果。D 对，《伯尔尼公约》第 2 条第 8 款规定："本公约所提供的保护不得适用于日常新闻或纯属报刊消息性质的社会新闻。"

21. **答案**：ABCD。《世界版权公约》赋予作者的经济权利包括翻译权、复制权、广播权、公演权。

22. **答案**：BCD。《罗马公约》是第一个为著作邻接权提供保护的国际公约。其保护对象为：表演者、唱片制作者和广播组织。

23. **答案**：BCD。根据《罗马公约》，表演者享受国民待遇的标准包括：表演地标准、录制标准、广播标准。

24. **答案**：ABCD。国际技术转让可以通过单纯的技术转让方式、补偿贸易方式、租赁方式、技术咨询服务方式、合作生产或合作研究方式、外商投资企业、交钥匙合同、工程承包、含有技术转让内容的商品买卖合同等方式进行转让。

25. **答案**：ABD。国际许可证合同的标的是无形的知识产权的使用权，而不是知识产权的所有权，也不是有形的物。也就是说，专利技术使用权、商标使用权、专有技术使用权均可成为国际许可合同标的。

26. **答案**：B。在版权保护方面，TRIPs 对《伯尔尼公约》的补充表现在两个方面：在保护客体方面，将计算机程序和有独创性的数据汇编列为版权保护对象；在权利内容方面，增加了计算机程序和电影作品的出租权。故 B 选项正确。根据《伯尔尼公约》的规定，摄影作品和实用美术作品的最低保护期为作品完成后 25 年。可见，《伯尔尼公约》对摄影作品的最低保护期限已作出了明确规定，故 A 选项错误。根据《伯尔尼公约》的规定，作者的精神权利不受经济权利的影响，在上述经济权利转让之后，作者仍保有主张作品表明其作者身份的权利，并有权反对对其作品的有损声誉的歪曲、割裂或其他更改或损害行为。作者的精神权利，至少应与其经济权利的保护期相等。保护精神权利的方法由被要求给予保护的国家的法律规定。可见，《伯尔尼公约》对作者精神权利给予了保护，故 C 选项错误。国民待遇原则规定在 TRIPs 第 3 条，依该条规定，在知识产权保护方面，在遵守《巴黎公约》《伯尔尼公约》《罗马公约》或《集成电路知识产权条约》中各自规定的例外的前提下，每一成员给予其他成员国民的待遇不得低于给予本国国民的待遇。TRIPs 在知识产权保护方面提供的国民待遇仍然是有例外的。故 D 选项错误。

27. **答案**：ABCD。A 项表述错误，排他许可证协议，许可方可在协议约定区域内保留使用权；B 项表述错误，可转让许可证协议，被许可方可以将该项技术转让给第三方，转让时，被许可方须向许可方负责；C 项表述错误，普通许可证协议，被许可方在协议约定区域内有使用权而无转让权；D 项表述错误，独占许可证协议许可方在协议约定区域内也不得使用、转让该项技术。

28. **答案**：BC。《世界版权公约》适用版权非自动保护原则而且只保护作者的经济权利。

29. **答案**：AD。保护知识产权的国际公约一般分为实体性和程序性的国际公约，《巴黎公约》《世界版权公约》《保护文学和艺术作品伯尔尼公约》和《与贸易有关的知识产权协议》属于实体性的知识产权公约。

30. **答案**：ABC。本题考查国际知识产权法中的国际许可贸易合同的种类。ABC 对，根据国际许可贸易合同的标的不同，可以将国际许可证贸易分为：专利许可、商标许可、专有技术许可和计算机软件许可四种。D 错，土地使用权是对土地的使用权利，不是知识产权。

31. **答案**：ACD。《伯尔尼公约》对文学艺术作品实行双国籍国民待遇原则，即：（1）作者国籍标准，公约缔约国国民或在成员国境内有惯常居所的非成员国国民，其作品无论是否出版，在一切成员国均享有国民待遇。满某在成员国乙国有惯常居所，其作品无论是否发表，在中国均享有国民待遇。所以 CD 正确。（2）作品国籍标准，即非缔约国国民，只要其作品首先在某一个成员国出版，或者在一个成员国或非成员国同时出版，在一切成员国也享有国民待遇。李某惯常居所在非成员国甲国，只有其作品在某一成员国如乙国境内首次发表出版，才能在其他成员国如中国享有国民待遇。所以，A 正确，B 错误。

32. **答案**：C。根据《伯尔尼公约》第 5 条规定，（1）根据本公约得到保护作品的作者，在除作品起源国外的本联盟各成员国，就其作品享受各该国法律现今给予或今后将给予其国民的权利，以及本公约特别授予的权利。（2）享受和行使这类权利不需履行任何手续，也不管作品起源国是否存在有关保护的规定。因此，除本公约条款外，只有向之提出保护要求的国家的法律方得规定保护范围及向作者提供的保护其权利的补救方法。（3）起源国的保护由该国本国法律作出规定。即使作者并非作品起源国的国民，但他就其作品根据本公约受到保护，他在该国仍享有同该国公民作者相同的权利。所以，AB 选项错误。第 10 条之二规定，（1）对在报纸或期刊上已发表的经济、政治和宗教问题的时事性文章，或无线电已转播的同样性质的作品，本联盟成员国法律有权准许在报刊上转载，或向公众作无线或有线广播，如果对这种转载、广播或转播的权利未作直接保留的话。但任何时候均应明确指出出处；不履行该项义务的后果由向之提出保护要求的国家以法律规定。（2）本联盟成员国法律也有权规定，在何种条件下，对在时事事件过程中出现或公开的文学和艺术作品，在为报道目的正当需要范围内，可予以复制，或者以摄影或电影手段或通过无线电或有线广播向公众作时事新闻报道。所以，C 选项正确。第 19 条规定，本公约的规定不妨碍要求本联盟某一成员国法律可能提供的更广泛的保护。第 20 条规定：本联盟各成员国政府有权在它们之间签订特别协议，以给予作者比本公约所规定的更多的权利，或者包括不违反本公约的其他条款。凡符合上述条件的现有协议的条款仍然适用。所以，D 选项错误。

33. **答案**：BC。《与贸易有关的知识产权协议》第 22 条规定，对地理标志的保护：（1）本协议所称的地理标志是识别一种原产于一成员方境内或境内某一区域或某一地区的商品的标志，而该商品特定的质量、声誉或其他特性基本上可归因于它的地理来源。（2）在地理标志方面，各成员方应向各利益方提供法律手段以阻止：①使用任何手段，在商品的设计和外观上，以在商品地理标志上误导公众的方式标志或暗示该商品原产于并非其真正原产地的某个地理区域；②作任何在1967年《巴黎公约》第10条之二范围内构成一种不公平竞争行为的使用。（3）若某种商品不产自某个地理标志所指的地域，而其商标又包含了该地理标志或由其组成，如果该商品商标中的该标志具有在商品原产地方面误导公众的性质，则成员方在其法律许可的条件下或应利益方之请求应拒绝或注销该商标的注册。（4）上述第1、2、3款规定的保护应适用于下述地理标志：该地理标志虽然所表示的商品原产地域、地区或所在地字面上无误，却向公众错误地表明商品是原产于另一地域。第23条规定，对葡萄酒和烈性酒地理标志的额外保护：（1）每一成员方应为各利益方提供法律手段，以阻止不产自某一地理标志所指地方的葡萄酒或烈性酒使用该地理标志，即使在标明了商品真正原产地或在翻译中使用了该地理标志或伴以"种类""类型""风味""仿制"等字样的情况下也不例外。（2）对于不产自由某一地理标志所指的原产地而又含有该产地地理标志的葡萄酒或烈性酒，如果一成员方的立法允许或应某一利益方之请求，应拒绝或注销其商标注册。（3）如果不同的葡萄酒使用了同名的地理标志，则根据上述第22条第4款规定，每一种标志均受到保护。每一成员方应确定使同名地理标志能够相互区别开来的现实条件，同时应考虑到确保有关的生产者受到公正待遇并不致使消费者产生误解混淆。（4）为了便于对葡萄酒地理标志进行保护，应在与贸易有关的知识产权理事会内就建立对参加体系的成员方有资格受到保护的葡萄酒地理标志进行通报与注册的多边体系进行谈判。因此，B项和C项正确，A项和D项错误。

34. 答案：A。独占专利许可合同，是指受让人在规定的范围内享有对合同约定的专利技术的使用权，让与人或任何第三方都不得同时在该范围内具有对该项专利技术的使用权。按照这一合同，专利权人允许被许可人在一定的期限和地域范围内享有独占使用其专利的权利，被许可人按照约定的数额支付给专利人使用费。这种合同要求专利权人在规定的时间和地域范围内，不但不能许可第三方使用该专利而且自己也不得使用。故A正确。

35. 答案：ABC。A项正确，《巴黎公约》规定了对工业产权的临时性保护原则，要求缔约国应对在任何成员国内举办的或经官方承认的国际展览会上展出的商品中可取得专利的发明、实用新型、外观设计和可注册的商标给予临时保护。上述知识成果的优先权日是从展品公开展出之日起算。B项正确，根据我国法律的规定，知识产权许可包括三种类型：独占许可（只有受让人可用）；排他许可（只有出让人和受让人可用）和普通许可（还可以继续许可他人使用）。本题中在中国只有乙公司有权使用，显然在中国境内属于独占许可。C项正确，根据我国法律的规定，知识产权转让合同中禁止出现可能限制技术进步、限制竞争、限制经营和可能造成垄断的条款。本题中限制产品数量的条款属于限制经营的条款。D项错误，知识产权具有很强的地域属性，尤其是专利。某个专利要想在其他国家得到保护，必须在该国也申请一个专利。不存在一国申请，全世界受保护的情况。

36. 答案：D。根据知识产权的地域性，A公司仅在甲国获得了专利权，也就是其知识产权权利仅限于甲国，其余国家没有义务保护该专利。只有E公司的行为与甲国有关。D公司进行的是两国之间的旅客运输，并不涉及甲国国内的产品。故D项正确，ABC项错误。

名词解释

1. 答案：国际技术贸易中的"技术"在世界知识产权组织（WIPO）于1977年出版的《供发展中国家使用的许可证贸易手册》一书第1章第78条第8款中定义如下："技术是一种制造一种产品的系统知识，所采用的一种工艺或提供的一项服务，不论这种知识是否反映在一项发明、一项外形设计、一项实用新型或者一种植物新品种，或者反映在技术情报或技能中，或者反映在专家为设计、安装、开办或维修一个工厂或为管理一个工商业企业或其活动而提供的服务或协助等方面。”这一定义是迄今为止国际知识产权学界有关“技术”的比较全面而完整的定义。根据该定义，它将技术分为如下三部分：制造产品的系统知识；一项工艺的系统知识；有关服务的系统知识。

2. **答案**：作品传播者在传播作品时享有的权利称为版权或著作权的邻接权。具体包括表演者的权利、录音录像制作者的权利、广播电视组织者的权利、出版者的权利。邻接权作为与著作权密切相关的权利，对其保护甚有必要，只有保护了邻接权才能实现对著作权的全面保护。

3. **答案**：专有技术（know-how）也称技术诀窍、技术秘密，指未公开的、未取得工业产权法律保护的制造某产品或者应用某项工艺以及产品设计、工艺流程、配方、质量控制和管理等方面的技术知识。“专有技术”一词是在英美法律实践中产生和发展的。各国对其含义解释不尽一致。

4. **答案**：跨越国境是指转让技术作跨越国境的移动，而不是单纯看技术转让方和受让方的国籍是否为不同国家。尽管双方为不同国家的当事人，但如果其营业地在同一国家境内，其技术转让并没有跨越国境，因此，不构成国际技术转让。

5. **答案**：提成价格也称“滑动价格”。即在合同中约定，在项目建成投产后，按合同产品的产量、净销售额或利润提取一定百分比的费用作为使用费。其中的百分比叫作提成率。提成率与产品销售量成反比。根据联合国贸易和发展组织的统计数据，目前在许可证协议中提成率多为产品净销售价的5%至10%。取得专利权的专利技术的提成时间最长不能超过专利有效期，未取得专利权的技术提成时间不能超过合同有效期。以提成方式支付使用费对受让方较为有利。

6. **答案**：限制性商业条款又称限制性商业惯例，是当今国际贸易与经济合作中经常出现的一种条款，由于各国经济发展水平的不同，对限制性商业条款的机构或内容有不同规定。有的甚至有很大差异。发达国家多认为，凡是构成或导致市场垄断，妨碍商业竞争的条款都是限制性商业条款。而发展中国家则认为凡是不利于或妨碍经济发展的条款即限制性商业条款。联合国第35届大会于1980年12月5日通过了《关于控制限制性贸易做法的多边协议的公平原则和规则》，该原则和规则明确规定：限制性贸易做法是指：“通过滥用或者谋取滥用市场力量的支配地位，限制进入市场或以其他方式不适当地限制竞争，对国际贸易特别是发展中国家的国际贸易及其经济发展造成或可能造成不利影响，或者是通过企业之间的正式或非正式的，书面的或非书面的协议以及其他安排造成了同样影响的一切行动或行为。”该原则和规则是就控制限制性贸易做法达成的第一个国际性文件，它为各国制定本国有关立法提供了参照标准。限制性商业条款在国际贸易中有各种各样的表现形式，如卡特尔协议；利用转移定价限制竞争；通过合并、接收、合营等形式垄断市场等。

7. **答案**：《巴黎公约》的优先权原则是指已在一个成员国内正式提出申请发明专利权、实用新型、外观设计或商标注册的人或其权利合法继承人，在规定期限内享有在其他成员国内提出申请的优先权。所谓正式国内申请就是指能够确定在该国提交申请日期的一切申请，而不问该申请结果如何。就依照任何成员国国内法或成员国之间签订的双边或多边条约相当于正式国内申请的一切申请，都应认为产生优先权。

简答题

1. **答案**：（1）地理标志指表明产品产于某地，该产品的特性与产地有密切联系的标记；原产地标记是根据不同国家的规定，表明产品属于某个国家或地区生产的标记。

（2）地理标志是TRIPs协议保护的知识产权之一，而原产地标记是各国判断实行何种贸易措施的依据。

2. **答案**：与《巴黎公约》相比，TRIPs扩大对驰名商标的特殊保护具体表现在两方面：一方面，《巴黎公约》第6条之二关于驰名商标的保护原则可以扩大适用于服务标记，确认某一商标是否驰名，要看相关公众对其的知晓程度，包括在该成员地域内因宣传而使公众知晓的程度；另一方面，将相对保护扩大为绝对保护，即驰名商标特殊保护的规定还应比照适用于与该商标注册的商品或服务不相类似的商品或服务。

3. **答案**：根据许可协议可使用地域范围以及使用权范围的大小，可将其分为：

(1) 独占许可协议：指在协议规定的时间和地域范围内，受让方对受让的技术拥有独占的使用权，许可方不能将该技术使用权另行转让给第三方，同时许可方也不能在该时间和地域范围内自行使用该项出让的技术。

(2) 排他许可协议：指在协议规定的时间和地域范围内，受让方对受让的技术拥有使用权，许可方不能将该项技术使用权另行转让给第三方，但许可方自己仍保留在该时间和地域范围内的使用权。

(3) 普通许可协议：指在协议规定的时间和地域范围内，不仅受让方可以使用某项技术，许可方也可使用或许可第三方使用某项技术。通常情况下，如果许可协议未明确性质，应视为普通许可协议。普通许可协议的转让费比独占许可协议和排他许可协议的转让费要低。

(4) 交叉许可协议：指技术许可方和受让方在协议中规定，将其各自的技术使用权相互交换，供对方使用。此种许可可以独占，也可以排他，可以有偿，也可以无偿。交叉许可通常发生在双方存在合作生产或开发研究关系、一方使用一项技术以另一方的技术互为前提、双方都有改进技术的情况。

(5) 分许可协议：指协议中的受让方可以将其受让的技术使用权再行转让给第三方。由于该类型的许可协议赋予受让方的权利较大，因此，转让费要高一些。

4. **答案**：国际许可证协议特征有：(1) 主体：分处不同国家；(2) 客体：知识产权的使用权，并作跨越国境的移动；(3) 内容：复杂，很多属于混合性协议；(4) 时空：具有较强的时间性和地域性；(5) 性质：有偿合同。

5. **答案**：国际许可合同，又称为国际许可证协议，是指营业地在不同国家的双方当事人，一方准许另一方取得自己所拥有的工业产权、无形财产权或专有技术的使用权，并收取使用费，而另一方获得该项使用权并支付使用费的书面协议。

国际许可合同根据不同的标准可以进行不同的分类：(1) 根据许可合同约定的提供方授予接受方的使用权的大小以及接受方在生产经营范围和地域上所受到的限制，可分为独占许可合同、排他许可合同和普通许可合同；(2) 根据许可合同对接受方是否有权把买受的技术再行转让的规定，国际许可合同可分为可转让许可合同和不可转让许可合同。

论述题

1. **答案**：《巴黎公约》的优先权原则体现在公约的第4条，其具体含义如下：

(1) 优先权原则适用的范围：《巴黎公约》的优先权原则并不是对一切工业产权均适用，它只适用于发明专利、实用新型、外观设计和商品商标。

(2) 优先权原则适用的条件：已在一个成员国正式提出申请发明专利权、实用新型、外观设计或商标注册的人或其权利的合法继受人（继承人和受让人），在规定的期限内（发明专利和实用新型专利为12个月，外观设计和商标为6个月）享有在其他成员国提出申请的优先权。当然，优先权的获得不是自动的，需要申请人在其申请中提出优先权申请并提供有关证明文件。

根据实用新型申请取得优先权而在一个国家申请外观设计时，其优先权期限应与对外观设计规定的优先权期限一样；在一国根据发明专利申请优先权提出实用新型申请也是允许的，反之亦然，优先权期限以后一申请的期限为准。

(3) 优先权原则的效力。其具体包括两方面内容：其一，在优先权期限内每一个在后申请的申请日均为第一次申请的申请日

(亦称为优先权日)。其二，在规定的申请优先权期限届满之前，任何后来在公约其他成员国内提出的申请，都不因在此期间内他人所作的任何行为而失效。

(4) 多项优先权、部分优先权和分案申请。《巴黎公约》规定，在后申请可以要求享受一项优先权，但也可以要求享受多项优先权或部分优先权。

所谓多项优先权，是指在后申请中的发明含有几个权利要求，这几个权利要求分别以不同的在先申请中的技术方案为根据，要求各该申请的优先权，只要符合发明的单一性条件（即一发明一专利原则)，是允许的。在这种情形下，在后申请的优先权期限，从最早的优先权日起算。但是，如果在后申请包含一个以上的发明，审批机关要求分案申请的，申请人可以将该申请分为若干申请，分案申请除可以保留原申请日外，享有优先权的，还可以保留优先权日。

所谓部分优先权，是指在后申请中加入了在先申请中所没有的、经过改进的技术内容，这些增加的新内容并不妨碍对在先申请中已有记载的内容要求享受优先权。这样，在后申请中，其权利要求的内容在在先申请的全文中已有明确记载的，应享有优先权，其余权利要求的内容在在先申请中没有明确记载的则不能享有优先权，所以这是部分优先权。

2. **答案**：国际许可证协议中的限制性条款是指在国际许可证协议中由技术许可方向被许可方施加的，法律所禁止的，造成不合理限制的合同条款。这些条款或者直接影响市场竞争，或者对国际技术贸易尤其是对发展中国家引进技术及其经济发展造成不利影响。

发达国家和发展中国家关于限制性商业条款的分歧。发达国家用以调整和管制国际许可证协议中限制性条款的法律主要是一般性法律，即这些国家的反垄断法。由于在发达国家，反垄断立法起步普遍较早，而国际许可证贸易却是后来才发展起来的一种新的贸易形式，因此，国际许可证协议中出现的限制性商业条款自然地被纳入反垄断法的调整范围。和一般的货物贸易中的限制性做法一样，这些条款被禁止与否的标准仍然是看它是否妨碍了竞争，限制了自由贸易，这也就形成了发达国家判断国际许可证协议中限制性商业条款的基本标准，即“竞争”标准。此外，由于技术贸易和货物贸易相比有它自己的特点，单纯适用“竞争”标准来判定限制性条款可能不合实际，因此，在发达国家中又形成了一种“合理规则”作为“竞争”标准的补充，即法律根据“竞争”标准规定一些不合理的限制性条款，但一项具体的合同条款是否“合理”，只有当纠纷发生时由法院或仲裁机构加以确认。这种“竞争”标准与“合理规则”的配套使用，从法理上来说虽然具有科学性，但同时也具备不确定性的缺点，这对保护合同当事人的权利是不利的。和发达国家不同，广大发展中国家主要是通过制定专门的技术转让法规，设立专门的行政机构对国际许可证协议进行登记批准来控制各种限制性商业条款。发展中国家大多是 20 世纪中叶获得民族解放，实现政治独立的国家。这些国家在殖民统治时期，是各殖民者抢夺的市场，因而根本不可能有反垄断法存在的可能。在获得民族解放和政治独立以后，这些国家为了迅速地发展经济，开始大量引进国外的资金和技术。但是，在大量引进后不久，它们发现相当多的技术许可方在收取高额的许可费并把许多不公平、不合理的条款强加于本国技术引进方后，提供的技术却并不是先进的，有的甚至已落后不适用或会引起严重的环境污染等恶果。鉴于这种原因，从 20 世纪 70 年代起，各发展中国家纷纷开始干预技术引进，其最主要的手段就是制定颁布专门的技术转让法（其中多为技术引进法）和成立专门机构对许可证协议进行管理。相应地，在判断什么是限制性商业条款上，发展中国家大多以“发展”为标准，即看这种条款是否会形成任何对许可方的依附关系，而限制了技术引进方的生产和技术发展。在立法技巧上，发展中国家多使用列举的方法明确每一个限制性条款，同时给予主管机关一定的取舍权，即主管机关有权保留一些实际损害不大或者利大于弊的限制性商业条款。

由于在对国际许可证协议限制性商业条款的调整上适用不同的标准，因此，发达国家和发展中国家在限制性条款问题上存在很大的分歧，这种分歧也成为从 1978 年 10 月 16 日就开始进行的《联合国国际技术转让行动守则》谈判至今没有正式结果的一个重要原因。

3. 答案：（1）国际技术贸易的标的往往是某种特定的、无形的技术知识和经验使用权。而国际货物贸易的标的则是买卖的货物，一般具有一定体积，占据一定空间，人们可以直接用感官感受它们的存在。

（2）国际技术贸易的技术受让方所取得的只是技术知识的使用权，而不是所有权。在一项技术被转让之后，技术受让方、技术所有人均有权使用该技术，而其他人也有可能使用此技术。因此，在国际技术转让中，除非双方约定一次性买断或卖断技术，受让方一般只能在约定的范围内享有技术的使用权，而无权将此项技术擅自转让或赠送给任何第三方。对于国际货物贸易而言，货物一旦被转让，原所有人便失去了所有权，而受让方则享有该产品的所有权，他可以自由处理该产品，包括使用、转售、赠送或出租该产品。

（3）国际技术贸易是一种长期的交易，而且交易的过程很复杂。国际技术贸易的交易过程复杂，一般而言，技术转让贸易的有效期为 3~5 年，甚至更长。而在国际货物贸易中，卖方只要按照合同约定的期限和方式交付货物和收取货款，而买方只要按照合同规定的期限和方式收取货物和交付货款，合同即告履行完毕，这个过程较短。

（4）国际技术贸易与国际货物贸易适用的法律不同。许多国家，特别是发展中国家都制定有关法律和行政法规加强对国际技术贸易的管理。国际技术贸易除了适用民法的规定之外，还应该遵守工业产权法、技术转让法等有关规定，以及该国参加或缔结的有关国际技术贸易的双边条约或多边条约的有关规定。而国际货物贸易则主要适用民法买卖法（或外贸法）、该国缔结的有关国际货物贸易的双边或多边条约的有关规定，以及在国际货物贸易领域的大量惯例。

第七章　国际服务贸易法

单项选择题

1. **答案**：D。《服务贸易总协定》不阻止任何成员方参加由双方或多个参加方为建立劳动力市场完全一体化的协议，但应通知服务贸易理事会。

2. **答案**：C。商业存在是指某一成员的服务提供者通过在另一成员境内设立商业或专业机构，为后者境内的服务消费者提供服务。这种提供服务的方式与投资有关。

3. **答案**：D。GATS 规定的服务贸易类型有四种：（1）跨境供应，从一国境内直接向其他国境内提供服务；（2）境外消费，在一国境内向其他国的服务消费者提供服务，如 B 项即为此类，所以不当选；（3）商业存在，外国实体在他国境内设立附属公司或分支机构提供服务，如 C 项即为此类，所以不当选；（4）自然人存在，一国服务提供商通过自然人到他国境内提供服务，如 A 项即为此类，所以不当选。D 项中中国政府对外援助并非提供服务，而是经济援助，所以 D 项当选。

多项选择题

1. **答案**：ABCD。《服务贸易总协定》通过定义服务的 4 种方式，界定服务贸易的范围，即跨境交付、境外消费、在服务消费国的商业存在和自然人的临时流动。

2. **答案**：ABCD。《服务贸易总协定》中界定了服务贸易的范围，包括跨境交付、境外消费、在服务消费国的商业存在和自然人的临时流动。跨境交付是指服务的提供者在一个成员国的领土上向任何其他成员领土内的服务消费者提供服务。境外消费是指服务的提供者在一个成员国的境内向来自另一成员的服务消费者提供服务。商业存在，是指某一成员的服务提供者通过在另一成员境内设立商业或专业机构，为后者境内的服务消费者提供服务。自然人流动，是指一成员的服务提供者以自然人身份进入任何其他成员的领土提供服务。

3. **答案**：ABCD。根据《服务贸易总协定》规定，服务贸易是指提供以下服务：（1）从一成员方境内向任何其他成员方境内提供的服务（又称跨境交付）；（2）在一成员方境内向任何其他成员方的服务消费者提供的服务（又称境外消费）；（3）一成员方的服务提供者通过在任何其他成员方境内的商业现场（即建立在一成员方境内向任何形式的业务或专业）提供的服务（又称商业存在）；（4）一成员方的服务提供者通过在任何其他成员方境内的一成员自然人的商业现场提供的服务（又称自然人的临时流动）。

4. **答案**：BCD。《服务贸易总协定》第 3 条之二规定了机密信息的披露：本协定的任何规定不得要求任何成员提供一经披露即妨碍执法或违背公共利益或损害特定公私企业合法商业利益的机密信息。据此，成员方对三类机密资料有权不予披露：可能因披露而阻碍法律实施的；可能因披露而有害于公众利益的；可能因披露而损害企业合法的商业利益的。

5. **答案**：ABD。WTO 体制下的国际投资规范中 GATS 的主要内容：①GATS 由三大部分组成：协定文本、附录（有关各具体服务部门的协定）、各国的市场准入承诺单；②协定主要有两方面的内容：A. WTO 协定之下的一般性义务，即最惠国待遇和透明度；B. 承担具体承诺义务，即国民待遇和市场准入。

6. **答案**：CD。最惠国待遇是 WTO 多边贸易制度中最重要的基本原则和义务。WTO 的任何成员，都可以享有其他成员给予任何国家的待遇。WTO 争端解决机制的主体是国家。故 A 错误。磋商是争端解决的必经程序，提出磋商请求日起60天内没有解决争端时，申诉方才可以申请成立专家组。但磋商事项以及磋商的充分性，与设立专家组的申请及专家组将作出的裁定没有关系。故B错误。与关税与贸易总协定的争端解决机制相比，WTO争端解决机构在通过专家组和上诉机构报告的程序上有所突破，将《关税与贸易总协定》的“协商一致原则”改为“反向协商一致原则”，即除非争端解决机构一致不通过相关争端解决报告，该报告即得以通过。该通过实际上是一种一票通过制，是一种准自动通过方式。故C正确。被裁定违反了有关协议的一方，应当在合理时间内履行争端解决机构的裁定和建议。如果被诉方在合理期限内没有履行裁定和建议，原申诉方可以经争端解决机构授权交叉报复，对被诉方中止减让或中止其他义务。故D正确。

名词解释

1. **答案**：所谓国际服务贸易是指各种类型服务的跨国交易，它们既可以发生在不同国家国民之间，也可以发生在不同的国土之间。国际服务贸易法就是调整跨国服务交易的各种法律规范的总和。
2. **答案**：过境消费即在一成员境内向另一成员的消费者提供服务，如一成员的国民、商用运输工具到另一成员境内接受服务提供者提供服务。
3. **答案**：商业存在即一成员方的服务提供者在另一成员境内以商业存在形式提供服务。所谓商业存在，是指任何类型的商业或专业机构，包括为提供服务在一成员境内组建、取得或维持一个法人或创建或维持一个分支机构或代表处。如一国服务提供者在另一国建立商业实体或其银行或保险公司通过在国外建立的分支机构提供服务。
4. **答案**：国际追加服务是伴随着货物贸易而追加的一系列服务，包括产品初始阶段的研究开发、市场调研、可行性研究、资金筹措等服务；生产阶段的设备租赁、保养维修、质量和检测、控制、财务、保险、通信、安全、后勤服务以及职工的社会保障服务等；最后销售阶段的售后服务、广告、运输、货物的退赔及有关的诉讼服务。
5. **答案**：GATS附件明确了金融服务的概念，即由一成员方的金融服务者提供的一切金融方面的服务，包括保险、借贷、融资租赁、担保与委托、证券、资产管理及其辅助性金融性金融服务6类活动。

简答题

1. **答案**：（1）无形性、同步性。服务是一种无形的产品，以活动形式提供其使用价值。

（2）国际服务贸易主体的国际性。国际服务贸易是由来自不同国家的服务的提供者和服务的消费者之间发生的交易。而国际货物贸易则是交易客体，即货物的跨境流动，不考虑交易主体的国籍问题。

（3）政策问题多于法律问题。

（4）法律调整的国内倾向。

2. **答案**：（1）GATS第17条规定，各成员方在其承诺清单所列服务部门或者分部门以及条件和限制的范围之内，给予其他成员方的服务和服务提供者的待遇，就影响服务提供的所有措施来说，不应低于本国相同的服务和服务提供者。GATT国民待遇原则是指各成员方在征收国内税，在有关国内销售、购买、运输、分配所适用的法令和法规方面，对进口产品应当一视同仁。

（2）GATS将国民待遇作为成员方经过谈判而承担的具体义务，而不是必须遵守的一般义务。但是GATT规定的国民待遇是强制性的。

3. **答案**：GATS最惠国待遇原则的含义是：每一成员应立即无条件地给予另一成员的服务和服务提供者不低于它给予其他成员类似服务和服务提供者的待遇。

该原则的特点有：

（1）既适用于另一成员提供的服务，也适用于给另一成员的服务提供者的待遇；

（2）是适用于所有成员的一般性义务，对各成员具有约束力；

（3）允许各成员在协定生效起10年过渡期内保留与最惠国待遇不符的法律和措施，

只要在GATS生效前将这些不符作为例外列入附件中；

（4）不适用于根据经济一体化协定所作出的优惠安排；

（5）不适用于政府采购服务以及相关的法律和要求。

第八章　政府管理贸易的法律与制度

单项选择题

1. **答案**：C。我国对货物进出口实行统一的目录管理制度。货物分为禁止进出口的货物、限制进出口的货物和自由进出口的货物。属于限制进出口的货物，实行配额管理或许可证管理。属于配额管理的货物进出口时，进出口经营者凭配额管理部门发放的配额证明，向国务院外经贸主管部门申领配额许可证。属于许可证管理的货物，申请人向许可证管理部门申请进出口许可证，经营者凭进出口许可证向海关办理验放手续；本题 C 项中“进口经营者……向商务部办理……报关验放手续”的提法是错误的，正确的应当是向“海关办理验放手续。”
2. **答案**：C。选项 A 错误。根据《反补贴条例》第 32 条的规定，商务部可以向出口经营者或者出口国（地区）政府提出有关价格承诺的建议。商务部不得强迫出口经营者作出承诺。选项 B 错误。根据《反补贴条例》第 20 条规定，商务部认为必要时，可以派出工作人员赴有关国家（地区）进行调查；但是，有关国家（地区）提出异议的除外。选项 C 正确。《反补贴条例》第 43 条规定，反补贴税税额不得超过终裁决定确定的补贴金额。选项 D 错误。《反补贴条例》第 41 条规定，反补贴税的纳税人为补贴进口产品的进口经营者。
3. **答案**：B。根据《反倾销条例》，反倾销税的纳税人为倾销进口产品的进口经营者。
4. **答案**：C。C 项不适用，《对外贸易法》第 67 条规定：“国家对边境地区与接壤国家边境地区之间的贸易以及边民互市贸易，采取灵活措施，给予优惠和便利。具体办法由国务院规定。”据此，边境贸易是不适用《对外贸易法》进行管理的贸易方式。ABD 项适用，《对外贸易法》第 2 条第 1 款规定，该法适用于对外贸易以及与对外贸易有关的知识产权保护。
5. **答案**：A。出口退税，是指将出口货物在国内生产和流通过程中的已经缴纳的间接税予以抵扣或退还，对应征间接税予以免除，使出口货物以不含税价格进入国际市场的政府行为。出口补贴，是指一国政府或公共机构向本国的出口货物提供的现金补贴或财政上的优惠，以提高本国商品在国际市场上的竞争力。根据补贴的形式可将补贴分为直接补贴和间接补贴。直接补贴是指由政府或公共机构给本国出口商的现金补贴。间接补贴是指对本国出口商提供财政上的优惠或技术上的资助或赠与，如减免或退还国内税款、提供低息贷款或出口担保、外汇贬值等。出口配额，是指一国政府在一定时期内对某些出口商品的出口数量或金额所规定的限制。限额内商品可以出口，限额外商品则不准出口。
6. **答案**：A。《海关法》第 58 条规定：“本法第五十六条、第五十七条第一款规定范围以外的临时减征或者免征关税，由国务院决定。”
7. **答案**：B。A 项的依据是《对外贸易法》第 67 条、第 68 条。B 项与第 8 条规定不符合。C 项的依据是第 11 条。D 项的依据是第 18 条。参见以下条文。第 67 条：“国家对边境地区与接壤国家边境地区之间的贸易以及边民互市贸易，采取灵活措施，给予优惠和便利。具体办法由国务院规定。”第 68 条：“中华人民共和国的单独关税区不适用本法。”第 8 条：“本法所称对外贸易经营者，是指依法办理工商登记或者其他执业手续，依照本法和其他有关法律、行政法规的规定从事对外贸易经营活动的法人、其他组织或者个人。”第 11 条：“对外贸易经营者可以接受他人的委托，在经营范围内代为办理对外贸易业务。”第 18 条：“国家对限制进口或者出口的货物，实行配额、许可证等方式管理；

对限制进口或者出口的技术，实行许可证管理。实行配额、许可证管理的货物、技术，应当按照国务院规定经国务院对外贸易主管部门或者经其会同国务院其他有关部门许可，方可进口或者出口。国家对部分进口货物可以实行关税配额管理。”

8. **答案**：A。我国《反倾销条例》中规定，当产品以低于正常价值的价格进口时，对我国国内已建立的相关产业造成实质损害或产生实质损害威胁，或者对建立相关产业造成实质阻碍时，可以采取反倾销措施。

9. **答案**：C。进出口配额制度是指一国政府在一定时期内对某些进出口商品的进出口数量或金额规定一个最高限额的制度。

10. **答案**：C。A 项正确，根据《对外贸易法》及《货物进出口管理条例》，我国货物分类为禁止、限制、自由进出口三类。B 项正确，禁止和限制进出口货物均实行目录管理(《货物进出口管理条例》第 10 条、第 11 条)。C 项错误，《货物进出口管理条例》第 4 条规定对货物进出口实行统一管理，未规定“分级管理制度”，此表述不准确。D 项正确，自由进口许可管理的货物仍通过目录管理（《货物进出口管理条例》第 22 条对自动许可的规定)。

11. **答案**：C。反倾销税的纳税人是进口经营者，所以 A 错误。商务部可以向出口经营者提出价格承诺的建议，而非进口经营者，所以 B 错误。反倾销税对实施临时反倾销税的期间追溯征收的，采取“多退少不补”的原则。即终裁决定确定的反倾销税额高于已付或应付临时反倾销税或担保金额的，差额部分不予征收；低于已付或应付临时反倾销税或担保金额的，差额部分应予退还或重新计算。所以，C 正确，D 错误。

12. **答案**：D。启动保障措施调查途径有二：第一，与国内产业有关的自然人、法人或者其他组织，可以依照保障措施条例，向商务部提出保障措施申请；第二，必要时，商务部在没有收到此类申请时，也可以立案调查。所以 A 错误。保障措施应针对正在进口的产品实施，不区分来源地。所以 B 错误。保障措施并不涉及价格问题，只是与数量有关系，所以甲国企业即使同意进行价格承诺，也会被中国采取保障措施。所以 C 错误。采取保障措施所针对的材料范围应与调查范围一致。D 正确。

13. **答案**：A。根据《反倾销条例》第 2 条规定，进口产品以倾销方式进入中华人民共和国市场，并对已经建立的国内产业造成实质损害或者产生实质损害威胁，或者对建立国内产业造成实质阻碍的，依照本条例的规定进行调查，采取反倾销措施，选项 A 正确。根据该条例第 41 条规定，反倾销税应当根据不同出口经营者的倾销幅度，分别确定，选项 B 错误。根据该条例第 38 条规定，征收反倾销税，由商务部提出建议，国务院关税税则委员会根据商务部的建议作出决定，由商务部予以公告。海关自公告规定实施之日起执行，并非商务部执行，故选项 C 错误。根据该条例第 57 条规定，商务部负责与反倾销有关的对外磋商、通知和争端解决事宜，选项 D 错误。

14. **答案**：A。《巴黎公约》规定，凡在一个缔约国申请注册的商标，可以享受自初次申请之日起为期 6 个月的优先权，即在这 6 个月的优先权期限内，如申请人再向其他成员国提出同样的申请，其后来申请的日期可视同首次申请的日期。优先权的作用在于保护首次申请人，使他在向其他成员国提出同样的注册申请时，不致由于两次申请日期的差异而被第三者钻空子抢先申请注册。发明、实用新型和工业品外观设计的专利申请人从首次向成员国之一提出申请之日起，可以在一定期限内（发明和实用新型为 12 个月，工业品外观设计为 6 个月）以同一发明向其他成员国提出申请，而以第一次申请的日期为以后提出申请的日期。其条件是，申请人必须在成员国之一完成了第一次合格的申请，而且第一次申请的内容与日后向其他成员国所提出的专利申请的内容必须完全相同。所以，张某提出优先权申请并加以证明，其在甲国的申请日至少可以提前至 2011 年 4 月 15 日，A 选项正确。《专利法》第 24 条规定，申请专利的发明创造在申请日以前六个月内，有下列情形之一的，不丧失新颖性：（1）在国家出现紧急状态或者非常情况时，为公共利益目的首次公开的；（2）在中国政府主办或者承认的国际展览会上首次展出的；（3）在规定的学术会议或者技术会议上首次发表的；（4）他人未经申请人同意而泄露其内容的。所以，张某在广交会上的展示，可能会因为甲国和《巴黎公约》其他成员国对申请专利新颖性的要求不同而受到影响。所以，B 选项错误。即使甲国也是《巴黎公约》成员国，但专利的申请与批准还是各国主权内部事项，中国批准，不代表甲国一定会批准。所以 C 选项错误。对外国人的专利申请，通常要由本国的专利代理人进行，所以 D 选项错误。

15. **答案**：A。根据《反倾销条例》第 42 条规定，反倾销税税额不超过终裁决定确定的倾销幅度。所以，A 选项正确。第 40 条规定，反倾销税的纳税人为倾销进口产品的进口经营者。所以，B 选项错误。第 31 条规定，倾销进口产品的出口经营者在反倾销调查期间，可以向商务部作出改变价格或者停止以倾销价格出口的价格承诺。商务部可以向出口经营者提出价格承诺的建议。商务部不得强迫出口经营者作出价格承诺。所以，C 选项错误。第 9 条规定，倾销进口产品来自两个以上国家（地区），并且同时满足下列条件的，可以就倾销进口产品对国内产业造成的影响进行累积评估：（1）来自每一国家（地区）的倾销进口产品的倾销幅度不小于 2%，并且其进口量不属于可忽略不计的；（2）根据倾销进口产品之间以及倾销进口产品与国内同类产品之间的竞争条件，进行累积评估是适当的。可忽略不计，是指来自一个国家（地区）的倾销进口产品的数量占同类产品总进口量的比例低于 3%；但是，低于 3%的若干国家（地区）的总进口量超过同类产品总进口量 7%的除外。所以，D 选项错误。

16. **答案**：B。根据《反倾销条例》第 8 条第 1 款第 1 项的规定，在确定倾销对国内产业造成的损害时，应当审查“倾销进口产品的数量，包括倾销进口产品的绝对数量或者相对于国内同类产品生产或者消费的数量是否大量增加，或者倾销进口产品大量增加的可能性”。两年进口总量持平，因此，A 项说法错误。《保障措施条例》第 3 条规定：“与国内产业有关的自然人、法人或者其他组织（以下统称申请人），可以依照本条例的规定，向商务部提出采取保障措施的书面申请。商务部应当及时对申请人的申请进行审查，决定立案调查或者不立案调查。”第 7 条规定：“进口产品数量增加，是指进口产品数量的绝对增加或者与国内生产相比的相对增加。”第 8 条第 1 款规定：“在确定进口产品数量增加对国内产业造成的损害时，应当审查下列相关因素：（一）进口产品的绝对和相对增长率与增长量；（二）增加的进口产品在国内市场中所占的份额；（三）进口产品对国内产业的影响，包括对国内产业在产量、销售水平、市场份额、生产率、设备利用率、利润与亏损、就业等方面的影响；（四）造成国内产业损害的其他因素。”两年的进口数量虽然持平，但市场份额有较大增加，可以申请保障措施，故 B 正确、C 错误。价格承诺不能避免保障措施，D 错误。

17. **答案**：A。《反倾销条例》第 17 条规定：“在表示支持申请或者反对申请的国内产业中，支持者的产量占支持者和反对者的总产量的 50%以上的，应当认定申请是由国内产业或者代表国内产业提出，可以启动反倾销调查；但是，表示支持申请的国内生产者的产量不足国内同类产品总产量的 25%的，不得启动反倾销调查。”故 A 正确。《反倾销条例》第 32 条规定：“出口经营者不作出价格承诺或者不接受价格承诺的建议的，不妨碍对反倾销案件的调查和确定。出口经营者继续倾销进口产品的，商务部有权确定损害威胁更有可能出现。”故 B 错误。《反倾销条例》第 48 条规定：“反倾销税的征收期限和价格承诺的履行期限不超过 5 年；但是，经复审确定终止征收反倾销税有可能导致倾销和损害的继续或者再度发生的，反倾销税的征收期限可以适当延长。”故C错误。《反倾销条例》第43条第3款规定：“终裁决定确定的反倾销税，高于已付或者应付的临时反倾销税或者为担保目的而估计的金额的，差额部分不予收取；低于已付或者应付的临时反倾销税或者为担保目的而估计的金额的，差额部分应当根据具体情况予以退还或者重新计算税额。”故D错误。

18. **答案**：C。《反倾销条例》第21条规定，商务部进行调查时，利害关系方应当如实反映情况，提供有关资料。利害关系方不如实反映情况、提供有关资料的，或者没有在合理时间内提供必要信息的，或者以其他方式严重妨碍调查的，商务部可以根据已经获得的事实和可获得的最佳信息作出裁定。这里的利害关系方包含申请人，在申请人提供虚假材料的情况下，商务部可以根据已经获得的事实和可获得的最佳信息作出裁定，A项错误。两反一保调查属于行政程序，国际私法中所称的司法协助只适用于司法机关（法院）相互之间的协助，商务部作为行政机关不能适用，B项错误。反倾销调查中，作出价格承诺是出口经营者的权利而非义务，故商务部可以建议但不得强迫出口经营者作出价格承诺，C项正确。反倾销税追溯征收适用“多退少不补”的原则，终裁决定确定的反倾销税额低于已付或应付临时反倾销税或担保金额的，差额部分应予退还，D项错误。

19. **答案**：B。反倾销税的纳税人为倾销进口产品的进口经营者，A项错误。倾销进口产品的进口经营者有证据证明其已缴纳的反倾销税税额超过倾销幅度的，可以向商务部提出退税申请，B项正确。反倾销调查程序中，复审不是行政诉讼的必经程序，C项错误。对商务部反倾销终局裁定或复审决定，利害关系人可以依法申请行政复议，也可以依法向人民法院提起诉讼，D项错误。

20. **答案**：C。A项错误，根据我国《反倾销条例》第17条的规定，在表示支持申请或者反对申请的国内产业中，支持者的产量占支持者和反对者的总产量的50%以上的，应当认定申请是由国内产业或者代表国内产业提出，可以启动反倾销调查。是“可以”而非应该启动调查。B项错误，根据我国《反倾销条例》第31条的规定，商务部能够建议出口经营者作出价格承诺，但不能强迫。B项中的“命令”一词显然超越了建议的范畴。C项正确，根据我国《反倾销条例》第33条的规定，商务部可以自主决定是否接受出口经营者作出的价格承诺，但如果不接受则应说明理由。D项错误，根据我国《反倾销条例》第29条的规定，征收临时反倾销税，由商务部提出建议，国务院关税税则委员会根据商务部的建议作出决定，由商务部予以公告，海关实施。

21. **答案**：C。倾销进口产品来自两个以上的国家，并且同时满足下面两个条件的，可以对倾销进口产品对国内产业造成的影响进行累积评估：（1）来自每一国家的倾销进口产品的倾销幅度不小于2%；（2）根据倾销进口产品之间以及倾销进口产品与国内同类产品之间的竞争条件，进行累积评估是适当的。由此，必须同时满足以上两个条件才能实行累积评估。因此，A项错误。出口经营者不作出价格承诺或者不接受价格承诺的建议的，不妨碍对反倾销案件的调查和确定，但调查结果不一定对出口经营者不利。因此，B项错误。对实施临时反倾销税的期间追溯征收的，适用“多退少不补”的原则。因此，C项正确，D项错误。

22. **答案**：B。专向性补贴是指政府或公共机构提供的财政资助最终为部分企业或产业获得。根据《反补贴条例》第4条第2款规定：“具有下列情形之一的补贴，具有专向性：（一）由出口国（地区）政府明确确定的某些企业、产业获得的补贴；（二）由出口国（地区）法律、法规明确规定的某些企业、产业获得的补贴；（三）指定特定区域内的企业、产业获得的补贴；（四）以出口实绩为条件获得的补贴，包括本条例所附出口补贴清单列举的各项补贴；（五）以使用本国（地区）产品替代进口产品为条件获得的补贴。”A 项属于第 4 项，C 项属于第 3 项，D 项属于第 1 项，构成专向性补贴。因此，ACD 项均满足专向性的特点。“政府出资修建一条通往某机场的高速公路”属于政府投资进行基础建设，但高速公路建成后，能够利用该项基础设施的主体是没有限制的，因此，此项财政资助并非为部分企业或产业所获得，不具有专向性的特点。本题 B 项正确，ACD 项错误。

多项选择题

1. **答案**：ABCD。本题需要掌握普惠制的特点，普惠制是一国给予另一国出口制成品和半制成品的一种普遍的、互惠的关税优惠制度；其税率一般高于最惠国税率；它是发达国家给予发展中国家的一种优惠关税。并且根据普惠制的基本原则，发达的给惠国在给予发展中国家优惠待遇时，可以要求受惠国给予反向优惠。
2. **答案**：ABCD。我国出口配额有偿招标主要采用公开招标、协议招标、邀请招标和定向招标这四种方式。
3. **答案**：BCD。我国对资本项目外汇和经常项目外汇实行不同的管理制度。
4. **答案**：ACD。《对外贸易法》第 15 条规定：“国家基于下列原因，可以限制或者禁止有关货物、技术的进口或者出口：（一）为维护国家安全、社会公共利益或者公共道德，需要限制或者禁止进口或者出口的；（二）为保护人的健康或者安全，保护动物、植物的生命或者健康，保护环境，需要限制或者禁止进口或者出口的；（三）为实施与黄金或者白银进出口有关的措施，需要限制或者禁止进口或者出口的；（四）国内供应短缺或者为有效保护可能用竭的自然资源，需要限制或者禁止出口的；（五）输往国家或者地区的市场容量有限，需要限制出口的；（六）出口经营秩序出现严重混乱，需要限制出口的；（七）为建立或者加快建立国内特定产业，需要限制进口的；（八）对任何形式的农业、牧业、渔业产品有必要限制进口的；（九）为保障国家国际金融地位和国际收支平衡，需要限制进口的；（十）依照法律、行政法规的规定，其他需要限制或者禁止进口或者出口的；（十一）根据我国缔结或者参加的国际条约、协定的规定，其他需要限制或者禁止进口或者出口的。”综上，本题 ACD 项正确。
5. **答案**：ABCD。该题考查法定检验的范围。
6. **答案**：AC。《反补贴条例》第 4 条规定，依照本条例进行调查、采取反补贴措施的补贴，必须具有专向性。具有下列情形之一的补贴，具有专向性：（1）由出口国（地区）政府明确确定的某些企业、产业获得的补贴；（2）由出口国（地区）法律、法规明确规定的某些企业、产业获得的补贴；（3）指定特定区域内的企业、产业获得的补贴；（4）以出口实绩为条件获得的补贴，包括本条例所附出口补贴清单列举的各项补贴；（5）以使用本国（地区）产品替代进口产品为条件获得的补贴。在确定补贴专向性时，还应当考虑受补贴企业的数量和企业受补贴的数额、比例、时间以及给与补贴的方式等因素。根据上述规定可知，本题的正确答案是 AC。
7. **答案**：AB。AB 项正确，C 项错误，《反倾销条例》第 28 条第 1 款规定：“初裁决定确定倾销成立，并由此对国内产业造成损害的，可以采取下列临时反倾销措施：（一）征收临时反倾销税；（二）要求提供保证金、保函或者其他形式的担保。”D 项错误，《反倾销条例》第 37 条规定，“终裁决定确定倾销成立，并由此对国内产业造成损害的，可以征收反倾销税”。据此，征收反倾销税应在终裁决定后，而不是在初裁后。
8. **答案**：AD。反倾销税对终局裁定公告之日后进口的产品适用，但在特殊情况下也可以追溯征收。终裁决定确定存在实质损害或实质损害威胁，并且在此前已经采取临时反倾销措施的，反倾销税可以对已经实施临时反倾销措施的期间追溯征收。对实施临时反倾销税的期间追溯征收的，采取多退少不补的原则。即终裁决定确定的反倾销税额高于已付或应付临时反倾销税或担保金额的，差额部分不予征收；低于已付或应付临时反倾销税或担保金额的，差额部分应予退还或重新计算。因此，A 项正确。《反倾销条例》第 36 条规定："出口经营者违反其价格承诺的，商务部依照本条例的规定，可以立即决定恢复反倾销调查；根据可获得的最佳信息，可以决定采取临时反倾销措施，并可以对实施临时反倾销措施前 90 天内进口的产品追溯征收反倾销税，但违反价格承诺前进口的产品除外。"所以 D 是正确的，BC 两项都是错误的。

9. **答案**：BCD。根据《反补贴条例》第 3 条规定：补贴，是指出口国（地区）政府或者其任何公共机构提供的并为接受者带来利益的财政资助以及任何形式的收入或者价格支持。出口国（地区）政府或者其任何公共机构，以下统称出口国（地区）政府。该条第 1 款所称财政资助，包括：（1）出口国（地区）政府以拨款、贷款、资本注入等形式直接提供资金，或者以贷款担保等形式潜在地直接转让资金或者债务；（2）出口国（地区）政府放弃或者不收缴应收收入；（3）出口国（地区）政府提供除一般基础设施以外的货物、服务，或者由出口国（地区）政府购买货物；（4）出口国（地区）政府通过向筹资机构付款，或者委托、指令私营机构履行上述职能。所以，A 选项错误，BCD 正确。

10. **答案**：AB。《服务贸易总协定》及相关税法规则规定：商业存在（Commercial Presence），是 GATS 中最重要的一种服务提供方式，一成员的服务提供者在任何其他成员境内建立商业机构（附属企业或分支机构），为所在国和其他成员的服务消费者提供服务，以获取报酬。包括通过设立分支机构或代理，提供服务等。故 A 正确。无限纳税义务亦称"全面纳税义务"，是"有限纳税义务"的对称。指纳税人就其来源于全球范围内的所得或财产对其所在国负有纳税义务。无限纳税义务只适用于本国居民（公民）。故 B 正确。国际重叠征税又称"国际双层征税"，是指两个以上的国家对不同的纳税人就同一课税对象或同一税源在同一期间内课征相同或类似性质的税收。故 CD 错误。

11. **答案**：AB。《反倾销条例》第 33 条第 2 款规定，商务部不接受价格承诺的，应当向有关出口经营者说明理由，B 项正确。依据《反倾销条例》第 36 条规定，出口经营者违反其价格承诺的，商务部可以立即决定恢复反倾销调查，A 项正确。依据《行政诉讼法》规定，行政诉讼中被告对作出的行政行为负有举证责任，应当提供作出该行政行为的证据和所依据的规范性文件，C 项错误。依据《反倾销条例》第 53 条规定，利害关系人对商务部的终局裁定或复审决定不服的，可以依法申请行政复议，也可以依法向人民法院提起诉讼，D 项错误。

12. **答案**：BD。政府投资进行基础设施的建设，不属于《反补贴条例》中调整的补贴。甲国政府出资兴建通往某口岸的高速公路属于基础设施建设，不具有专向性，不构成专向补贴。因此，A 项错误。对商务部反补贴终局裁定不服的，利害关系人可以依法申请行政复议，也可以依法向人民法院提起诉讼。因此，B 项正确。WTO 受理成员方之间因履行 WTO 义务产生的争端，甲国出口商不是 WTO 成员方，无权在 WTO 提起争端解决申请，但中国政府可以对甲国的补贴行为在 WTO 启动争端解决程序。因此，C 项错误，D 项正确。

不定项选择题

答案：B。对于反倾销措施、反补贴措施或保障措施，除利害关系方通过进口国的程序申请行政复议或向法院提出诉讼外，还可以由产品的出口商或生产商所在国政府对这些贸易措施通过世界贸易组织的多边争端解决程序进行审查。这两种救济分别称为国内程序救济和多边程序救济。因此，本题中，甲国政府和出口企业有如下法律救济：（1）甲国出口企业可以在乙国提起对乙国政府的反倾销行政诉讼；（2）甲国政府可以在 WTO 起诉乙国政府违反其承担的 WTO 的相关义务。故 A、C 项正确。如果乙国政府在 WTO 被裁决败诉，则乙国政府应在合理时间内履行争端解决机构的裁定和建议，WTO 有权责令乙国修改其本国的法律或相应的反倾销措施。但争端解决机构只能建议进口成员政府使其措施与世界贸易组织规则相一致，而不能直接撤销或修改相关措施。故 D 项正确。外交保护指一国国民在外国受到不法侵害，且依该外国法律程序得不到救济时，其国籍国可以通过外交方式要求该外国进行救济或承担责任，以保护其国民或国家的权益。在提出外交保护之前，受害人必须用尽当地法律规定的一切救济办法，包括行政和司法救济手段。在手段用尽仍未得到合理救济时，才可以提出外交保护。很明显，本案情况不满足外交保护的条件，甲国政府不能直接向乙国政府提起外交保护，B 项错误。

名词解释

1. **答案**：优惠关税又称特惠关税，是对来自某一国家和地区的商品，全部或部分给予特别优惠的低关税。优惠关税的给予可以是互惠的，如通过双边协定，相互给予优惠关税，也可以是非互惠的，即由一方给予另一方单方面的非反向的优惠关税，如发达国家给予发展中国家按照普惠制原则的优惠关税。还可以依照最惠国原则给予优惠关税。
2. **答案**：从价税指以进出口货物的价格作为纳税税基计征的关税，常用的如出口货物以离岸价格（FOB 价格）和进口货物的到岸价格（CIF 价格）计征关税。
3. **答案**：关税税则是一国制定并公布实施的按商品类别排列的关税税率表，是海关凭以征收关税的依据和标准。其内容由三部分组成：税号、商品名称和税率。
4. **答案**：保税制度是一国海关对进入该国特定区域的货物，或用于加工制造出口的原材料、成品等免征关税的制度。按照该特定区域（保税区）的大小和功能可分为保税仓库、自由港和自由贸易区、出口加工区等。
5. **答案**：自动许可证又称作一般许可证，是指进出口商不需要逐笔申请与获得批准，即可自由从事进出口。实行自动许可证的目的在于提供海关统计并起一定的监督作用。适用自动许可证的通常是一些需求广泛、无数量或国别限制的商品。
6. **答案**：关税配额是将关税与配额结合起来实行进口限制的一种方法。对在配额内进口的商品征收较低关税，配额外的进口征收高关税。
7. **答案**：可申诉的补贴是指《反补贴协议》第 1 条所指补贴，如给有关成员带来不利影响或严重损害，受损害方可采取反补贴措施或按《反补贴协议》第三部分第 7 条的规定，采取协议给予的救济方法，但依《农产品协议》第 13 条给予农产品的补贴除外。
8. **答案**：原产地规则是指根据国家立法或国际协议确立的原则发展出来的，并由一国用于确定货物原产地的特别规定。商品的原产地在国际贸易中具有重要的作用，签发原产地证书是各国实行进出口贸易管制的一种手段，也是海关核定减免进口关税的证明。但各国制定的确定原产地的规则相差很大。原产地是产品的经济国籍，确定原产地最初是为消费者的选择提供便利，此外，便于一国海关统计。在国际贸易中，越来越多的人认识到原产地对产品的重要价值，原产地成为一项重要的知识产权受到各国法律的保护。
9. **答案**：禁止性补贴在贸易实践中又称“红箱补贴”，是指世贸组织《反补贴协议》规定禁止成员方给予或者予以维持的补贴行为。

简答题

1. **答案**：不可诉补贴又称“绿灯补贴”。《补贴与反补贴措施协议》第 8 条第 1 款规定了两大类不可诉补贴，即不具有专向性的补贴和符合特定要求的专向性补贴：（1）不具有专向性的补贴。此种补贴不属于世贸组织限制的范围，不可申诉。（2）符合特定要求的专向性补贴。符合特定要求的专向性补贴具有专向性，但是应符合下列条件：第一，对公司进行研究活动的援助，或对高等教育机构或研究机构与公司签约进行研究活动的援助。第二，依地区发展总体框架对一成员领土内落后地区的援助。第三，为使企业的现有设施适应法律实行的新的环境要求而提供的援助。此类补贴可概括为研发补贴、贫困地区补贴和环保补贴。

依《补贴与反补贴措施协议》第 31 条的规定，有关不可诉补贴的规定临时适用 5 年（自 1995 年 1 月 1 日至 1999 年 12 月 31 日）。即到 1999 年年底前，补贴委员会应该讨论决定该条款是否继续适用，但遗憾的是在此期间补贴委员会没有就延长事由作出决定，因为世贸成员在此问题上争论非常激烈，不能达成一致意见。这意味着《补贴与反补贴措施协议》中的“不可诉补贴”的规定现在没有效力。也就是说，实际上现在《补贴与反补贴措施协议》只有两类，一类是禁止性补贴，另一类是可诉性补贴，包括以前的不可诉补贴。不可诉补贴的分类已经没有了，但不排除在新一轮的谈判中再恢复这一条规定。

2. **答案**：由于倾销有可能是具有恶意的低价竞争，并损害进口国同类产品生产商的利益，因而被认为是一种不公正的竞争手段。许多国家都制定有本国的反倾销法，以征收反倾销税的形式对进口倾销实行制裁。按《反倾销守则》规定，对某进口商品征收反倾销税有三个必要条件：

（1）倾销存在；

（2）倾销对进口国国内已建立的某项工业造成重大损害或产生重大威胁，或者对某一国内工业的新建产生严重阻碍；

（3）倾销进口商品与所称损害之间存在因果关系。

进口国只有经充分调查，确定某进口商品符合上述征收反倾销税的条件，方可征收反倾销税。

3. **答案**：按照我国《反倾销条例》的规定，当进口产品采用倾销方式，并由此对国内已经建立的产业造成实质损害或者产生实质损害的威胁，或者对国内建立相关产业造成实质阻碍时，就有可能对该进口产品采取反倾销措施。但是，要采取反倾销措施，必须确认已经具备以下三个条件：必须存在倾销的事实；存在损害国内产业的事实；倾销与损害之间有因果关系。

论述题

1. **答案**：限制贸易的措施通常亦称为关税措施和非关税措施。由于关税，特别是进口关税常常作为各国限制他国产品进口的手段从而达到实施贸易保护主义的目的，因此，关税措施又被称为关税壁垒。非关税措施指除关税措施外的其他一切直接或间接限制外国商品进口的法律及行政措施。非关税措施主要包括进出口配额措施、进出口许可证措施、外汇管辖措施、商品检验措施、原产地措施、政府采购措施、反倾销措施、反补贴措施、保障措施、技术性贸易壁垒措施等。两者的区别主要为：

（1）关税措施具有透明度，而非关税措施具有隐蔽性。关税具有透明度高、易衡量的特点，关税一经制定并公布，即为人们所共知，无论是本国人还是外国人，其执行情况也被置于众目的监督下。而非关税措施则具有较强的隐蔽性，此类措施常常以履行正常的海关手续为借口，间接地达到保护的目的。且不论实际采用哪种方式，如许可证或配额，其实施过程的隐蔽性，容易造成贪污受贿的发生，实施监督的难度较大。

（2）关税措施具有公正性，而非关税措施具有歧视性。关税适用于一切进口货物，再配合最惠国待遇原则的适用，因此，对于各进口方是平等的。在关税措施下，进口来源以及贸易额大小，均在一定条件下按供需状况和市场机制自动作出调整，进口货物会向物美价廉转化，贸易额也会适应国内消费需求而增减，因此，关税措施是一种市场的、优化的和公正的措施。而非关税措施本身固有的歧视性则很难用最惠国待遇原则或不歧视原则完全消除，而且限额一旦确定，即将贸易方位、进口来源以及贸易数额人为封死，产品质量、消费偏好等均不能起到应有的市场调节作用。所以对贸易的扭曲作用较大。

（3）关税措施具有稳定性，而非关税措施则具有随意性。关税措施一般要经立法机关以关税法及关税税则形式发布，并保持一定时期不变，具有相对稳定性。而非关税措施主要依靠行政措施和命令实施，是由行政部门酌情决定的，不受法律程序的约束，容易加入一些非经济因素，如利用贸易进行政治交易，脱离国际经济的市场轨道。对非关税措施也没有十分有效的国际监督和控制措施，因此，随意性较大。

2. **答案：**由于在国际贸易中存在不公平贸易行为或者严重损害进口国贸易利益的行为，关贸总协定和世贸组织为了维护公平、公正的国际贸易秩序和保护进口国利益而专门提供了贸易救济措施。一般的贸易救济措施是指对进口产品的反倾销、反补贴和保障措施，在我国简称为“两反一保”。

（1）反倾销

在国际贸易中，倾销是指产品以低于正常价值的方式进口，并由此对国内已建立的相关产业造成实质性损害或者产生实质损害的威胁，或者对国内建立相关产业造成实质阻碍。在这种情况发生时，进口国可以采取必要措施来消除或者减轻这种损害或者损害的威胁，称为反倾销措施。可以采取的反倾销救济措施有征收反倾销税或者出口商提供价格承诺。

倾销的构成有三个要件：①A 国以低于国内正常贸易价值向 B 国出口产品；②该出口产品给 B 国同类产品产业造成严重损害或严重损害威胁；③B 国同类产品产业的损害或损害威胁是因 A 国的低价出口造成的。

反倾销简便实用、效果明显，因此也是三种贸易救济措施中使用频率最高的。我国二十多年来一直是反倾销的第一受害国，国外对我国产品频繁采取的反倾销措施已经成为中国企业在国际贸易中面临的一个巨大贸易障碍。

（2）反补贴

补贴是指出口国（地区）政府或者其任何公共机构提供的，并为接受者带来利益的财政资助以及任何形式的收入或者价格支持。某些贸易活动中的补贴也是一种不公平贸易行为。当进口产品存在补贴，并对已经建立的国内产业造成实质损害或者产生实质损害威胁，或者对建立国内产业造成实质阻碍时，进口国可以采取的措施包括采取征收反补贴税、要求出口国政府停止补贴或要求出口商提供价格承诺。我国产品目前很少遭到反补贴调查，因为我国产品一般是反倾销措施的目标，而且我国目前也尚未对其他国家产品实施反补贴措施。

（3）保障措施

保障措施是进口国对某些产品在公平竞争情况下因进口数量猛增而采取的紧急限制措施。当进口产品数量大量增加，并对生产同类产品或者直接竞争产品的国内产业造成严重损害或者严重损害威胁时，进口国可以采取保障措施来缓解这种严重损害或威胁。具体措施有提高关税、采取配额制等。

一国对其他国家实施保障措施须具备三个条件：①进口明显激增；②对国内相关产业造成实质损害或实质损害威胁；③进口增长与实质损害或损害威胁之间存在因果关系。为了保护我国产品免遭国外采取的救济措施打击，我国参照各国的成功经验加强了对重点行业、重点产品的产业损害预警机制建设，先后启动了汽车、钢铁、化肥等易受冲击行业的产业损害预警机制，以便防患于未然。

第九章　国际投资法律概述

单项选择题

答案：D。国际投资法的调整对象是跨国私人直接投资关系。

名词解释

1. **答案**：国际间接投资是指投资者不参加企业经营管理，也不享有企业的控制权或支配权，而仅以其持有的能提供收入的证券、基金及其他金融工具进行的财务性投资。其具体形式也有多种，典型形式包括证券投资（如股票、债券）、国际银团贷款等，如为获取股息或利息在证券市场上购买上市公司的股票或公司债券，一个国家的银行向处于另一个国家的企业提供贷款，等等。
2. **答案**：特许协议是指一个国家（政府）同外国投资者个人或法人，约定在一定期间，在指定地区内，允许其在一定条件下享有专属于国家的某种权利，投资从事于公用事业建设或自然资源开发等特殊经济活动，基于一定程序，予以特别许可的法律协议。
3. **答案**：为维护本国主权，南美著名法学家卡尔沃早在1868年就提出："属于一国领域内的外国人同该国国民有同等受到保护的权利，不应要求更大的保护。当受到任何侵害时，应依赖所在国政府解决，不应由外国人的本国出面要求任何金钱上的补偿。"卡尔沃原则后为拉美国家所坚持，它们除将这一原则规定在其宪法和法律中外，还在与外国人的投资契约中订有卡尔沃条款，规定由契约引起的争议由所在国法院依其国内法解决，外国人不得要求本国政府行使外交保护权，本国政府也无权行使外交保护。

第十章 国际投资的法律形式

单项选择题

1. **答案**：A。国际私人直接投资方式主要有：（1）设立新企业，主要是指投资者根据东道国的法律，在东道国设立独资经营的企业或与东道国的经营者共同投资设立合资经营、合作经营的企业。（2）收购现有企业，主要是指国际投资者收购或兼并资本输入国原有的企业或其他经济实体，或在原有的经济实体内取得股份，参与经营。（3）设立分支机构，是指国际投资者在东道国，根据当地法律设立分公司或其他分支机构。（4）合作开发，是指投资者根据东道国的特许，参与陆上和海上自然资源的合作勘探开发。（5）BOT方式。BOT，意思为建设—经营—转让方式，是一种特殊的项目投资方式，是指东道国政府通过特许权协议，在协议规定的特许期限内，将某一项目授予某一外国投资者为特许项目成立的项目公司，由项目公司进行融资、建造、经营和维护。特许期满后，项目公司将设施无偿地移交给签约方的政府部门。BOT融资方式实质上是政府与承包商合作经营基础设施项目的一种特殊运作模式。
2. **答案**：A。根据WTO《与贸易有关的投资措施协议》（TRIMs）第2条规定，成员不得实施与第3条国民待遇或第11条数量限制的一般取消不一致的投资措施。明确属于违反该条义务的措施，TRIMs列举了5种。其中，限制企业产品出口的数量，如国家要求外资企业以低于国际市场价格将本应出口的产品在当地销售，即“出口限制”或“国内销售要求”，就属于违反GATT一般禁止数量限制原则的情形。因此A项错误，B项正确。尽管乙国涉嫌违反TRIMs，甲国可据此通过WTO争端解决机制解决有关纠纷，但是，由于“中心”受理了A公司提起的仲裁请求，根据《关于解决国家和他国国民之间投资争端的公约》（ICSID）第27条规定，缔约国对于其国民和另一缔约国根据本公约已同意交付或已交付仲裁的争端，不得给予外交保护或提出国际要求，也就是说，根据ICSID公约，甲国承担不向WTO争端解决机制起诉乙国的义务。因此，C项正确。WTO争端解决机制只解决国与国之间的争议，其上诉机构也只受理经过专家小组审理后提交的案件。况且，根据ICSID公约第52条和第53条规定，裁决具有终局效力，即使根据公约列举的程序性问题提出撤销裁决，也只能通过主席任命的专门委员会解决。因此，D项正确。

多项选择题

1. **答案**：AC。BOT方式是国际私人直接投资的主要方式之一，外国投资者一般通过特许协议，取得东道国政府的某一基础设施项目的建设与经营，协议期满后向政府移交该项设施的所有权。
2. **答案**：ABC。根据资本的国际流动，可以将国际投资划分为直接投资和间接投资。（1）国际直接投资，是指一国投资者将资本投入另一国的经济实体，参与和控制该经济实体的经营管理，并根据该经济实体的经营状况取得相应投资收益的活动。（2）国际间接投资，是指一国投资者将资本投入另一国，由另一国经营者接受并运用该资本，投资者不参与或控制该资本的经营管理的一种投资活动。国际直接投资与间接投资的区别主要在于：投资者是否参与投资的经济实体的经营管理；是否对该经济实体的经营拥有一定的控制权。ABC三项皆为投资者在海外经营企业的投资，对投资企业有一定的支配和控制权，属于国际直接投资。D错，D项属于间接投资。
3. **答案**：BCD。国际投资分为国际直接投资和国际间接投资。直接投资的主要方式是设立新企业和并购东道国的现有企业。间接投资的主要方式是包括贷款、证券（债券和股票）投资和融资租赁。

4. **答案**：AD。根据《多边投资担保机构公约》相关规定，多边投资担保机构（MIGA）主要承保下列四项非商业风险（政治风险）：货币汇兑险、战争和内乱险、政府违约险、征收和类似措施险。但应由投资者和东道国联合申请并经机构董事会特别多数通过，承保范围还可扩大到上述险别以外的其他非商业风险。其中，政府违约险承保东道国政府对外国投资者（也称担保权人）的违约，且应属司法或仲裁部门对投资者的索赔无法作出裁决，或司法或仲裁部门未能在合理期限内作出裁决，或有裁决而不能实施的情形。而征收及类似措施险承保因东道国政府的责任而采取的任何立法或措施，使担保人对其投资的所有权或控制权被剥夺，或其投资中产生的大量效益被剥夺的风险。这里的征收既包括东道国进行的正式征收或类似征收措施，也包括隐蔽性征收。本题中，乙国政府拒绝履行合同，B项错误。根据公约规定，机构承保的政府违约险，要求东道国政府不但违反其与投资者间的合同，而且要拒绝司法。用尽当地救济指受害人必须用尽当地法律规定的一切可以利用的救济办法，包括行政和司法救济手段。拒绝司法不同于用尽当地救济，两者要求的程度不同，后者更为严格，故C项错误。多边投资担保机构一经向投保人支付或同意支付赔偿，即代位取得投保人对东道国或其他债务人所拥有的有关承保投资的各种权利或索赔权。各成员国都应承认多边投资担保机构的此项权利。东道国对机构代位权的承认意味着对东道国主权豁免的一种限制，D项正确。

5. **答案**：ACD。多边投资担保机构要求合格东道国必须是发展中国家，甲国A公司在乙国的投资能在多边投资担保机构投保，说明乙国一定是发展中国家，A项正确。乙国的外汇管制若导致A公司在乙国的投资本金或利润无法或拖延汇兑或汇出，属于政治风险，构成货币汇兑险的承保范围，B项错误。《巴黎公约》的国民待遇原则允许存在程序方面的例外，如要求外国专利申请人必须委派当地国家的代理人代理申请专利，C项正确。根据《巴黎公约》的优先权原则，在先申请被驳回不影响该申请的优先权地位，D项正确。

6. **答案**：AC。《外商投资法》第28条第1款规定："外商投资准入负面清单规定禁止投资的领域，外国投资者不得投资。"因此，A项正确。第28条第2款规定："外商投资准入负面清单规定限制投资的领域，外国投资者进行投资应当符合负面清单规定的条件。"因此，B项错误，C项正确。第28条第3款规定："外商投资准入负面清单以外的领域，按照内外资一致的原则实施管理。"因此，D项错误。

7. **答案**：BCD。根据《巴黎公约》的独立性原则，关于外国人的专利申请或商标注册，应由各成员国根据本国法律作出决定，不应受原属国或其他任何国家就该申请作出的决定的影响。即使杨某的发明专利申请在中国获得批准，该产品专利权也不会在甲国自动获得。因此，A项错误。根据《巴黎公约》的优先权原则，在优先权期限内提出的所有工业产权申请，都应以首次申请日（本案为2023年4月8日）作为优先权日。因此，B项正确。根据《巴黎公约》的临时性保护原则，缔约国应对在任何成员国内举办的或经官方承认的国际展览会上展出的展品中可以取得专利的发明、实用新型、外观设计和可以注册的商标给予临时保护。如果展品所有人在临时保护期内申请了专利或商标注册，则申请案的优先权日不再从第一次提交申请案时起算，而从展品公开展出之日（本案为2023年3月2日）起算。因此，C项正确。优先权以"在先申请"为基础，而不以"在先获权"为基础，申请被撤回、驳回或放弃均不影响优先权的获得。因此，D项正确。

名词解释

1. **答案**：股份式合营企业是指由合营者相互协商为经营共同事业而组成的法律实体。这种类型的合营企业，具有独立的法律人格；合营者的出资分成股份，各方按照自己出资的比例对企业行使一定的权利，承担一定的义务；企业有一定的管理机构，作为法人的代表。

2. **答案**：外资企业是相对合资经营企业、合作经营企业而言的一种国际投资企业形式。目前，国际上对外资企业尚无统一的称谓和定义。一般认为，外资企业主要是指根据东道国法律在东道国境内设立的全部或部分由外国投资者投资的企业。不过，现时各国法律对一个企业中外资构成比例达到多少才视为外资企业有不同的规定。有的国家法律规定，凡外资占大部分的企业，均是外资企业。有的国家法律则严格限定其全部资本为外国投资者所有的企业才为外资企业。

3. **答案**：BOT（建设—经营—转让）是指政府（通过契约）授予私营企业（包括外国企业）以一定期限的特许专营权，许可其融资建设和经营特定的公用基础设施，并准许其通过向用户收取费用或出售产品以清偿贷款、回收投资并赚取利润。特许权期限届满时，该基础设施无偿移交给政府。

4. **答案**：项目公司是项目发起人为建设、经营某特定基础设施项目而设立的公司或合营企业。

第十一章　外国投资的管理与保护制度

多项选择题

答案：ABC。D 项属于限制类外商投资项目。

名词解释

1. **答案**：外资法是指资本输入国制定的关于调整外国私人直接投资关系的法律规范。其内容各国规定不尽一致，但主要包括关于外国投资的范围、形式、条件，投资者的权利和义务，对外交保护、鼓励和管制等方面的法律内容。
2. **答案**：外国投资的审查和批准是指资本输入国政府依据一定的程序、标准，对进入本国的外国投资进行鉴定、甄别、评价，并决定是否给予许可的一种制度。审批制度是资本输入国管制外国投资进入的重要手段。
3. **答案**：税收优惠是一国依法给予的税收减免和从低税率征税。世界各国均把税收优惠作为吸引外资以及实现特定的发展目标的重要工具。
4. **答案**：经济特区是一个国家或地区所划出的一定范围的区域，对该区域的对外经济活动采取更为开放的特殊政策，提供更为优惠的措施，实行特殊的管理办法，以吸引外资和技术，扩大外贸、促进本地区和本国的经济发展。

第十二章　对外投资的管理和保护制度

单项选择题

1. **答案**：C。海外投资保险制度，是指资本输出国政府为了鼓励本国资本向海外投资，增强本国的国际竞争地位，而依据国内法对本国海外私人投资的政治风险进行保险的制度。海外投资保证制度与一般商业保险制度不同，其承保的险别只限政治风险，如征用与国有化（即征收险）、禁止或限制汇兑（即外汇险）、战争（即战乱险）等，不包括一般商业风险。
2. **答案**：C。海外投资保险区别于一般保险制度的特征在于：（1）海外投资保险是由国家通过法律提供的一种政府保证；一般保险制度则是由商业实体提供的对于遭受承保风险而造成损害的保险标的给予补偿的保证。据此，C项正确。（2）海外投资保险的范围只限于政治风险，如征用与国有化（即征收险）、禁止或限制汇兑（即外汇险）、战争（即战乱险）等，不包括一般商业风险。据此，A项错误。（3）海外投资保险的对象仅限于海外私人直接投资，也就是投资者以支配和直接参与海外企业的经营管理为目的所进行的投资，不包括在海外证券市场上进行的股票或证券买卖即证券投资，不包括间接投资。据此，D项错误。（4）海外投资保险的主体只限于实行保险国的本国国民。特殊情况下，在保险国的外国企业进行的海外投资有利于保险国时也予以承保。（5）海外投资保险的目的是保护海外投资，使海外投资者的财产利益不受损失，以促进本国经济发展，而不是以营利为目的。据此，B项错误。（6）海外投资保险的作用不仅在于赔偿投资者的损失，更多的是为了保护海外投资者的财产利益不受损失，防止风险事故的发生。（7）海外投资保险机构为国家特设机构。（8）海外投资保险的期限较长，各国大多规定保险期限最长为15年，可延长到20年。
3. **答案**：B。海外私人投资公司是具有政府职能的公司法人性质的海外投资保险机构。

不定项选择题

1. **答案**：B。海外投资保证也称海外投资保险，是资本输出国政府对本国海外投资可能遇到的政治风险提供保证或保险，投资者向本国投资保险机构申请保险后，若承保的政治风险发生，致投资者遭受损失，则由国内保险机构赔偿其损失，在为投资者支付赔偿后将取得对资本输入国的代位求偿权（故D正确）。海外投资保险是一种政府保证，具有与一般民间保证不同的特征：（1）海外投资保险是由政府机构承保的（不是所有的保险公司都可以，所以B错误），不以营利为目的，而是以保护投资为目的；（2）海外投资保险的对象仅限于私人海外投资，并且这种私人海外直接投资须经东道国批准，对资本输出国有利；（3）海外投资保险的范围仅包括政治风险，如战争险、征用险、外汇险等，不包括一切商业风险（故A正确）；（4）海外投资保险期限较长，可达15年甚至20年。海外投资保险制度是为了救济因私人与主权国家地位上不平等而出现的私人利益可能受到的侵犯而设置的，海外投资保险机构是国家的特设机构，是用国家力量来保护本国投资者海外投资利益的一件工具（故C正确）。
2. **答案**：BCD。根据《多边投资担保机构公约》第11条关于货币汇兑的规定，东道国政府采取新的措施，限制其货币兑换成可自由使用货币或被保险人可接受的另一种货币及汇出东道国境外，包括东道国政府未能在合理的时间内对该被保险人提出的此类汇兑申请作出行动。所以，A选项错误，B选项正确。第14条规定，机构只对在发展中国家会员国境内所作的投资予以担保。所以，C选项正确。机构享有代位求偿权，即一经投保人支付或同意支付赔偿，即代位取得投保人对东道国或其他债务人所拥有的有关已投保投资的各种权利或索赔权。所以，D 选项正确。

名词解释

1. **答案**：海外投资保险制度是资本输出国保护与鼓励本国私人海外投资的国内法制度，是国际投资保护的重要法律制度之一。是资本输出国政府对本国海外投资者在国外可能遇到的政治风险，提供保证或保险。投资者向本国投资保险机构申请保险后，若承保的政治风险发生，致使投资者遭受损失，则由国内保险机构补偿其损失的制度。
2. **答案**：关于征收行为，各国规定不尽相同。从有关国家的规定来看，征收行为主要包括以下内容：（1）征收是东道国政府采取的行为，包括政府采取、授权、批准或纵容的行为，且不论是否给予补偿。（2）征收包括直接征收和间接征收。直接征收一般指直接剥夺财产所有权，而间接征收则一般指对财产所有人使用、占有和处置财产进行无理干涉，从而使所有权人在合理期限内不能使用、占有和处置该财产。德国的征收险包括限制行使所有权造成的效果等同征收的损失。英国的投资担保合同中也规定了间接征收。（3）征收的对象，一般包括投资者的投资和贷款，以及投资的利润和贷款的利息，不仅包括财产权以及由财产权产生的其他债权，而且包括契约权。（4）构成征收险的征收行为一般应持续一年以上。
3. **答案**：禁兑险是指作为被批准投资项目的利润或其他收益，或因投资回收或处分投资财产而获得的当地货币或其他货币，在东道国禁止兑换成美元。禁兑风险发生的原因有多种，如东道国实行外汇管制、停止或限制外汇，或由于其他突发事变，如革命、战争、内乱等，致使投资者无法在一定期间内进行外汇业务等。海外私人投资公司在批准这种政治风险保证前，必须从东道国获得关于原本与利润等自由汇出的保证，投保者则须确切证明东道国政府原已同意并允许自由汇出的事实。至于投资因汇价变动所受的影响，或在订立保险合同时，东道国已实行或可能实行外汇管制者，则不在禁兑险之列。
4. **答案**：投保资本合格是指投资要符合法律或保险合同约定的条件或标准，这些条件和标准在各国不尽相同，但概括起来，合格的投资应符合投资者本国和东道国的利益。

简答题

答案：（1）海外投资保险制度是资本输出国政府对本国海外私人直接投资者在国外可能遇到的政治风险提供保证或者保险，投资者向本国投资保险机构申请保险之后，如果承保的政治风险发生，致使投资者遭受到损失，则由国内保险机构负责补偿其损失的制度。

（2）特征：海外投资保险制度是由政府机构或者公营公司承保的，它不是以营利为目的，而是以保护私人投资为目的。海外投资保险的对象，仅限于海外私人直接投资，而且被保险人的私人直接投资必须符合特定的条件。海外投资保险制度只承保政治风险。

论述题

答案：（1）所谓海外投资担保制度，又称海外私人投资保险制度，是指资本输出国政府对本国海外投资者在海外可能遇到的政治风险提供保证或保险，投资者向本国投资保险机构申请保险后，若承保的政治风险发生，致投资者遭受损失，则由国内保险机构补偿其损失的制度。海外私人投资担保制度的内容主要有：保险机构、保险范围、合格的保险对象、投保程序、保险费、保险期限、代位权等。海外私人投资保证制度主要通过以下机制来实现其宗旨：一方面投保人向承保机构投保，风险发生后，能及时从保险人处得到赔偿，将向东道国索赔的权利转让给承保机构，使自己及时从投资纠纷中摆脱出来，从而有足够的资金和精力去发展事业；另一方面承保人取得代位权后，可凭借外交保护权威双边投资协定迅速有效地从东道国索取赔偿，从而使保险制度得以正常运转。在国际上，海外投资担保制度大体分为两种类型，一种是双边保证制度，另一种是单边保证制度。

（2）面对蓬勃发展的海外私人投资，我国建立海外私人投资保证制度已势在必行，但采用何种制度，有讨论的必要。如前所述，目前国际上存在两种担保制度。这两种担保制度的内容基本一致，特点基本相同，不同之处主要表现为保险人行使代位权的依据不同。在双边保证制度中，保险人依双边条约行使代位权；在单边保证制度中，保险人依外交保护权行使代位权。但二者在保险人行使代位权上的差异导致了整个保证制度在保护投资者力度上的差异。虽然这两种担保制度各有优缺点，但是，考虑综合情况，我国在建立海外投资担保制度时，宜采双边投资担保制度。这是因为：

首先，在整个担保制度中，代位权是最核心、最关键的部分，从某种意义上说，保险人能否及时有效地行使代位权，直接关系到建立担保制度的目的能否实现，关系到担保制度的存续，因为投资担保制度从总体上并未减少风险，只是将风险转移给了保险人，保险人支付了赔偿后要向东道国索赔，而只有双边保证制度才能很好地解决代位权问题。第一，在单边担保制度下，保险人只有依外交保护权行使代位权，而外交保护的行使受到用尽当地救济原则、国籍继续原则的限制，有时还包括卡尔沃条款的限制，保险人的索赔难以达到及时和有效。在双边担保制度下，保险人可依据双边投资保护或保证协定索赔，实际上是将资本输出国国民与东道国的投资争议从国内法的水平提高到了国际法的保护水平，从而使保险人的索赔处于更加有利的地位。第二，在单边投资担保制度下，由于受到国籍继续原则和卡尔沃条款的限制，会出现保险人无法行使代位权的情况，而在双边投资担保制度下，则不会出现这种情况。第三，我国的海外私人投资大部分集中在发展中国家，而发展中国家往往竭力反对和抵制外交保护权的行使，如果采用单边担保制度，也会给行使代位权造成很大的障碍。

其次，从实际效果上看，双边投资担保制度更能有效地保护投资者，因为虽然在单边担保制度下，投资者投保不以本国与东道国订有投资保证协定为前提，可以就其所有海外投资投保，但是，投资者在得到补偿后，还得用尽当地救济，而用尽当地救济耗费时间长，消耗精力多，使投资者卷入漫长的投资纠纷中。而在双边投资担保制度中，一旦投保人获得补偿后，保险人就依双边投资保证协定取得了代位权，至于保险人如何索赔、索赔结果如何，都与投资者没有关系，这样投资者就不仅获得了赔偿，而且及时摆脱了纠纷。就保护的对象而言，由于受国籍连续原则的限制，也会使部分投资者得不到保护。

最后，采用双边投资担保制度更能防患于未然，减少投资者风险。因为在双边担保制度下，两国间订有条约，相互承担条约义务，东道国在采取非商业性风险措施时就会考虑此行为所引起的后果有可能导致承担国家责任，从而不会贸然行使，在一定程度上减少了投资者的风险。而在单边担保制度下，东道国并不承担条约义务，东道国在采取非商业性风险措施时就无后顾之忧，加大了投资者的风险。

第十三章　促进与保护投资的国际法制

单项选择题

1. 答案：C。根据 TRIMs 要求，发展中国家成员自《建立世界贸易组织协议》生效后 5 年内，取消协议所规定的、与国民待遇普遍取消数量限制原则不相符合的 TRIMs。

2. 答案：C。多边投资担保机构主要承保四项非商业风险：货币汇兑险；征收和类似措施险；战争内乱险；政府违约险。而 A 项只说多边投资担保机构承保征收险，因此，A 项错误。此外，多边投资担保机构承保的是非商业风险，所以，B 项表述的“任何投资均可列入该机构的投保范围”的说法是错误的。多边投资担保机构虽然是世界银行集团的成员，但在法律地位上，多边投资担保机构具有完全法律人格，有权缔结契约，取得并处理不动产和动产。所以 C 项是正确的。只要东道国同意，且用于投资的资本来自东道国境外，则根据投资者和东道国的联合申请，经多边投资担保机构董事会特别多数票通过，还可将合格投资者扩大到东道国的自然人、在东道国注册的法人以及其多数资本为东道国国民所有的法人。据此，D 项错误。

3. 答案：D。《外国直接投资待遇指南》对各国不具有约束力。

4. 答案：C。MIGA 所担保的投资项目，必须符合以下三个方面的要求，即合格的投资、合格的投资者和合格的东道国。其中，合格的投资是指：（1）在投资类型方面，原则上限于股权式投资和担保机构董事会确定的其他形式的直接投资。（2）在投资时间方面，多边投资担保机构只担保新投资，即投资是在担保机构收到提供担保的申请后才开始进行的投资。如果投资在此之前已转移到东道国，则不再为新投资。这类投资主要是指：为更新、扩大或发展现有投资所汇入的外汇；现有投资产生的、本可汇出东道国的收益。

5. 答案：D。多边投资担保机构的担保范围包括：①货币转移险，具体有：兑换险、转移险、歧视性汇率险；②征收和类似措施险；③违约险；④战争和内乱险；⑤其他非商业风险。

6. 答案：A。《关于解决国家和他国国民之间投资争端公约》，简称《华盛顿公约》。该公约订立的主要目的是成立“解决投资争端的国际中心”（ICSID）。ICSID 作为世界银行的一个下属独立机构，为各缔约国和其他缔约国国民之间的投资争议提供调停或仲裁的便利，尽量排除投资者本国政府的介入，避免投资争议的政治化，从而促进国际私人资本的流动。我国于 1990 年签署了公约，并于 1993 年递交了批准文件。

7. 答案：D。根据 GATS，最惠国待遇（MFN）要求成员方立即、无条件地将给予某一成员的服务和服务提供者的优惠待遇扩展至其他成员。但 GATS 规定了若干例外，主要包括：（1）政府采购。第 13 条明确将“政府机构为政府目的而采购服务”排除在 MFN、市场准入和国民待遇义务之外，属于法定例外。（2）其他 MFN 豁免需通过成员提交的豁免清单实现，但本题选项中仅 D 项符合 GATS 明文规定的例外情形。

8. 答案：D。作为多边投资担保机构合格的投资者的法人，必须在东道国以外任何一会员国注册并设有主要营业点。

9. 答案：C。MIGA 承保的险别包括：货币汇兑险、战争和内乱险、征收和类似措施险、政府违约险。所以，A 项中投资方违约险不符合要求，A 错误。合格投资者的法人可以是外国人掌握多数股份的东道国法人，或经 MIGA 董事会特别多数票通过，也可以是在东道国注册的法人以及多数资本为东道国国民所有的法人。所以，B 错误。无论发展中国家的投资者还是发达国家的投资者都可以向 MIGA 申请投保，C 正确。MIGA 并不要求以东道国与投资者母国签订双边投资保护协定为承保前提，只要求东道国承认 MIGA 的代位权。所以，D 错误。

10. 答案：A。《与贸易有关的投资措施协议》附件 1 解释性清单规定，与 GATT1994 第 3 条第 4 款规定的国际待遇义务不相符的投资措施包括那些在国内法或行政命令下强制或可强制执行的措施，或为取得优势地位而必须服从的措施，以及有下列要求的措施：（1）企业购买或使用国内原产品或来源于国内任何渠道的产品，无论对特定产品、产品的数量或价值，或其数量或价值在当地生产中所占的比重是否有具体说明；（2）将企业购买或使用进口产品限制在与该企业出口当地产品的数量或价值相关的数量上。由此可知 A 项说法正确。

11. 答案：D。《多边投资担保机构公约》第 11 条规定："承保险别：一、本机构在不违反下列第二款和第三款规定的前提下，可为合格的投资就因以下一种或几种风险而产生的损失作担保：（一）货币汇兑。东道国政府采取新的措施，限制其货币兑换成可自由使用货币或被保险人可接受的另一种货币，及汇出东道国境外，包括东道国政府未能在合理的时间内对该被保险人提出的此类汇兑申请作出行动……"故 A 错误。"（二）征收和类似的措施。东道国政府采取立法或行政措施，或懈怠行为，实际上剥夺了被保险人对其投资的所有权或控制权，或其应从该投资中得到的大量收益。但政府为管理其境内的经济活动而通常采取的普遍适用的非歧视性措施不在此列……"故 C 错误。"（三）违约。东道国政府不履行或违反与被保险人签订的合同，并且 1. 被保险人无法求助于司法或仲裁机关对其提出的有关诉讼作出裁决，或 2. 该司法或仲裁机关未能在担保合同根据机构的条例规定的合理期限内作出裁决，或 3. 虽有这样的裁决但未能执行……"故 D 正确。"（四）战争和内乱。依照第六十六条本公约适用的东道国境内任何地区的任何军事行动或内乱。"故 B 错误。"二、应投资者与东道国的联合申请，董事会经特别多数票通过，可将本公约的担保范围扩大到上述第一款中提及的风险以外的其他的非商业性风险。但在任何情况下都不包括货币的贬值或降值。"也可得出 A 错误。

12. 答案：C。甲国的该项投资法规定构成当地成分要求，A 项错误。《与贸易有关的投资措施协议》要求各成员国不得实施与 GATT1994 国民待遇原则或一般性取消数量限制原则不一致的投资措施。GATT1994 是调整货物贸易的协定，目的是维护货物贸易的公平和自由，因此，"与贸易有关的投资措施"指的是"与货物贸易有关的投资措施"，B 项错误。磋商是 WTO 解决争端机制的必经程序，是申请设立专家组的前提，C 项正确。世界贸易组织争端解决机制具有统一性的特点，该机制适用于任何成员间因 WTO 任何协议产生的争端，D 项错误。

多项选择题

1. 答案：CD。根据《与贸易有关的投资措施协议》第 2 条规定，要求各缔约方在遵守其他权利和义务的前提下，不得实施与世界贸易组织国民待遇原则、普遍取消数量不相符合的与贸易有关的投资措施。

2. 答案：BCD。选项 A 错误。导致货币汇兑风险的行为可以是东道国采取的积极行为，如明确以法律等手段禁止货币的兑换和转移，也可以是消极地限制货币兑换或汇出，如负责业务的政府机构长期拖延协助投资人兑换或汇出货币。选项 B 正确。多边投资担保机构直接承保成员国私人投资者在向发展中国家成员投资时可能遭遇的政治风险。选项 C 正确。战争和内乱险的发生不以东道国是否为一方或是否发生在东道国领土内为前提。如战争发生在投资东道国的邻国，但影响投资项目的正常营运或造成了某些破坏，则投资人仍可从多边投资担保机构取得赔偿。选项 D 正确。东道国的违约行为包括东道国作为主权者的违约行为和作为一般商业伙伴的违约行为。

3. **答案**：AD。目前，多边性、全球性、专门性国际投资公约只有《多边投资担保机构公约》和《关于解决国家和他国国民之间投资争端公约》。

4. **答案**：ABC。《多边投资担保机构公约》第30条规定了机构的结构：“机构设理事会、董事会、总裁和职员，以履行机构所确定的职责。”

5. **答案**：BCD。《多边投资担保机构公约》第13条规定了合格的投资者：“（a）在下列条件下，任何自然人和法人都有资格取得机构的担保：（1）该自然人是东道国以外一会员国国民；（2）该法人在一会员国注册并在该会员国设有主要业务点，或其多数资本为一会员国或几个会员国或这些会员国国民所有，在上述任何情况下，该会员国必须不是东道国；（3）该法人无论是不是私营，均按商业规范经营。（b）如果投资者有一个以上的国籍，就上述（a）款而言，会员国国籍应优先于非会员国国籍，东道国国籍应优先于任何其他会员国国籍。（c）根据投资者和东道国的联合申请，董事会经特别多数票通过，可将合格的投资者扩大到东道国的自然人，或在东道国注册的法人，或其多数资本为东道国国民所有的法人。但是，所投资产应来自东道国境外。”

6. **答案**：ABCD。国民待遇原则是TRIMs的主要原则，根据该原则以上措施不得被东道国政府用于限制外国投资。

7. **答案**：ABC。对于受保护的投资者，双边投资协定一般均规定为缔约双方国家的自然人、法人或不具法人资格的企业和其他社团。即受保护的投资者是指：（1）具有缔约国国籍或在缔约国境内有住所的自然人；（2）依缔约国法律设立，或在该缔约国内有住所的法人或非法人经济实体；（3）由缔约国公民或法人控制的第三国或对方缔约国的公司。后者是采用资本控制原则所认定的与缔约国某一方有着重大联系的第三国或他方缔约国的法人或非法人经济实体。

8. **答案**：BC。外国投资者与东道国境内私人投资者之间的争议和东道国政府与国际组织之间的争议不属于双边投资协议争议的范围。

9. **答案**：ABCD。根据GATS，国际服务贸易的四种提供模式为：（1）跨境交付：服务提供者与消费者在不同成员境内，服务跨境提供。A项中德国会计师在德国通过电子邮件向法国客户提供服务，属于跨境交付。（2）境外消费：消费者到服务提供者所在国接受服务。C项中中国旅游团赴欧洲旅游，属于境外消费。（3）商业存在：服务提供者在其他成员境内设立商业机构提供服务。BD项分别涉及外国企业在中国设立实体机构，均属于商业存在。（4）自然人流动：服务提供者以自然人身份进入其他成员境内提供服务。因此，所有选项均符合GATS定义的国际服务贸易形式。

10. **答案**：ACD。中央银行提供的职能服务不属于WTO《服务贸易总协定》及附件调整的金融服务范围。故B项错误。

11. **答案**：BCD。TRIMs要求成员取消下列四种投资措施：（1）当地成分要求，即要求企业购买或使用国内产品或自任何国内来源的产品，如B项。（2）贸易平衡要求，即将企业购买或使用的进口产品限制在与其出口的当地产品的数量或价值相关的水平。（3）进口用汇限制，即企业进行生产所需的进口被限制在属于该企业流入的外汇的一定数量内，如C项。（4）国内销售要求，即要求企业的产品必须有一部分在国内销售，如D项。A项措施与货物贸易无关，不属于该协议的调整范围，自然不属于禁止性投资措施。本题A项不当选，BCD项当选。

名词解释

1. **答案**：友好通商航海条约是在相互友好的政治前提下，针对通商航海等事宜全面规定两国间经济、贸易关系的一种贸易条约。签订这类双边条约，以确立两国间的友好关系和商务交往关系，消除缔约国间有关国际商品和资本流通的种种限制性规定和对外国人的歧视性待遇。因而，它所涉及的范围相当广泛，如包括外国人的出入境、居留、诉讼、财产的取得和使用、公司的设立与经营、外汇与关税及行政管理、船舶和航运待遇等内容，规定也较抽象与原则，其重点在于保护商人，而不是投资者。所以，从严格意义上讲，友好通商航海条约不属于专门性的双边投资协定。20世纪60年代以来，随着国际投资的迅猛发展，一些发达国家为适应其日益增长的海外私人投资的需要，逐渐在友好通商航海条约中增加了有关保护国际投资的原则性规定。

2. **答案**：投资保证协定，由美国创立其模式，后被某些建立有海外投资保险制度的国家所仿效，故也称为美国式双边投资协定。其特点在于重在对国际投资活动中的政治风险提供保证，特别是与国内的海外投资保险制度相结合，为其提供国际法上的前提与保障。所以，这类协定主要规定代位求偿权、争端的解决等程序性问题，其内容主要是：（1）承保范围，即规定能够获得政府保证的政治风险的类别。通常是指与缔约国一方国内法所批准的投资活动相关的、由缔约国他方的海外投资保险机构所承保的政治风险。（2）代位求偿权。缔约一方的海外投资保险机构根据承保合同向投资者支付政治风险损失赔偿后，有权取代该投资者的地位并获得相应的所有权和请求权，实行代位求偿。（3）争端的解决。规定缔约国之间因条约的解释、履行产生争议的解决途径与程序。

3. **答案**：汇兑与转移是指外国投资者的投资本金、利润和其他合法收益可自由地兑换为自由兑换的货币并可自由地转移出东道国境外。

4. **答案**：代位权是指投资者母国对其投资者在东道国因政治风险遭受的损失予以赔偿后，母国政府将取得投资者在东道国的有关权益和追偿权。协定通常规定，投资者母国的投资保险机构或母国政府在一定条件下代位取得投资者的一切权利和义务。缔约一方代位取得的权利和承担的义务，不能超过原投资者所享有的权益。但投资者母国政府可以依照国际法向东道国提出该限度以外的其他要求。同时，代位权的行使必须受东道国法律的制约，但在某些情况下也允许投资者与母国投资保险机构在东道国法律许可的范围内作出适当安排。

5. **答案**：《多边投资担保机构公约》是于1985年10月在汉城召开的世界银行年会正式通过的，并向世界银行各成员国和瑞士开放签字。至1988年4月12日，该公约的批准国达29个，其认缴资本总额为53.38%，世界银行行长宣布该公约生效。至此，多边投资担保机构正式宣告成立。中国于1988年4月30日批准了该公约，为多边投资担保机构的创始会员国。截至1999年12月2日，《多边投资担保机构公约》共有151个成员国，其中发达国家22个，发展中国家129个，成为国际社会普遍接受的一个重要公约。

6. **答案**：货币汇兑险是指东道国政府采取任何措施，限制投保人将其货币兑换成可自由使用货币或投保人可接受的另一种货币，并转移出东道国境外，包括东道国政府未能在合理的时间内对该投保人提出的汇兑申请作出行动。

7. **答案**：所谓"拒绝司法"，在这里主要是指以下三种情况：（1）投保人无法求助于司法或仲裁机关对毁约或违约的索赔作出裁决。在这里，"司法或仲裁机关"应是指独立于东道国行政部门之外、依法从事司法行为的，且有权作出终局性的和具有约束力的裁决的任何管辖权的法院或仲裁庭；"无法求助于"则包括投保人因东道国政府设置了不合理的程序障碍而使其不能寻求司法或仲裁救济。（2）该司法或仲裁机关未能在担保合同约定的合理期限内作出裁决。这个合理期限自投保人提起诉讼之时起至该司法或仲裁机关作出最终裁决之时止，不应少于两年。（3）终局裁决尚不能执行。这是指投保人为执行这类终局的和有拘束力的决定或裁决业已采取所有可行的措施，但历经90日或在担保合同规定的其他期限之后仍未能使该裁决或决定得到执行。

8. **答案**：所谓数量限制，是各国对外贸易管制中的一种非关税措施，通常是指一国政府通过法令规定在特定时期内对某一类产品只能进口一定数量或价值。依（TRIMs）附录的解释性清单，与一般取消数量限制义务不相符的TRIMs，不仅包括国内法或行政命令项下的强制性或可予强制执行的措施，而且包括为取得好处所必需的措施以及下列限制：(1) 一般性地或依企业出口当地产品的数量或价值量，限制企业进口用于当地生产或与当地生产相关的产品；(2) 通过依企业所创外汇收入数量来限制其获得外汇的手段，限制企业进口用于当地生产或与当地生产相关的产品；(3) 限制企业出口或为出口销售产品，不论这种限制是规定特定产品、产品数量或价值，还是规定其在当地生产的数量或价值的比重。

简答题

1. **答案**：《多边投资担保机构公约》对承保的对象——合格投资作了明确要求。

(1) 公约将担保对象仅限于良好的投资，具体而言应具备以下四项标准：①投资的经济合理性；②投资的发展性质，即拟担保的投资必须对东道国的经济和社会发展有所贡献；③投资的合法性，即拟担保的投资必须符合东道国的法律和条例；④投资与东道国的发展目标和重点相一致。

(2) 东道国的适格性也是认定一项投资为合格投资的一个重要方面。合格东道国必须满足一定的条件，首先，它必须是一个发展中会员国；其次，它必须是一个同意担保特定投资风险的国家；最后，它必须是一个其投资条件被认为合格的国家。

2. **答案**：在国际实践中，广义上的双边投资条约主要有三种类型：

(1) 友好通商航海条约是缔约国间就商业活动和航海自由事宜而签订的双边条约，这类条约的最初含义是全面建立和发展国家间商人往来及经济合作的协议，并非保护投资的专门性条约。

(2) 投资保证协定，因是美国首创并推行，故也称美国式的投资保证协定，以担保缔约国投资者在另一缔约国境内投资的政治风险。除美国外，加拿大也采取这种形式。这种投资保证协定只涉及在投资者母国根据其投资保险制度给予投资者赔偿后，对投资者母国的救济，因而其保护的对象只是单方面的投资，而不是相互的投资。

(3) 促进与保护投资协定是欧洲一些发达国家与发展中国家签订的双边投资保护协定，其中以前联邦德国最为典型，因而又称为德国型的促进与保护投资协定。这种协定的特点是：①程序正式，即须通过正式的立法程序，以政府的名义签订，由最高权力机构批准；②适用广泛，这种投资侧重于对相互投资的保护，是双向的保护；③内容具体，通常由序言、正文和结尾三部分组成；④规范全面，其既包含有实体法，又有关于程序法的规范。

3. **答案**：关于国民待遇和取消数量限制的问题是TRIMs的核心内容，规定凡产生贸易扭曲效果的投资措施，即违反GATT1994第3条国民待遇义务或第11条一般取消数量限制义务者，都应禁止。在TRIMs附录的解释性清单中规定了五种目前明确禁止的履行要求，其中包括两种违反国民待遇原则的与贸易有关的投资措施形式：(1) 当地含量要求，即要求企业购买或使用最低限度的国内产品或任何国内来源的产品。具体表现为，规定有关国产品的具体名称，规定企业购买或使用国产品的数量或金额，规定企业在生产中必须使用的有关国产品的最低比例。(2) 贸易平衡要求，即要求企业购买或使用的进口产品数量或金额，以企业出口当地产品的数量或金额为限。另外三种是违反一般取消数量限制原则的与贸易有关的投资措施形式：(1) 贸易平衡要求，即总体上限制企业当地生产所需或与当地生产相关的产品的进口，或要求企业进口产品的数量或金额以出口当地产品的数量或金额为限。(2) 进口用汇限制，即将企业可使用的外汇限制在与该企业外汇流入相关的水平，以此限制该企业当地生产所需或与当地生产相关的产品的进口。(3) 国内销售要求，即限制企业出口或供出口的产品销售。

论述题

答案：TRIMs是世界上第一个专门规范贸易

与投资关系的国际性协议，因而在国际投资法中具有重要的地位，它将投资问题纳入世界贸易组织的多边贸易体制，并以多边协议的形式将国民待遇和一般取消数量限制原则和透明度原则引入国际投资领域，对于国际投资法的发展无疑具有十分重要的意义，它的实施会有力促进世界贸易的扩展和逐步自由化，并在便利跨国投资以确保自由竞争的同时，促进全球经济，尤其是发展中国家的经济增长。

随着中国加入 WTO，该协议也将会对我国适用，我国已通过《外商投资法》实现外资立法的统一化，但仍存在立法层级复杂、地方性法规与中央政策衔接不足等问题，目前法规清理工作正在进行中。

建议我国将投资与贸易结合起来，采取灵活的应变措施，注意维护本国的经济主权，充分利用 WTO 对发展中国家的例外及优惠措施的规定，对外资法分期分步骤进行深层次改革，具体措施包括规范立法权限，统一内外资立法模式，在外资法中确立国民待遇原则，进行统一外资法的编撰等。

案例分析题

答案：(1) 对于合格的投资的判断，该投资必须在投资的形式、投资的时间、投资资产和投资的东道国等方面符合一定的条件和标准。①投资类型。MIGA 承保的合格投资既包括股权投资，也包括非股权投资，在本案中，日方公司的投资属于股权投资。②投资资产。MIGA 规定的合格投资资产形式既包括货币形式，也包括有形或无形资产，而在本案中日方公司的设备出资符合公约规定的资产形式。③投资时间。MIGA 承保的投资限于新的投资，而在本案中日方公司在合营企业成立之初申请投保，符合投资时间的规定。④合格投资的标准。MIGA 在承保投资时，需要考虑该投资是否具有经济合理性、对东道国发展的贡献、合法性、与东道国的发展目标是否一致等因素。而在本案中，日方公司所参与的合营企业主要经营各种优良农作物的开发、育种、销售和技术咨询，符合上述合格投资的诸项标准。⑤合格投资的东道国。MIGA 只对发展中国家会员国境内所作的投资予以担保，因此，本案中日方公司就其向中国的投资申请担保，符合合格投资东道国的要求。

(2) 合格的投资者。根据《多边投资担保机构公约》第 13 条的规定，符合下列条件的自然人和法人都有资格取得机构的担保：该自然人是东道国以外一会员国国民；或该法人在一会员国注册并在该会员国设有主要业务点，或其多数资本为一会员国或其国民所有，在上述情况下，该会员国必须不是东道国；且该法人不论是否私人所有，均在商业基础上经营。在本案中，日方公司作为东道国（中国）以外的法人实体，其属于日本法人（日本属于《多边投资担保机构公约》成员国），因此，日方公司就其在中国合营企业的出资额申请担保，符合《多边投资担保机构公约》规定的合格的投资者的标准。

(3) 另外，在本案中，日方公司就其出资申请投保外汇险及战争动乱险，也在 MIGA 的承保险别范围之内。

综上，在该案中，日方公司可以向 MIGA 投保。

第十四章　国际金融法概述

单项选择题

1. 答案：B。布雷顿森林体系的基本特征是确立美元的国际中心货币地位。
2. 答案：B。《国际货币基金协定》确立了战后国际货币法律体系。
3. 答案：B。1978 年 4 月，修改原《国际货币基金协定》的《牙买加协定》生效，从法律上正式宣告了布雷顿森林体系的终结。

多项选择题

1. 答案：ACD。国际金融法上的资金融通形式主要包括：国际贷款、国际证券投资和国际租赁。
2. 答案：ABCD。国际货币基金组织的资金来源有：各会员国认缴的份额；基金组织向各国中央银行的借款；会员国的捐款；基金组织其他收入。

名词解释

1. 答案：国际金融法是关于国际金融交易的法律规范总称，同时它也是一个法学与国际金融学共同研究领域交叉的课题。它涉及金融资产跨国流动、国际交易过程中产生的有关法律问题。这些法律问题涉及有关国家国内的法律，涉及国际公法，还涉及国际金融市场的惯例或称市场接受的“游戏规则”或“国际商人法”等。
2. 答案：诺贝尔经济学奖获得者托宾提出另一种降低汇率波动的理论，他建议对外汇交易收取一定比例的交易税。外汇交易由于税收成本增加将降低汇率的敏感性，因而减少波动。托宾外汇交易税理论是 1978 年提出来的，但是没有引起人们的注意，到了 1988 年，汇率危机不断出现，人们才开始研究托宾外汇交易税理论。

简答题

答案：（1）基于尽快恢复国际金融秩序的考虑，美、英两国自 1941 年起就开始了一系列的双边对话和谈判，最终达成一致并于 1944 年 7 月在美国新罕布什尔州的布雷顿森林召开由 44 个国家派代表参加的国际金融会议。会议通过了《国际货币基金协定》和《国际复兴开发银行协定》，从而形成了新的国际货币体系，即通常所说的布雷顿森林体系。布雷顿森林体系的主要内容包括以下三个方面：首先，确定美元与黄金的固定比价，实行官方层面的固定比价兑换。《国际货币基金协定》规定，“各会员国货币的平价应以黄金作为共同单位，或以 1944 年 7 月 1 日所含黄金重量与成色的美元”来表示。由于当时 1 盎司黄金等于 35 美元，因而布雷顿森林体系将美元与黄金的比价固定在每盎司 35 美元。各国的中央银行可随时用美元按此官价向美国兑换黄金。其次，各国货币对美元实行可调整的固定汇率制。《国际货币基金协定》还规定，除发生“根本性国际收支不平衡”外，会员国不得提议改变其货币平价；如需调整货币平价，必须经所在国提议，与基金组织协商并获同意后才能调整；各会员国货币对美元的汇率，一般只能在法定汇率上下各 1% 的范围内波动；各国政府有义务干预外汇市场以保持汇率的稳定。最后，建立国际货币基金组织。该组织的职能一是监督各会员国遵守《国际货币基金协定》的各项条款，以维护国际金融和外汇交易秩序；二是与会员国就有关国际货币事项进行磋商；三是对国际收支逆差国提供贷款等融资援助，以稳定汇率和促进国际贸易和经济的发展。

（2）布雷顿森林体系的建立，对战后世界经济的恢复与发展起到积极的推动作用，具体体现在以下三个方面：第一，恢复了国际货币体系的正常秩序。布雷顿森林体系结束了国际金融的混乱局面，保证了国际货币体系的正常运转，促进了战后国际贸易的发展。第二，由于实行美元与黄金挂钩、各国货币与美元实行可调整的固定汇率制，稳定了各成员国的汇率，推动了国际贸易的发展。第三，缓解了国际收支危机。由于战争和石油提价等影响，一些成员国先后出现巨额国际收支逆差。在国际货币基金组织采取多种贷款融资的帮助下，使逆差国逐步改善国际收支状况，摆脱危机困扰。

（3）布雷顿森林体系的缺陷：首先，美元与黄金的可兑换性难以持久。美元作为国际货币，其供应量必须随着世界经济和国际贸易的增长而不断增加。但是，黄金作为一种稀有金属，其产量增长缓慢，不能适应世界经济和贸易快速发展的需要。事实上，自20世纪60年代起，美元的发行量开始逐步超过美国拥有的黄金储备量。也就是说，美元与黄金的可兑换性已出现危机。其次，各国货币与美元的固定汇率制难以维持。美元在充当国际货币角色的同时，又是国家的货币，这就决定了美元必然要受美国的经济实力变化及其国际收支状况的影响。

第十五章　国际商业银行贷款与法律

单项选择题

答案：D。国际银团贷款是指由数家各国商业银行联合组成集团，依统一的贷款条件向同一借款人提供贷款的方式。其可分为直接式银团贷款与间接式银团贷款。直接式银团贷款是在牵头银行组织下，各参与银行分别与借款人签订贷款协议，各银行仅就各自承诺份额向借款人负责，彼此无连带责任。间接式银团贷款是牵头银行单独与借款人签订贷款协议，而后牵头银行将参与贷款权分别转让给其他愿意提供贷款的银行。本题中的贷款协议是在牵头银行的组织下，由银团成员直接与借款人签订贷款协议的直接式银团贷款，AB 项均错误。国际贷款协议中的先决条件是指贷款人提供贷款前需要满足的条件，可分为：①总括的：执照、法律意见书、担保文件等。②每笔贷款发放的先决条件：无不利变化、无违约事件、无义务受影响。消极担保条款是指借款人在偿还全部贷款之前，不得在自己的资产和收益上，为其他债权人设定任何担保物权，因此，该约定属于消极担保而非贷款的先决条件，C 项错误，D 项正确。

不定项选择题

1. **答案**：ACD。各会员国可以凭特别提款权向基金组织提用资金，因此，特别提款权可与黄金、外汇一起作为国际储备。成员国在基金组织开设特别提款权账户，作为一种账面资产或记账货币，可用于办理政府间结算，可偿付政府间结算逆差，还可以用以偿还基金组织的贷款，或作为偿还债务的担保等。特别提款权在创设时是一种以黄金定值的记账单位。
2. **答案**：C。国际货币基金组织提供给会员国的贷款只能用于解决该会员国国际收支失调。
3. **答案**：A。根据与借款人直接签订国际借贷协议的贷款人的不同，可将银团贷款分为直接式银团贷款和间接式银团贷款。（1）直接式银团贷款，是指在牵头银行的组织下，银团内参与贷款的银行按照牵头银行与借款人谈判达成的条件，分别与借款人直接签订国际借贷协议，按各自签订的协议承担贷款义务。其贷款债务仅限于其在与借款人所签协议中承诺的部分，对其他参与银行对借款人承担的责任概不负责。（2）间接式银团贷款，是指由牵头银行直接与借款人签订国际借贷协议，之后再将参与贷款权分别转让给其他银行（也就是参与银行）。
4. **答案**：A。一笔国际银团贷款中主要涉及的法律文件有：信息备忘录、国际借贷协议、授权委托书、义务承担书。A 对，信息备忘录，又称推销备忘录，是指牵头银行与借款人共同拟定，并由牵头银行分发给可能有兴趣参加银团贷款的银行的、邀请其参加贷款的法律文件。信息备忘录主要规定以下内容：借款人的法律地位、财务及商务状况、借款的主要条件以及该文件的法律效力。B 错，国际借贷协议，是指明确借款人与牵头银行、参与贷款银行之间借贷关系的最终法律文件，一切借贷条件均以该协议为准，因此，国际借贷协议是国际借贷中的核心，是不可缺少的法律文件。其主要内容与一般国际借贷协议大致相同。C 错，授权委托书，是指借款人出具给牵头银行，授权牵头银行为其安排银团贷款的法律文件。授权委托书一般含有下列内容：借款的金额、利率、借款人愿意承担的基本条件、授权委托书的法律效力。D 错，义务承担书，是指牵头银行提供给借款人的表示将按照义务承担书中规定的条件为借款人组织银团贷款的法律文件。义务承担书一般含有以下内容：借贷的主要条件、牵头银行的承诺以及该文件的法律效力。

5. **答案**：C。世界银行集团是世界上最大的多边开发援助机构，对各成员国而言，也是最大的国外借贷机构。宗旨是通过提供资金、经济和技术咨询、鼓励国际投资等方式，帮助成员国，特别是发展中国家提高生产力，促进经济发展和社会进步，改善和提高人民生活水平。

6. **答案**：D。国际定期贷款协议一般都规定贷款货币发行国为贷款货币提取地国。

7. **答案**：A。在国际定期贷款交易中，除预提税外，其他税收一般由借款人承担。

名词解释

1. **答案**：国际商业银行定期贷款是指世界上的大中型商业银行跨国性的商业贷款中的一种，这种贷款是一个国家的商业银行贷款给另一个国家的借款人，贷款期限是事先约定好的，一般为3年或5年，到期借款人向外国的商业银行还本付息。这种贷款形式涉及的数额比较多，期限和提取款项的数额等方面具有一定的灵活性，同时风险也比较大。由于这种贷款方式有比较长的历史，在国际惯例与操作方式上都有许多约定俗成的内容。定期贷款合同是传统的跨国贷款方式。

2. **答案**："先决条件"是指为了减少贷款的风险而必要的法律条件，主要包括：贷款的担保书、董事会授权借款书、授权签字书、政府外汇主管部门的批准书、借款人公司章程与细则、操作代理机构的指定、借款人国家律师提供的法律意见书等，这些先决条件的法律文件齐备，并且符合合同条款的要求时，就具备了先决条件。

3. **答案**：国际银团贷款是国际商业银行组合在一起，向另一国的借款人提供贷款的一种形式。它可以由2家或5家银行组成，也可以由几十家甚至上百家银行组成。无论有多少家银行参加银团，都是按照一个银团贷款合同来履行的。国际银团贷款的做法是由一家银行作为"牵头银行"，有的也称为"领导银行"，由它联络若干其他商业银行参加，共同组成一个银行团，再由参加银团的成员银行分别承担贷款总额的一定比例的贷款数额，共同贷给借款人。国际银团贷款参加银行之间的关系不是合伙，银团成员之间也不构成有限责任公司，而是为此项贷款专门临时组成的契约联系，成员银行分别地、各自独立地按一定比例承担一部分贷款数额。借款人通过代理机构或其他事先约定的安排获得所有的贷款。

简答题

1. **答案**：（1）需要有统一和明确的监管责任与目标，以及相关的法律体系；（2）要有实现目标的充分手段；（3）具有完善的银行法律体系；（4）赋予监管者保护与实际权利；（5）各国监管部门的合作与信息交换；（6）强调宏观审慎监管和系统重要性银行管理。

2. **答案**：在直接参与式银团贷款方式下，各贷款行与借款人之间形成直接的债权债务关系。

在间接参与方式下，主要有分贷款、隐名代理、让与、更新（或替代）几种方式。

分贷款，或称从属贷款或转贷款。在这种方式下，参与银行直接向牵头银行提供一笔贷款，其条件是牵头银行向借款人提供的贷款收回后，牵头银行就向参与银行偿还贷款。这意味着参与银行不得要求牵头银行以来源于借款人偿还款以外的其他资金向其偿还贷款。如果借款人未向牵头银行偿还贷款本息，则参与银行不得要求牵头银行向其偿还贷款；如果借款人仅向牵头银行偿还部分贷款，则牵头银行也仅按参与银行的贷款资金在提供给借款人的贷款总额中占的比例向参与银行还款。

隐名代理，在这种方式下，牵头银行受银团其他成员之托，代表它们同借款人签订借贷协议，但不披露其代理人的身份，这样，在借款人看来，它就是贷款人本人而不是代理人，它要按签订的借贷协议对借款人承担提供贷款的义务。

让与，在间接式银团贷款中是指牵头银行将其根据借贷协议应获得的收益或可以行使的请求权部分或全部让与愿意购买的参与银行。

更新（或替代），牵头银行在征得借款人的同意之后，把自己的部分甚或全部贷款义务连同其相应的权益转让给其他银行，使借贷协议的贷款主体有所增加或变更，实际上等于原来的借贷协议由牵头银行、参与银行和借款人三方达成的一个新的协议所取代。这种安排，大陆法称为债的更新，英美法称为替代。

论述题

答案：（1）国际借贷合同违约救济条款是规定出现任一类违约事件时贷款人拥有的内部和外部救济方法。内部借贷合同约定的救济方法有：中止借款人提取贷款；解除借款人尚未提取的贷款；宣布贷款加速到期并且立即偿还。这三种方法可以选择采用或者一并采用。外部（有关国家法律规定）的救济方法可以包括：解除借贷合同；要求赔偿损失；要求履行借贷合同，支付已经到期的本息。这三种方法不能一并采用，因不能既要求解除合同又要求履行合同，要求赔偿损失并不比要求履行合同支付已经到期的本息所获更多，只有解除合同与要求赔偿损失这两种方法得以并用，借贷合同中的违约救济条款，都是把内部救济方法与外部救济方法累加订立，以防止借款人把内部救济方法解释为唯一救济方法而排除诉诸法院解决的可能性。

（2）国际借贷合同所涉及的款项一般都比较大，风险很高。在这种情况之下，一旦发生违约行为，被违约方受到的损失往往是很大的。因此，为了尽可能地减少损失，保护当事人的合法权益，在订立国际借贷合同的时候，一定要对违约救济条款作出详细的规定。无论是对内部借款合同约定的救济方法，还是有关国际法律规定的救济方法，都要作出明确规定。这里要说明的是，当事人在国际借款合同中，最好规定法律适用与管辖条款，一旦将来发生纠纷，不至于在法律适用与管辖问题上浪费时间，国际借贷协议，贷款人通常都不愿意提及仲裁，而是直接诉诸法院解决。这是由于：首先，仲裁是排除法院解决的，中国对涉外仲裁也持有这一主张，仲裁裁决如果不能够自动执行，就要申请法院强制执行，因此，不如一开始就去起诉；其次，仲裁具有不公开性，贷款人总是希望将借款人违约公开化，使得其处于诉讼威胁之中，迫使其屈服于贷款人的要求；最后，仲裁裁决在某些程度上带有妥协性。但是，各国法律规定又各不相同，这对当事人的权益影响极大，因此，签订这个条款的时候，要和违约救济条款结合起来，以最大限度地减少风险，维护自己的合法权益。

案例分析题

1. **答案：**这一案例涉及的是国际银团贷款中各方当事人之间的关系问题。国际银团贷款可分为直接式银团贷款和间接式银团贷款两种方式。在直接式银团贷款方式下，各参与银行同借款人签订借贷协议，按协议分别（或共同）承担提供贷款的义务，与借款人形成直接的权利义务关系。而在间接式银团贷款方式下，各当事人之间的关系在很大程度上取决于转让贷款参与权的方式。在本案中，牵头银行通过订立出售参与贷款权协议的方式，将参与贷款权转让给参与银行。根据国际惯例，以这种方法提供的国际银团贷款，各当事人之间的关系应为：牵头银行与借款人之间的关系是由借贷协议规定的债权人与债务人之间的关系，参与银行与借款人之间不存在直接的借贷关系。参与银行直接向牵头银行提供一笔贷款，其条件是牵头银行向借款人提供的贷款收回以后，牵头银行就向参与银行偿还贷款。这意味着，参与银行不得要求牵头银行以来源于借款人偿还款以外的其他资金向其偿还贷款。如果借款人未向牵头银行偿还贷款本息，则参与银行不得要求牵头银行向其偿还贷款；如果借款人仅向牵头银行偿还部分贷款，则牵头银行也仅按参与银行的贷款资金在提供给借款人的借款总额中所占的比例向参与银行还款。由于参与银行与借款人之间不存在直接的借贷关系，参与银行对借款人没有还款请求权，而对牵头银行的还款请求权也仅以借款人已向牵头银行偿还借款为行使条件，因此，分贷款中的参与银行面临双重风险：一重风险是借款人如果丧失清偿能力，如破产，则参与银行将不能充分受偿或者不能完全受偿；另一重风险是牵头银行如果破产，那么参与银行只能作为牵头银行的一个无担保权益的债权人按债权比例参加对借款人偿还款的分配，而不享有优先受偿权。

在本案中，作为牵头银行的B银行破产，使得参与银行面临了后一重风险，参与银行并不能直接对借款人A公司行使追偿权，只能以牵头银行无担保权益的债权人身份接受破产清偿。

2. **答案**：(1) 在国际借贷协议中，借款人的违约可分为实际违约和预期违约两大类。实际违约包括：借款人到期不支付或不如数支付贷款的本金、利息或有关费用；借款人违反在协议中所作的说明与保证；借款人违反约定事项；借款人没有履行借贷协议约定的其他义务。预期违约主要有：借款人丧失清偿能力；借款人公司被征用或被国有化；借款人的状况发生重大不利变化；借款人出现交叉违约情形。

(2) 在借款人违约时，贷款人可采用合同约定的救济措施，如暂时中止或者取消本应向借款人提供的贷款；宣布贷款加速到期；借款人支付违约利息；用借款人的存款抵销其尚未偿还的欠款。贷款人也可以采用法律上规定的救济措施，常见的如解除贷款协议；要求损害赔偿；要求借款人支付已到期的本金或利息；在借款人破产时贷款人可申报其全部债权金额，要求进行清算等。

借款合同的基本内容是贷款人依合同约定提供贷款，借款人在约定的期限内偿还贷款本金及利息。在贷款协议中，违约条款是贷款协议的一个重要组成部分，是贷款协议的核心部分。为了确保贷款本息的收回，维护贷款人的利益，在贷款协议中通常详细规定了借款人应履行的各项义务，同时以专门的“违约事件”条款列举了构成违约的各种行为以及贷款人可以采取的相应救济措施。贷款协议中所约定的违约事件大致可分为两类：一类是违反贷款协议本身约定的实际违约行为，如借款人到期不还款付息，不履行约定的其他义务；另一类是预期违约事件（又称先兆性违约事件），是指借款人目前虽然没有发生违反协议的实际违约行为，但因这类事件的发生，借款人不能履行贷款协议所约定的义务的实际违约行为是迟早要发生的。

在本案中，借款人的还款时间是2024年3月，但借款人纸品公司自2022年起因内部矛盾激化至2023年年初停产，合资各方决意终止合营合同，解散合资企业，纸品公司的财务状况发生严重恶化，已不可能实现自行还贷，借款人的财务状况极大地影响到贷款人安全、及时地收回贷款本息，已构成预期违约。

由于贷款的还款期限未到，银行并未随意宣布贷款到期，而是根据贷款合同发出违约通知，要求纸品公司立即纠正违约行为。在纸品公司不能及时纠正违约行为的情况下，银行才宣布依合同全部贷款立即到期，要求纸品公司偿还全部贷款本息。由于纸品公司仍无意还款，银行立即向法院起诉，在诉讼中，银行还充分利用了我国《民事诉讼法》中关于财产保全的规定，以最大限度地维护自身的合法利益。

3. **答案**：(1) 投资公司所作的担保承担的是第一位的、独立的责任。它与传统保证的最大区别是不具有补充性。补充性是指保证关系中债务人仍然是第一债务人，保证人是第二债务人或从债务人，只有当主债务人不履行其债务时，保证人才负履行的责任，据此，传统保证合同保证人有权要求债权人首先向主债务人要求清偿，只有在主债务人的财产强制执行后仍不足以清偿债务时，才能要求担保人清偿，担保人的此项权利称为先诉抗辩权。然而在国际借贷中，贷款人往往要求保证人放弃先诉抗辩权，和借款人一起对其贷款作为连带债务人承担清偿责任，即要求保证人充当第一债务人或主债务人，而不仅作为保证人。在这种情况下，贷款人既有权要求借款人清偿，也有权要求保证人清偿。但在具体的融资活动中，保证人是否有先诉抗辩权，则取决于保证合同的约定。

（2）加速到期是指借款人违约以后，贷款人可以将偿还期提前，要求借款人立即偿还贷款，是贷款人特有的一种救济措施。

（3）投资公司履行担保义务后，在清偿范围内取得代位求偿权。随着国际金融业的迅速发展，担保在国际融资活动中成为必不可少的环节，无论是政府或国际金融机构的贷款，还是国际商业贷款，都常以担保为前提条件，它是债权人保障自己权益的法律措施。通过订立担保合同，贷款人可获得备用的还款来源，使自己贷出的款项有更为可靠的受偿保证。国际融资担保基本分为两种类型：国际融资的信用担保和国际融资的物权担保。另外，实践中还衍生出其他一些担保形式，如消极担保条款、准担保交易、从属之债等，在具体融资活动中产生不同效果。在诸多担保形式中，信用担保形式最为常见，本案投资公司对花园酒店的国际借贷担保即属于这一形式。

本案借贷关系中债务人（借款方）为花园酒店，债权人（贷款方）为银行，担保人为投资公司。担保人向债权人出具的《保证书》是国际商业借贷担保合同。从其《保证书》约定来看，本担保合同是担保人（投资公司）以自己的资信向贷款人（银行）所作的保证还款的承诺，属于国际融资担保的信用担保。本案债务人花园酒店在贷款人银行提供全部贷款之后，三次不履行还款义务而违约，贷款人则有权根据担保合同约定，即当借款人到期不按借款合同约定偿付时，投资公司在收到贷款方书面通知后 10 天内，以同种货币代为偿付，请求担保人投资公司替被担保人（即借款人花园酒店）履行还款义务。该借贷合同担保最大特点就是无传统保证合同的补充性，即无先诉抗辩权，担保人实际上已成为第一债务人或主债务人，因为其承担的是无条件付款义务，只要债权人按合同提出付款要求便需给付。因此，担保人未要求贷款方对债务人的财产强制执行就履行了其担保义务，于 2024 年 2 月 22 日代花园酒店向贷款银行清偿了本金及利息等共 14534904.65 美元。担保人履行担保义务后就对借款方具有了代位权和求偿权，即保证人在清偿贷款债务之后，在清偿范围内取代贷款方的地位而行使贷款方对借款方的所有权利，本案担保人代债务人付款之后即取得代位权，对债务人进行追索和提起诉讼。由于花园酒店无力偿付贷款方的本金及利息，也未能偿付判决书中的金额给投资公司，根据双方签订的反担保协议，投资公司取得花园酒店的房地产。

第十六章　国际项目融资与国际债券的法律问题

单项选择题

1. **答案**：D。国际融资信用保证与一般保证不同，具有独立性和无条件性两大特点，即保证人与基础合同无关，基础合同的修改、变更或无效，均不影响保证人在独立合同项下应承担的保证责任。
2. **答案**：A。国际项目贷款对象是那些专为建设项目工程而组成的项目公司，也称项目承办人。国际项目贷款中偿还贷款的主要资金来源是贷款项目所产生的收益。
3. **答案**：B。国际项目贷款涉及的法律文件包括：完工担保协议、投资协议、购买协议、提货或付款协议、远期购买协议。题中所述为远期购买协议。
4. **答案**：C。国际融资担保是指借款人或第三人以自己的信用和资产向外国贷款人所作的还款担保。其主要有以下两种方式：信用担保和物权担保。第一，国际信用担保，是指借款人或第三方以自己的信用向外国贷款人所作的偿还贷款的担保。其主要方式有：保证、备用信用证、意愿书。（1）保证，是指由借款人以外的第三人以自己的信用作为借款人的还款保证，当借款人不履行债务偿还责任时，由保证人承担还款责任。保证是信用担保中最为普遍的担保方式，因主债务而产生，并因主债务的消灭而消灭，因主债务的转让而转让。（2）备用信用证，是指保证人（开证行）应借款人（开证人）要求向贷款人开出的以贷款人为受益人的付款凭证。当受益人出示信用证所规定的违约证明时，保证人即向受益人付款。应当注意：备用信用证与保证的区别在于：①备用信用证是银行应借款人要求开具的，保证人是银行。②贷款人出具信用证要求的违约证明时，保证人即向贷款人付款，无须对违约的事实进行审查。③开证行作为保证人承担第一位付款责任，而不是次位债务人。④在借贷协议无效时，开证行仍须承担保证责任。（3）意愿书，是指政府或母公司为其下属机构或子公司的贷款人出具的愿意为其还款的书面文件。该书面文件一般不具有法律效力，在法律上难以执行。第二，物权担保，是指借款人或第三方以其拥有的物和权利，向外国贷款人所作的偿还贷款的担保。根据担保物的性质，可以将物权担保划分为：不动产物权担保和动产物权担保。
5. **答案**：D。经营性租赁是指出租人提供租赁物并负责租赁物的维修和保养服务的租赁方式。

多项选择题

1. **答案**：BCD。国际融资担保包括信用担保和物权担保。其中，信用担保包括保证、备用信用证和意愿书。
2. **答案**：ABCD。国际融资双方是否在协议中约定贷款的用途，贷款都不能用于：资助侵权行为、兼并公司、超出借款人经营范围的营业活动和援助友好国家的军事行动。
3. **答案**：BC。在国际融资协议中，贷款人可以通过消极担保和平等位次条款使其与借款人的其他债权人处于平等的清偿地位。
4. **答案**：CD。备用信用证是指担保人（开证银行）应借款人的要求，向贷款人开出备用信用证，当贷款人向担保人出示备用信用证和借款人违约证明时，担保人须按该信用证的规定支付款项。和传统意义上的保证相比，备用信用证有如下特点：（1）备用信用证的保证人是银行；（2）贷款人出具信用证要求的违约证明时，保证人即向贷款人付款，并不需要对违约的事实进行审查；（3）开证行作为保证人承担第一位付款责任，而不是次位债务人；（4）在借贷协议无效时，开证行仍须承担保证责任，也就是说，备用信用证独立于国际借贷协议这一基础交易。因此，A项说法错误。安慰信，又称担保意愿书，是指由一国政府或母公司根据其下属企业（借款人）的要求，向贷款人出具的表示愿意帮助该借款人偿还贷款的书面文件。其最大的特点是一般不具有法律效力，对担保人只具有道义上的约束力。通常仅适用于信誉良好的大型公司或政府组织。因此，B项说法错误。国际融资担保中使用最普遍的是见索即付保证，它是指担保人（通常是银行）应申请人要求或指示，对收益人承担付款义务，只要收益人要求付款，担保人即应向其支付约定金额。法律特征：(1) 独立性。担保人所承担的义务是独立于基础合同的，担保人不能以基础合同对抗收益人。(2) 绝对性。这种担保是绝对的和无条件的，担保人仅凭收益人提出的要求即应付款，而不问付款要求是否有合理依据，不问它所担保的主债务事实上是否履行。(3) 单一性。担保人所承担的义务是付款义务，而不是实际履行本应由申请人（借款人）履行的义务。因此，C项说法正确。浮动抵押源于英国，是一种很特殊的物权担保方式，是借款人以现有的和将来取得的全部资产，为贷款人设定的一种担保物权。浮动抵押不同于传统物权担保，其担保物固化前一直处于浮动状态，能给贷款人尽可能大的保护。因此，D项说法正确。

5. **答案**：AC。《最高人民法院关于审理信用证纠纷案件若干问题的规定》第9条规定："开证申请人、开证行或者其他利害关系人发现有本规定第八条的情形，并认为将会给其造成难以弥补的损害时，可以向有管辖权的人民法院申请中止支付信用证项下的款项。"由此可知，A公司应当向人民法院而不是开证行申请中止支付信用证项下的款项，故A项正确，B项错误。第14条第1款规定："人民法院在审理信用证欺诈案件过程中，必要时可以将信用证纠纷与基础交易纠纷一并审理。"因此，C项正确。第10条规定："人民法院认定存在信用证欺诈的，应当裁定中止支付或者判决终止支付信用证项下款项，但有下列情形之一的除外……（二）开证行或者其指定人、授权人已对信用证项下票据善意地作出了承兑……"可见，如果C银行已对信用证项下票据作出承兑，人民法院即不得判决终止支付信用证项下款项，故D项错误。

名词解释

1. **答案**：国际项目融资是投资者对一个大型工程项目贷款或投资，该工程项目建成后，再用项目生产的产品销售收入来偿还融资者的投资或贷款，或用该项目经营收入，来偿还该项目的投资。从财务会计的角度来看待项目融资，就是为了一个特定的经济项目所安排的融资，其贷款人满足使用该项目的现金流量和收益作为偿还贷款的资金来源。从法律的角度来看项目融资，就是采用无追索权或有限追索权条件下的贷款人对特定工程项目的融资。总之，项目融资是一个财务与契约安排的系统，将项目本身的经济收益、项目的风险和各种担保联系起来，用于完成风险比较大、投资回收期长、操作过程复杂的大型工程项目。

2. **答案**：融资合同中的追索权大多数是有限的，所谓有限是指限于工程项目本身的收入范围内，或者限于项目形成的产品收入范围内等。由于工程项目的特殊性，采用有限追索权有利于工程最后的完工和形成生产能力。如果项目合同中约定了有限追索权，就意味着贷款银行也为此承担了一定的风险，即贷款银行不是无条件向借款人追债，而是在符合有限追索权条款的情况下，才可以追索贷款，而且追索权只限于项目投产后形成的现金收入，或限于对项目不动产的抵押的处分，而不能够直接向项目公司或发起人单位追索。有限追索权的风险在于市场风险、政策风险、资源风险和不可抗力的风险。

3. **答案**：项目融资中的特许权是指获得项目开发或建设的特别批准的权利。由于项目融资进行的工程不是一般项目，而是一个国家基础建设工程。例如，高速公路、水电站、火力发电厂、移动通信项目等。这些项目的发展建设不是任意的，而是由国家政府主管部门批准的。正是由于项目是特许的，才具有融资的市场保障，才具有了融资的吸引力，获得特许权也是具有市场价值的融资谈判优势。

4. **答案**：国际债券是指发行人、购买人分别处于两个或两个以上国家的情况下，采用发行地国家的货币或第三国货币标价的债券。国际债券又可以分为“外国债券”和“欧洲债券”。外国债券是指发行人在外国资本市场上发行，以该国货币标价的债券。欧洲债券是指在几个国家的资本市场同时发行，采用国际承销团承销，以第三国货币计价，不要求登记或过多披露其他信息的债券。这种债券由于首先在欧洲几个国家市场被发明和推广，所以称“欧洲债券”。

简答题

1. **答案**：(1) 具有商品信贷和资金信贷相结合的双重性质；

(2) 租赁设备的所有权和使用权相分离；

(3) 国际融资租赁是自成一类的三边贸易；

(4) 国际融资租赁在税收和会计处理上具有独特性。

2. **答案**：(1) 见索即付是20世纪50年代在国外银行界兴起的一种新型信用担保。它是担保人应借款人请求而与贷款人订立的一项独立合同，由担保人向贷款人承担见索即付的义务。

(2) 见索即付担保，最大的特点就是担保行承担第一付款责任，只要受益人索赔即须付款，不管申请人是否同意付款，也不需要调查商务合同履行的事实。

3. **答案**：国际项目融资是投资者和东道国项目发展商共同建设某个基础建设项目，通常周期比较长，需要资金的数额较大，合同关系复杂，所以，项目融资的风险非常大。风险的种类包括：完工的风险、资源的风险、操作的风险、市场风险、外汇兑换与汇率的风险、政治风险等。(1) 完工风险与原料供应的风险。项目完工形成生产能力之后，才能获得投资的回报。项目建设的周期比较长，在建设期间原材料价格可能发生变化，技术方面可能出现问题，员工与管理人员可能发生纠纷等，这些因素都可能导致项目工期的延误。由于工期延误使资金压在项目上不能及时形成生产能力，又不产生利润，对于投资者来说是一种损失。(2) 操作管理风险与市场风险。资金与物资不能自动组合，必须依靠管理人员和员工的技术性操作才能有效组合。管理人员的素质，员工的技术素质，管理人员与员工的有效配合等都属于操作管理的风险。市场的风险是指项目投产后产出的产品的市场风险，市场可能发生较大的需求变化，价格变化或该类产品税收的变化等。(3) 外汇风险与政策风险。外汇风险在有外汇管制的国家和地区是非常敏感的，包括外汇政策的改变，限制本币与外币的自由兑换或兑换率的管制等。即便是没有外汇管制的国家和地区，外汇市场也有汇率的波动。国际投资者是用外币投资的，投入项目后变为本币，在项目形成生产能力后再转换为外币还给投资者或贷款银行。由于项目的周期长，投资者对货币兑换率的变化非常关注，外汇的风险也较大。

4. **答案**：国际借贷中的项目融资，即项目贷款，主要是指向特定的工程项目提供贷款、以项目的预期收益为偿还贷款的主要来源、以项目的资产包括各种项目合约上的权利为附随担保的一种国际中长期贷款形式。与一般的商业贷款相比，国际借贷中的项目融资主要具有以下区别：

(1) 国际项目贷款具有项目导向性，其贷款的发放是以项目为导向的。与一般商业贷款相比，其贷款的发放不是以借款人的资信或资产作为首要的考虑因素，而是以借款人所投资项目的资产价值和预期现金流量作为首要的考虑因素。而且，贷款人的贷款意图、贷款条件、融资结构设计等均以项目为导向。

(2) 国际项目贷款具有有限追索性，贷款人对借款人的追索范围仅限于项目的资产价值和现金流量，以及借款人依约承担的其他义务项下的财产。而一般的商业贷款则具有完全追索性，即贷款人可以要求借款人用其全部资产清偿债务。

（3）国际项目贷款的风险较大，因此，其信用结构也较为多样化，项目贷款一般都伴有一系列的信用支持，通过组织各项目利益方参与项目融资并提供各种担保，从而分散了项目风险。而一般的商业贷款通常不具备如此复杂的信用结构。

案例分析题

答案：本案中，双方争议的焦点涉及融资租赁合同的一个重要特征——不可解约性。融资租赁合同通常约定合同一经生效，承租人就不能单方面提出解除合同，这是因为：融资租赁的特性是融通资金，当承租人筹措资金添置设备时，出租人并不是直接向其提供贷款，而是根据企业的选择购入设备，出租给企业使用，以租赁物的形式达到融资的目的，可见，出租人的目的在于通过一次租赁收取全部租金以获利，而非通过收回租赁物件继续租赁或转卖以获利。并且，融资租赁中的租赁物是由承租人自己选择，专为承租人所需而购买的，一般不具有通用性，即使返还给出租人，也难以通过转售和出租租赁物获得预定的经济效益。因此，承租人不得中途退回租赁物件或要求出租人收回租赁物件以免除其支付剩余租金的义务，否则，一方面违反了融资租赁合同的本质与特征，另一方面也将给出租人造成重大损失。在本案中，租赁公司和工业和信息化局签订的融资租赁合同作了如下约定：如乙方不支付租金，甲方可要求即时付清租金的一部或全部，或径行终止合同，收回租赁物件。虽然双方当事人约定的合同里面显示出租人可选择要求承租人支付租金的一部或全部，也可选择终止合同收回租赁物件，但选择权在于出租人。本案中租赁公司的合同目的在于收取租金以获取利润，而收回租赁物件，显然不能达到其合同目的，基于法律保护当事人的合同利益，故应当尊重出租人为追求合同目的选择要求承租人支付租金。

综上所述，承租人不得在法定的租赁期限内退租，收回租赁物件不是租赁公司的法定义务，租赁公司有权选择要求承租人支付租金或收回租赁物件，故本案中租赁公司不应对未收回租赁物件承担责任。

第十七章 国际股票法律制度

单项选择题

答案：C。国际证券是在国际证券市场上发行并流通的、以某种可兑换货币为面值、证明或设立财产所有权的书面凭证。国际证券的流通场所有两种：有组织、有规模的买卖场所，即证券交易所；无组织的小规模交易市场，也称场外交易市场。

多项选择题

答案：ABC。国际证券的特征为：证券持有人享有证券项下财产的权利；在国际证券市场上发行并销售；转让无须经债务人同意。

名词解释

1. **答案**：股票本来是本土化的，但是本地的公司可以到境外发行与上市交易股票，或者海外股票市场允许任何外国机构投资者和个人投资者参与交易。这类股票同本地股票相比，有两点不同：第一，股票面值表示的货币大多数情况下不是本地货币。第二，股票交易不受本地法律管辖，而受境外市场地法律管辖。所以，将这种股票称为“国际股票”。
2. **答案**：注册制也称为申报制，是发行人在公开发行证券时，依法定要求将应公开的所有信息向证券主管机关申报注册，并对该信息的真实性、完整性承担法律责任的一种证券发行审核制度。按照这种制度，发行公司向证券主管机关申报并公开有关资料，经一段时间后主管机关未提出异议的，则可以发行证券而无须主管机关的批准。实行注册制的国家有英国等英美法系国家和日本等部分大陆法系国家。
3. **答案**：内幕交易行为五花八门，归纳起来主要有以下三类：（1）内幕人员利用内幕信息买卖证券；（2）内幕人员根据内幕信息建议他人买卖证券；（3）内幕人员向他人泄露内幕信息，使他人利用该信息买卖证券。
4. **答案**：国际股票收购是指一家公司用现金、债券或股票购买另一家公司的股票，以获得对该公司的实际控制权。股票收购是现代公司制度的产物，是公司扩大生产经营规模、获取新技术、开发新市场的重要手段，对促进资源优化配置起到重要作用。

第十八章　国际支付与结算法律制度

单项选择题

1. **答案**：C。托收，是指由收款人（出口方，债权人）向付款人（进口方，债务人）开立商业汇票，委托银行通过向付款人取得承兑并收取货款的一种结算方式。
2. **答案**：B。国际贸易如采用信用证方式支付货款，汇票上的付款人应该注明开证行名称。
3. **答案**：C。承兑，是指汇票的付款人承诺汇票到期时对汇票的票面金额予以付款，并在汇票的正面写“承兑”的行为。
4. **答案**：B。支票，是以银行为付款人的见票即付的汇票，支票实际上是一种特殊的汇票。
5. **答案**：B。远期汇票，是指付款人于将来一定日期或特定的日期付款的汇票。
6. **答案**：B。背书，是指持票人在汇票背面签名并将汇票转让给他人的行为。
7. **答案**：D。信用证，是指开证行依开证申请人的请求，开给受益人的一种保证银行在满足信用证要求的条件下承担付款责任的书面凭证。
8. **答案**：C。汇票的提示，是指持票人向付款人出示汇票并要求其承兑或付款的行为。
9. **答案**：B。本题涉及国际贸易中的相关概念。A 项肯定错误，C 项和 D 项顾名思义是于承兑之时即交单。
10. **答案**：C。保兑信用证，是指一家银行开立信用证，而由另一家银行加以保证付款的信用证。
11. **答案**：C。票汇，是指由进口方向本地银行购买银行汇票，自行寄给出口方，由出口方或其指定的持该银行汇票向出口地银行要求付款。
12. **答案**：A。采用信用证支付方式的前提条件是国际货物买卖合同的双方在买卖合同中明确规定采用信用证方式付款。
13. **答案**：C。托收方式中的委托人又称出票人，是开立汇票委托银行收款的债权人，在国际贸易中通常为卖方。
14. **答案**：D。信用证支付方式中的受益人在国际货物贸易中，通常是卖方。
15. **答案**：D。国际货物买卖中规定的支付货币必须是可以自由兑换的货币。
16. **答案**：B。本票又称期票，是指出票人签发的，承诺自己在见票时或某一确定的将来时间，无条件支付确定的金额给收款人或者持票人的票据。故 B 项正确。A 项错误，汇票，是指由出票人签发的，委托付款人在见票时或者在指定日期无条件支付确定的金额给收款人或者持票人的票据。C 项错误，支票是以银行为付款人的见票即付的书面凭证，从性质上讲，支票属于特殊的汇票。
17. **答案**：C。A 错，对于支票，因支票的收款人须到出票人的存款银行支取货款，而要一个身处异国的人来取款，是很困难的，因此支票在国际贸易支付中很少使用。C 对，在国际支付结算中，使用最为广泛的是汇票。BD 错误，本票和期票是同一概念，因本票的信用是建立在收款人对出票人信任的基础上，没有第三者的任何担保，因此，在国际贸易中，卖方为了避免商业风险，一般不接受本票。
18. **答案**：D。《国际汇票和国际本票公约》第 3 条要求汇票必须记载出票日期，但允许汇票采用“凭指示”（to order）或“来人式抬头”（to bearer）。
19. **答案**：A。国际贸易的支付方式主要包括汇付、银行托收和银行信用证。BD 错，信汇、票汇均属于汇付方式，是付款人直接付款，而不是委托银行代为向付款人收款的支付方式。A 对 C 错，托收和信用证支付方式属逆汇方式，即由卖方（债权人）通过银行主动向买方（债务人）索取款项。其中，使用最多的是银行信用证方式。

20. 答案：C。汇付一般涉及四个当事人，即汇出行、汇入行、汇款人和收款人。(1) 汇出行，一般是指接受汇款人申请，代其汇款的银行，汇出行一般是进口地银行。(2) 汇入行，也称解付行，一般是指接受汇出行委托，对收款人付款的银行，一般汇入行是出口地银行。(3) 汇款人，一般是指国际贸易中的买方，即进口方。(4) 收款人，一般是指国际贸易中的卖方，即出口方。

21. 答案：A。开证行与开证申请人之间的法律关系是以开证申请书及其他文件确定的委托合同关系。开证申请书中主要规定了开证银行应开立的信用证的具体内容，同时还规定了开证银行的权利和义务。开证银行对开证申请人的义务和责任主要为：①根据开证申请人的指示开证，即开出的信用证内容必须与开证申请书相符；②以合理的谨慎审核受益人提交的单据。银行审单的责任仅限于核对单据的表面符合信用证条款，对单据的格式、完整性、真实性、伪造或其法律效力以及单据所代表的货物的品质、数量、签发人的情况或清偿能力等一律不承担责任。

22. 答案：C。《最高人民法院关于审理信用证纠纷案件若干问题的规定》第8条规定："凡有下列情形之一的，应当认定存在信用证欺诈：(一) 受益人伪造单据或者提交记载内容虚假的单据；(二) 受益人恶意不交付货物或者交付的货物无价值；(三) 受益人和开证申请人或者其他第三方串通提交假单据，而没有真实的基础交易；(四) 其他进行信用证欺诈的情形。"第9条规定："开证申请人、开证行或者其他利害关系人发现有本规定第八条的情形，并认为将会给其造成难以弥补的损害时，可以向有管辖权的人民法院申请中止支付信用证项下的款项。"故B正确。第12条第1款规定："人民法院接受中止支付信用证项下款项申请后，必须在四十八小时内作出裁定；裁定中止支付的，应当立即开始执行。"故D正确。根据第11条第1款第2项规定，当事人在起诉前申请中止支付信用证项下款项，需提供证据材料证明存在本规定第8条的情形。故A正确。第10条规定："人民法院认定存在信用证欺诈的，应当裁定中止支付或者判决终止支付信用证项下款项，但有下列情形之一的除外：(一) 开证行的指定人、授权人已按照开证行的指令善意地进行了付款；(二) 开证行或者其指定人、授权人已对信用证项下票据善意地作出了承兑；(三) 保兑行善意地履行了付款义务；(四) 议付行善意地进行了议付。"故C错误。所以本题答案为C。

23. 答案：A。跟单信用证与光票信用证相对应。跟单信用证，是指凭跟单汇票或只凭单据付款的信用证。单据是指代表货物所有权或证明货物已经发运的单据。信用证有时规定卖方可不必开立汇票，银行可只凭单据付款。光票信用证，是指凭不附单据的汇票付款的信用证。光票信用证主要用于贸易从属费或非贸易结算。

24. 答案：A。备用信用证，又称保证信用证、履约信用证，是指开立备用信用证的银行向受益人担保，如申请人不履行债务，则由开证行给予补偿。备用信用证并不是一种支付方式，而是一种银行担保。

25. 答案：C。信用证欺诈产生的最主要原因是：信用证支付中银行责任的局限性，即银行只负责审查单据表面相符，不负责采取进一步的行动调查单据的真实性。

26. 答案：C。即期汇票，是指当持票人提示时或付款人见票时应立即付款的汇票。

27. 答案：A。根据《票据法》第17条第1款第3项规定，持票人对前手的追索权自被拒绝承兑或者被拒绝付款之日起6个月，而非拒绝证书作成之日。拒绝证书是证明持票人已经提示承兑或付款但被拒绝的书面文件。(《票据法》第62条)

28. 答案：B。选项A错误。《最高人民法院关于审理无正本提单交付货物案件适用法律若干问题的规定》第3条第1款规定，承运人因无正本提单交付货物造成正本提单持有人损失的，正本提单持有人可以要求承运人承担违约责任，或者承担侵权责任。据此可知，正本提单持有人可以要求承运人承担违约责任或者承担侵权责任。可见，具体法律适用，首先要看要求承运人承担何种责任，然后再进行确定。选项 B 正确，选项 CD 错误。《最高人民法院关于审理无正本提单交付货物案件适用法律若干问题的规定》第 6 条规定，承运人因无正本提单交付货物造成正本提单持有人损失的赔偿额，按照货物装船时的价值加运费和保险费计算。

29. 答案：B。选项 AC 错误。根据《最高人民法院关于审理信用证纠纷案件若干问题的规定》第 9 条规定，开证申请人、开证行或者其他利害关系人发现有本规定第 8 条的情形，并认为将会给其造成难以弥补的损害时，可以向有管辖权的人民法院申请中止支付信用证项下的款项。第 15 条规定，人民法院通过实体审理，认定构成信用证欺诈并且不存在本规定第 10 条的情形的，应当判决终止支付信用证项下的款项。所以，这两个选项表述都不完整。选项 B 正确。根据《最高人民法院关于审理信用证纠纷案件若干问题的规定》第 10 条规定，人民法院认定存在信用证欺诈的，应当裁定中止支付或者判决终止支付信用证项下款项，但有下列情形之一的除外：（1）开证行的指定人、授权人已按照开证行的指令善意地进行了付款；（2）开证行或者其指定人、授权人已对信用证项下票据善意地作出了承兑；（3）保兑行善意地履行了付款义务；（4）议付行善意地进行了议付。选项 D 错误。《跟单信用证统一惯例》没有规范担保问题。

30. 答案：C。《跟单信用证统一惯例》（UCP600）规定，其他指定银行承付或议付相符交单并将单据转往保兑行之后，保兑行即承担偿付该指定银行的责任。对承兑或延期付款信用证下相符交单金额的偿付应在到期日办理，无论指定银行是否在到期日之前预付或购买了单据。保兑行偿付指定银行的责任独立于保兑行对受益人的责任。因此，C 项正确。

31. 答案：D。根据《最高人民法院关于审理独立保函纠纷案件若干问题的规定》第 6 条规定，受益人提交的单据与独立保函条款之间、单据与单据之间表面相符，受益人请求开立人依据独立保函承担付款责任的，人民法院应予支持。开立人以基础交易关系或独立保函申请关系对付款义务提出抗辩的，人民法院不予支持，但有独立保函欺诈情形的除外。故 AB 项错误。独立保函是指银行或非银行金融机构作为开立人，以书面形式向受益人出具的，同意在受益人请求付款并提交符合保函要求的单据时，向其支付特定款项或在保函最高金额内付款的承诺。受益人提交的单据与独立保函条款之间、单据与单据之间表面相符，开立人应该付款。而独立保函的审单标准是表面相符标准，《最高人民法院关于审理独立保函纠纷案件若干问题的规定》第 7 条第 2 款规定，单据与独立保函条款之间、单据与单据之间表面上不完全一致，但并不导致相互之间产生歧义的，人民法院应当认定构成表面相符。据此，C 项错误。

多项选择题

1. 答案：ABD。国际借贷协议，是指跨越国境的当事人之间为借贷一定数额的货币而将相互之间的权利义务关系确认下来的书面文件。根据贷款方数量的不同，可以将国际借贷划分为：独家借贷协议和国际银团借贷协议。ABD 对，国际银团借贷协议则是指由数家国际性银行组成一个银行集团，按一定贷款条件向同一借款人提供贷款所签订的协议。其特征为：（1）提供贷款银行由两家以上组成，而借款人是共同的。两家以上国际商业性银行共同提供的贷款称“国际辛迪加贷款”。（2）国际银团贷款可以分散贷款风险。（3）利用国际银团贷款方式可以避开有关国家法律规定的某些借贷方面的限制。（4）国际银团贷款大多由一家或数家银行牵头，联合其他多家银行，按照共同的贷款条件向借款人提供贷款。C 错，独家借贷协议，是指由一家贷款方向借款人提供贷款所签订的协议。

2. 答案：CD。国际银团贷款的特点是：提供贷款银行由两家以上组成，而借款人是共同的；大多由一家或数家银行牵头，联合其他多家银行，按照共同的贷款条件向借款人提供贷款。

3. **答案**：ABD。世界银行的贷款对象限于成员国政府、政府机构及其能够获得政府及世界银行认可机构担保并有偿还能力的公私企业。

4. **答案**：ABCD。常见的政府借贷协议与普通国际商业借贷协议相比，其特点为：其贷款对象一般为能提供担保的公私企业；其贷款期限较长，一般为 10 年至 30 年；其对贷款用途控制严格，必须专款专用；争议解决以协商和仲裁方式为主，很少采用诉讼方式。

5. **答案**：AC。通知行，是指接受开证行的委托，向受益人通知信用证的银行。通常是受益人所在地的银行。通知行是开证银行的代理人，应合理谨慎地审查信用证的表面真实性，而无其他法律责任。

6. **答案**：BC。托收，是指由收款人向付款人开立商业汇票，委托银行通过向付款人取得承兑并收取货款的一种结算方式。从性质上讲，托收属于一种商业信用，银行所起的仅是一种代理收款作用，银行对付款人是否付款不承担责任。

7. **答案**：BCD。银行应对单据的真实性作形式上的审查。

8. **答案**：ACD。汇票的背书，是指持票人在汇票背面签名并将汇票转让给他人的行为。对于背书人来说，除限制性背书和免受追索背书外，合法有效的背书将使其成为票据的从债务人，须对包括被背书人在内的所有后手保证该汇票将得到承兑或付款。

9. **答案**：BCD。见票即付的汇票，属于即期汇票。

10. **答案**：BC。信用证欺诈例外原则在美国《统一商法典》中有涉及。

11. **答案**：BD。代收行向买方收款，而不是托收行。代收行与收款人之间没有直接的合同关系。

12. **答案**：BCD。托收行的义务之一就是收到的款项在扣除必要的手续费和其他费用后必须按照指示书的规定无迟延地解交本人。

13. **答案**：ACD。国际保理，又称保付代理或承购应收账款。它是指在国际贸易结算中用托收的承兑交单和付款交单等方式结算贷款时，保理商从出口商那里买了所有应收账款，并向客户提供资信调查、风险担保、催收追债、财务管理和融通资金等综合服务，其特点包括 ACD 三项，但 B 项错误。

14. **答案**：AD。在国际货物买卖中，买方及议付银行一般不愿意接受备运提单和不清洁提单。

15. **答案**：BC。付款人承兑远期汇票以后就成为汇票的主债务人，而出票人和背书人为从债务人；如承兑人到期不付款，持票人可以直接对其起诉

16. **答案**：BC。当开立的是可撤销的信用证时，开证行和受益人之间并不存在对双方有约束力的合同关系。

17. **答案**：AB。国际贸易中的支付工具主要是货币和票据。在国际贸易支付结算中常用的支付工具是票据。

18. **答案**：BD。银行对信用证负有审单的义务，审单时只需坚持单证相符、单单相符的原则即可。D 项实际上是信用证欺诈例外原则的表述，即在承认信用证独立于买卖合同原则的同时，也应当承认有例外情况。如果在银行对卖方提交的单据付款或承兑以前，发现或获得确凿证据，证明卖方确有欺诈行为，买方可请求法院向银行颁发禁止令，禁止银行付款。信用证欺诈例外原则首先是在美国法院的判例中提出来的。美国的《统一商法典》也有对信用证欺诈及补救办法的成文法规定。此外，在英国、加拿大、新加坡、法国等国的法院判例也表明承认信用证欺诈例外原则。

19. **答案**：ABD。根据受票人是否在见票时付款，可将汇票划分为即期汇票和远期汇票。即期汇票，是指当持票人提示时或付款人见票时应立即付款的汇票。远期汇票，是指付款人于将来一定日期或特定的日期付款的汇票。在远期汇票中，依汇票承兑人的不同又可分为银行承兑汇票和商业承兑汇票：银行承兑汇票，是指出票人以银行为付款人的远期汇票，经付款银行承兑后的汇票；商业承兑汇票，是指工商企业出票以另一工商企业为付款人的远期汇票，经付款人承兑后的

汇票。

20. 答案：AD。根据出票人的不同，可将汇票划分为银行汇票和商业汇票。银行汇票，是指由银行作为出票人的汇票。商业汇票，是指由工商企业或个人作为出票人的汇票。

21. 答案：BCD。汇票的基本当事人包括：出票人、付款人和受款人。出票人，是出具汇票并交付汇票的人，商业汇票的出票人通常是卖方。银行汇票的出票人是银行。付款人，又称为受票人，是指接受支付命令的人，商业汇票的受票人通常是买方或其指定银行，银行汇票的受票人通常是银行。受款人，又称为收款人，是指受领汇票金额的人，通常是卖方或其指定的人或任何持有票据的人。

22. 答案：ABD。依使用信用工具的不同，可将汇付划分为票汇、信汇、电汇。

23. 答案：BC。国际贸易的支付方式主要包括汇付、银行托收和银行信用证。（1）汇付，是一种顺汇方式，即由买方（债务人）将款项通过本国银行汇付给卖方（债权人）。（2）托收和信用证支付方式属逆汇方式，即由卖方（债权人）通过银行主动向买方（债务人）索取款项。其中，使用最多的是银行信用证方式。

24. 答案：ACD。ACD 对，信用证的当事人包括：开证申请人、开证行、通知行、受益人、付款行、议付行、保兑行。B 错，代收行属于托收的基本当事人。托收方式一般涉及四个当事人，即债权人（即托收业务中的委托人）、债务人（即付款人）、托收行（即债权人所在地银行）、代收行（即债务人所在地银行）。

25. 答案：AB。A 对，备用信用证是指开立备用信用证的银行向受益人担保，如申请人不履行债务，则由开证行给予补偿。备用信用证并不是一种支付方式，而是一种银行担保。开立备用信用证的银行向受益人担保，如申请人不履行债务，则由开证行给予补偿，即开证行成为开证申请人的担保人。B 对，预支信用证，是指授权开证行或保兑行或授权其他银行在受益人交单前可预支货款。可分为全部预支和部分预支两种。在这种信用证中，受益人日后能否按信用证交单、交货的风险及银行发生的利息或费用全部由申请人承担。C 错，对开信用证，是指交易双方同时作为买方和卖方相互为对方开出两张金额相等的信用证，两证可同时生效也可分别生效。该类信用证一般用于补偿贸易或来料加工的业务结算。D 错，依信用证兑现方式，信用证可分为付款信用证、承兑信用证和议付信用证。

26. 答案：ABCD。信用证欺诈的种类包括：开立假信用证；“软条款”信用证；伪造单据；以保函换取与信用证相符的单据。

27. 答案：ABCD。信用证中的“软条款”是指信用证中规定一些限制性条款，或信用证的条款不清，责任不明，使信用证的不可撤销性大大降低，因而对受益人非常不利。信用证中常见的“软条款”有：（1）信用证中载有暂不生效条款。例如，在信用证中注明“本证暂不生效，待进口许可证签发通期后生效”；或注明“等货物经开证人确认后再通知信用证方能生效”。（2）限制性付款条款。例如，在信用证中规定：“信用证项下的付款要在货物清关后才支付”“开证行须在货物经检验合格后方可支付”“在货物到达时没有接到海关禁止进口通知，开证行才付款”等。（3）加列各种限制。信用证中对受益人的交货和提交的各种单据附加各种限制，如“出口货须经开证申请人派员检验，合格后出具检验认可的证书”“货物样品先寄开证申请人认可”等。（4）对装运的限制。信用证中对受益人的交货装运附加各种限制，如“货物装运日期、装运港、目的港须待开证人同意，由开证行以修改书的形式另行通知”信用证规定禁止转船，但实际上装运港至目的港无直达船只等。

28. 答案：ABCD。《跟单信用证统一惯例》（UCP600）第 7 条规定：“开证行责任：a. 只要规定的单据提交给指定银行或开证方，并且构成相符交单，则开证行必须承付，如果信用证为以下情形之一：i. 信用证规定由开证行即期付款，延期付款或承兑；ii. 信用证规定由指定银行即期付款但其未付款；iii. 信用证规定由指定银行延期付款但其未承诺延期付款，或虽已承诺延期付款，但未在到期日付款；iv. 信用证规定由指定银行承兑，但其未承兑以其为付款人的汇票，或虽然承兑了汇票，但未在到期日付款；v. 信用证规定由指定银行议付但其未议付。b. 开证行自开立信用证之时起即不可撤销地承担承付责任。c. 指定银行承付或议付相符交单并将单据转给开证行之后，开证行即承担偿付该指定银行的责任。对承兑或延期付款信用证下相符交单金额的偿付应在到期日办理，无论指定银行是否在到期日之前预付或购买了单据，开证行偿付指定银行的责任独立于开证行对受益人的责任。"根据上述规定可知，本题的正确答案是 ABCD。

29. **答案**：ACD。UCP600 第 2 条规定，信用证是不可撤销的。所以 A 项正确。UCP600 关于议付的新的定义明确了议付是对票据及单据的一种买入行为，并明确是对受益人的融资，即预付或承诺预付。所以，B 项错误。对于单据处理天数的规定，UCP500 规定开证行、保兑行、指定行在收到单据后的处理时间为"合理时间，不超过收单翌日起第 7 个工作日"，UCP600 中改为"最多为收单翌日起第 5 个工作日"。所以 D 项正确。UCP600 第 16 条关于不符单据及不符点的放弃与通知规定，当开证行确定提示不符时，可以依据其独立的判断联系申请人放弃有关不符点。所以，C 项正确。

30. **答案**：BD。乙公司作为买方是开证申请人，不是信用证项下汇票上的付款人，A 选项错误。丙的保兑义务并不因开证行破产而免责，甲仍可向丙交单和要求付款。C 选项错误。

31. **答案**：AC。根据《联合国国际货物销售合同公约》，货物买卖中，卖方的基本义务是按照合同和公约的规定交付货物，移交一切与货物有关的单据，并移转货物的所有权。在甲公司自行改装一级红枣后，应及时通知乙公司，否则，要承担交货不符责任。所以，A 选项正确。要做到单证一致，银行必须合理小心地审核一切单据，保证受益人提交的单据的种类、内容和份数，甚至文字措辞等都必须与信用证的规定完全一致，即使实际装运的货物或者合同和确认函电内容与信用证规定矛盾，也必须以信用证为准，因此，如果银行议付的单据表面上与信用证相符而货物不符，因银行无从知悉故不承担任何责任；反之，实际货物无误而单据表面上与信用证规定不符，银行就需承担责任，开证申请人即可据此拒绝赎单付款。在通过信用证方式付款时，银行仅审查单据，并不看货物的真实等级。所以，B 选项错误。单证一致出口方所提供的所有单据要严格符合进口方开证银行所开信用证的要求，或者出口方制作和提供的所有与本项货物买卖有关的单据，与进口方申请开立的信用证对单据的要求完全吻合，没有矛盾。如果发票跟信用证不符，银行可以拒绝收单付款。所以，C 选项正确。银行本身对单据记载的发货人并不负有责任。所以，D 选项错误。

32. **答案**：ABCD。《最高人民法院关于审理信用证纠纷案件若干问题的规定》第 10 条规定，人民法院认定存在信用证欺诈的，应当裁定中止支付或者判决终止支付信用证项下款项，但有下列情形之一的除外：（1）开证行的指定人、授权人已按照开证行的指令善意地进行了付款；（2）开证行或者其指定人、授权人已对信用证项下票据善意地作出了承兑；（3）保兑行善意地履行了付款义务；（4）议付行善意地进行了议付。故选项 ABCD 正确。

33. **答案**：CD。"见索即付保函"指一旦主债务人违约，贷款人无须先向主债务人追索，即可无条件要求保证人承担第一偿付责任的保证。其特点是：（1）无条件性。担保人仅凭受益人提出的要求即应付款，只需符合合同约定的手续即可，而不问付款要求是否有合理依据。索赔提供的证明文件只有书面形式的要求，保证人无须核实借款是否违约。一旦借款人不履约，贷款人事先无须对借款人采取各种救济方法，便可直接要求保证人承担还款责任。所以，A 错误，D 正确。（2）单一性，指担保人所承担的只是付款义务，而非实际履行本应由借款人履行的义务。担保人的付款义务是独立的、非从属性的。所以，C 正确。（3）独立性，见索即付保证是独立的，即担保人所承担的义务独立于基础合同，担保人不得以基础合同的履行、修改或无效等对抗受益人。所以，B 错误。

34. **答案**：CD。所谓信用证“软条款”就是在信用证中列入一些限制信用证生效的条件、限制开证行付款的条件或卖方难以实现的装运限制等，目的是使开证行在“单证、单单表面相符”下也无法履行付款义务，最终由开证申请人控制整笔交易。信用证一经保兑，即意味着开证行和保兑行对受益人承担“单证、单单表面相符”的连带付款责任，增强了信用证的偿付效力，当然不属于软条款，A 项错误。要求受益人提交已装船提单属于信用证中对单据的正常要求，不属于软条款，B 项错误。C 项属于限制开证行付款的条件，D 项属于卖方难以实现的装运限制，CD 项共同的特点是使开证行在“单证、单单表面相符”下也无法履行付款义务，属于信用证“软条款”，CD 项正确。

35. **答案**：BCD。独立保函独立于基础交易关系，作为基础协议的天然气供应合同中的仲裁条款，不能约束独立保函纠纷的解决方式，A 项错误。保函本质上属于合同，合同纠纷由合同履行地或被告住所地法院管辖，中国银行为保函开立人，其住所地法院当然有权管辖保函履行纠纷，B 项正确。独立保函具有连带保证的性质，C 项正确。独立保函欺诈纠纷案件由被请求支付的独立保函开立人住所地或被告住所地人民法院管辖，D 项正确。

36. **答案**：BCD。FOB 贸易术语下货物风险自装运港装运上船时转移，本案货物发生损失时，风险已经转移至买方中国甲公司，故甲公司不得以货物灭失为由拒付货款。因此，A 项错误。委付即被保险人将推定全损的货物的权利转让给保险人，对于保险人来说可以接受委付，也可以不接受委付。因此，B 项正确。信用证下银行只承担单证、单单表面相符的责任，对单据没有实质审查的义务，故银行对单据的真伪概不负责。因此，C 项正确。信用证下的单据与信用证条款之间、单据与单据之间表面上不完全一致，但不导致相互之间产生歧义的，不应认定为不符点，仍可以认定为表面相符。因此，D 项正确。

37. **答案**：BD。ICSID 管辖权的条件之一是争端双方出具将争端提交 ICSID 解决的书面协议。但这种书面协议可以在争端后达成，也可在争端前达成。因此，A 项错误。ICSID 裁决具有终局性和约束力，不可上诉。因此，B 项正确。独立保函具有独立性、连带性和无条件性，在受益人提交符合独立保函要求的单据时，保函开立人即需付款，而不对违约进行实质审查。因此，C 项错误。独立保函纠纷的法律适用，首先应尊重当事双方的意思自治，无法协商一致的适用开立人经常居所地法律。中国某银行和甲国发包方在独立保函中约定了适用《见索即付保函统一规则》，在法律适用上则应尊重当事人的意思自治。因此，D 项正确。

不定项选择题

1. **答案**：D。信用证支付方式下，只要“单证相符”银行就应付款。

2. **答案**：A。保兑信用证，是指一家银行开立信用证，而由另一家银行加以保证付款的信用证。保兑行，指依开证行的请求对信用证保证兑付的银行。保兑行一般由出口人所在地的银行，且大多数由通知行负责保兑，但有时也可由其他银行保兑。经过保兑的信用证，开证行和保兑行共同对受益人承担付款责任。如果开证行倒闭，保兑行也应负兑付责任。保兑行所承担的责任相当于其本身开立信用证，不论开证行发生什么变故，保兑行都不能片面撤销其保兑。因此，本题中的甲公司应当直接向保兑行交单并请求付款。

3. **答案**：ABC。由于该信用证是不可撤销的信用证，在信用证的有效期内，不经开证行、保兑行和受益人的同意不得修改或撤销信用证。

4. **答案**：BCD。银行只负表面责任没错，但在该题中由于商检证书写明的船边测温日期与装船日期不符，所以，银行拒付货款有理。

5. **答案**：B。不可撤销信用证有如下特征：第一，有开证行确定的付款承诺。对于不可撤销跟单信用证而言，在其规定的单据全部提交给指定银行或开证行，符合信用证条款和条件时，即构成开证行按照信用证固定的时间付款的确定承诺。开证行确定的付款承诺是：（1）对即期付款的信用证——即期付款。（2）对延期付款的信用证——按信用证规定所确定的到期日付款。（3）对承兑信用证——①凡由开证行承兑者，承兑受益人出具的以开证行为付款人的汇票，并于到期日支付票款；②凡由另一受票银行承兑者，如信用证内规定的受票银行对以其为付款人的汇票不予承兑，应由开证行承兑并在到期日支付受益人出具的以开证行为付款人的汇票，或者如受票银行对汇票已承兑，但到期日不付，则开证行应予支付。（4）对议付信用证——根据受益人依照信用证出具的汇票及/或提交的单据向出票人或善意持票人履行付款，不得追索。第二，具有不可撤销性。这是指自开立信用证之日起，开证行就受到其条款和承诺的约束。如遇要撤销或修改，在受益人向通知修改的银行表示接受该修改之前，原信用证的条款对受益人依然有效。当然，在征得开证行、保兑行和信用证受益人同意的情况下，即使是不可撤销信用证也是可以撤销和修改的。所以，丙银行只需根据不可撤销信用证进行付款，不用管甲公司是否接受不符点，不是必须承担付款责任，A选项错误。信用证欺诈中的一种情况是受益人欺诈，指受益人或他人以受益人身份，用伪造的单据或具有欺骗性陈述的单据欺骗开证行和开证申请人，以获取信用证项下的银行付款。乙公司就是利用欺骗性陈述欺骗丙银行和甲公司，构成信用证欺诈的，所以，B选项正确，C选项错误。丙银行发现单证不符，可以拒绝付款，不需联系甲公司征询其是否接受不符点，所以，D选项错误。

名词解释

1. **答案**：本票是指由出票人签发的，承诺自己在见票时无条件支付确定金额给收款人或者持票人的票据。

2. **答案**：汇付是指国际贸易的买方按照贸易合同约定的金额和时间，将货款通过银行汇给卖方的付款方式。

3. **答案**：跟单托收是指卖方将汇票附上提单、保险单、发票等转运单据一并交给银行，委托银行向买方收取货款。由于附了有关物权单据，使得汇票具有了较强的信用作用和流通作用，所以，在国际贸易中使用较普遍。

4. **答案**：远期付款交单是由卖方开出远期汇票，通过银行向买方作承兑提示，买方见票后仅需承兑该汇票，汇票到期后，买方再向代收银行支付货款，然后才能取得货物单据。

5. **答案**：涉外票据是指出票、背书、承兑、保证、付款等行为中，既有发生在我国境内的票据，又有发生在我国境外的票据。

6. **答案**：信用证是指由一家银行依照客户要求和指示或以自身名义，在符合信用证条款的情况下，凭规定单据由自己或授权另一家银行向第三者或其指定人付款或承兑并支付受益人出具的汇票。

简答题

1. **答案**：（1）信用证的一项重要的原则就是单证一致的原则。这在《跟单信用证统一惯例》中得到了明确的体现。单证一致是指，受益人提交的单据必须在表面上符合信用证的规定。单据之间应当互相一致，否则银行有权拒绝接受受益人提交的单据，并且拒绝付款、承兑或者议付。付款、承兑或者议付银行不得接受单证之间、单单之间不符的单据，否则开证银行有权拒绝偿付上述银行。如果开证行接受不符的单据，开证申请人有权拒绝补偿开证行。如果受益人或者付款、承兑、议付行提供的单据符合信用证的规定，那么银行无权拒绝付款、承兑、议付，开证行无权拒绝偿付付款行、承兑行或者议付行。

（2）根据国际惯例，单证一致是非常严

格的，单据必须在一切方面都要符合信用证的要求，如单据的种类、份数、对货物的描述等。稍有差异，单据就有可能被开证申请人、开证行或者付款行、议付行拒绝。银行之所以在信用证交易中坚持单证一致的原则，第一是因为违反这个原则将给银行，特别是开证行带来严重的后果，在行市下跌、质量不符合买卖规定、交货延迟或者其他情况中，买方往往以单证不符合为由拒绝付款赎单从而使开证行受到损失；第二是通过信用证方式付款的买卖合同成千上万，从事的交易种类繁多，银行从事的是金融业务，对买卖和其他交易的习惯、术语等所知无几，如果买方在开证指示中要求单据必须载明什么内容，银行并不知道这些内容对买方的重要性或者实际意义、含义，所以，银行不应当自作主张允许单证不符合或者有所不符。

2. 答案：票据是出票人依法签发的由自己或指示他人无条件支付一定金额给收款人或持票人的有价证券，即某些可以代替现金流通的有价证券。在国际贸易结算业务中，通常都是使用某种票据（主要是汇票）作为支付工具，通过银行进行非现金结算。票据的法律特性如下：（1）票据的流通性。票据是流通证券，票据可以通过交付或背书转让。票据上的权利是一种债权，但其转让与民法上的债权转让不同，票据具有较强的流通性，票据的转让属于商法上的转让。票据的流通性主要表现在：其一，票据可以自由转让，让与人或受让人不必通知债务人就可以使受让人以自己的名义对债务人行使权利。而民法上的债权虽然一般也可转让，但以通知债务人为转让生效的条件。其二，票据一经转让，正当的受让人即享有优于前手的权利，而民法上的受让人则不受此种保护，合同的无效会导致受让人合同权利的无效或终止。（2）票据的无因性。票据是无因证券。票据是出票人作出的支付命令或承诺。所谓无因，是指在非基本法律关系的票据当事人之间，其权利义务关系不受基本法律关系的影响，基本法律关系的履行情况不影响票据的权利义务关系，票据关系完全以票据上的文字记载为准，票据的善意受让人不必证明其取得票据的原因即可主张票据上的权利。（3）票据的要式性。要式指票据必须以书面作成，票据必须以法律规定的格式作成才能生效。因为票据作为一种流通证券，其权利和义务完全依票据上的文义来确定，如票据上的记载事项不符合法律的规定，则当事人的权利义务就难以确定，票据的流通性也会因而受到影响。

3. 答案：本票与汇票的区别主要包括：（1）本票是无条件的支付承诺；而汇票是无条件的支付命令。（2）本票的票面有两方当事人，即出票人和收款人；而汇票有三方当事人，即出票人、付款人和收款人。（3）本票的出票人即付款人，远期本票无须办理提示承兑手续；而远期汇票则要办理承兑手续。（4）本票在任何情况下，出票人都是主债务人；而汇票在承兑前，出票人是主债务人，在承兑后，承兑人是主债务人。

4. 答案：（1）备用信用证是一种保证方式，而跟单信用证是一种支付方式。

（2）备用信用证的开证人不限于银行，还包括非银行金融机构，而跟单信用证的开证人必须是银行。

（3）在跟单信用证情况下，银行持有的单据构成了其付款受偿的担保，而备用信用证的开证人不一定享有受偿担保。

（4）跟单信用证必须跟有与货物有关的单据，而备用信用证则不一定需要。

5. 答案：票据的签发和背书都不可以附条件。票据行为具有要式性、无因性、文义性和独立性的特点。要式性主要体现在以下几个方面：

（1）行为人必须在票据文本上相应的栏目中签章。

（2）行为人意思表示须以书面方式表达于票据上。

（3）行为人意思表示内容的严格格式化要求。根据各国票据法的规定，票据欠缺绝对必要事项，票据无效；缺乏相对必要事项的，法律推定其应记载事项的内容；记载票据法规定以外的非有害记载事项的，不影响票据效力，也不具有票据效力；记载有害记载事项，会导致所记载事项的无效。

论述题

答案：(1) 信用证是指银行根据进口人（买方）的请求开给出口人的一种保证承担付款责任的书面凭证。在信用证内，银行授权出口人在符合信用证规定的条件下，以该行或者指定的银行为付款人，开具不超过规定金额的汇票，并且随附信用证规定的装运单据，按时在指定的地点收取货款。

(2) 信用证的作用：第一，担保付款。由于一国的卖方不了解另一国买方的信用和支付能力，只有在先付货款，或者有银行信用证担保的条件下才会发货。第二，融资作用。卖方在信用证到期前急需用款的时候，可以将该信用证质押从第三人处（或者银行）取得货款。买方也可以申请银行垫付货款。第三，便利作用。双方的资信调查、担保登记或者质押办理、付款的安排等被信用证简化了。

案例分析题

1. **答案**：本案是信用证方式付款，其特点是只要单单相符、单证相符银行即应付款。而本案承运人明知货物表面有瑕疵还接受托运人的保函签发清洁提单，这属于托运人和承运人对收货人的欺诈行为。既然收货人已知此事，就应争取采用信用证欺诈例外原则，收货人应收集确凿证据，证明卖方及承运人确有欺诈行为，并可请求法院向银行颁发禁止令，禁止银行付款。

2. **答案**：(1) 可以适用。本案属于《联合国国际货物销售合同公约》的适用范围。

(2) 合同于 2010 年 3 月 17 日成立。根据公约的规定，合同于发价的接受生效时订立，买方 3 月 15 日承诺，卖方 3 月 17 日收到，此时合同成立。

(3) 根据 FOB 条款，卖方中国出口公司无义务办理运输保险，也无义务承担保险费。

(4) 根据 FOB 条款，卖方中国出口公司承担货物灭失或损害的一切风险，直至货物在指定装运港装上船时止。

(5) 某国商贸公司无权要求中国出口公司赔偿货物损失。

(6) 出口公司无权向承运人发出指示，要求将货物运回交给其他收货人。

(7) 中国出口公司为受益人。

3. **答案**：(1) 甲公司提交的单据与信用证规定是相符的。丙银行认为甲公司提交的单据存在不符点的理由是不成立的，因为：信用证规定将货物以多式联运方式运输，甲公司将货物以多式联运方式运出，并由当地外运公司签发了陆海联运提单，由于是陆海联运，提单上就不可能显示“已装船”字样，也是不允许有此字样，如有此样就违反信用证的规定。装运标志上标示的是整批货物的总数量而不是每一纸箱中的数量，这也不违反信用证的规定，因为信用证对装运标志没有特殊要求，提单装运标志上没有必要一定要标示每一纸箱中的数量。

丙银行应该付款。因为丙银行是信用证的开证行，并且甲公司提交的单据与信用证规定完全相符，根据《跟单信用证统一惯例》的规定，开证行在受益人提交的单据与信用证规定一致的情况下，应该付款。本案中甲公司提交的单据符合这些规定，因此，丙银行作为开证行必须付款。

(2) 丁银行作为保兑行应该承担首先付款或承兑和付款的责任。因为丁银行是保兑行，保兑行是在开证行开出的不可撤销的信用证上加上自己保证兑付的责任的银行。信用证一经保兑，保兑行则取代开证行承担首先付款或承兑和付款的责任；保兑行对信用证独立负责，即使开证行倒闭或拒付，保兑行也无权向出口商追索票款。在本案中，丙银行开出的是不可撤销即期信用证，并且甲公司提交的单据与信用证规定内容一致。在此种情况下，丁银行作为保兑行应该向甲公司承兑付款，即使丙银行拒付，丁银行也应该履行付款的责任。

第十九章 国际金融监管

单项选择题

答案：C。巴塞尔委员会是目前国际上协调各国银行管制活动的最主要机构。

名词解释

1. **答案**：国际银行贷款业务中的“大额贷款”是指贷款给同一借款人（单一借款人或关联借款人）的贷款数额接近银行资本一定比例限制的贷款。明确银行能够承受利率风险的程度。相对应的具体措施是要建立衡量利率风险的标准、风险限额标准、风险测试标准和风险预报制度等。

2. **答案**：1997 年 9 月，巴塞尔委员会与国际货币基金组织以及世界银行联合在中国香港特别行政区召开会议，巴塞尔委员会公布了一份新的文件《有效银行监管的核心原则》，简称为“核心原则”。这份文件包括一份正文《有效银行监管的核心原则》和两个附件。附件一是《政府所有银行的特殊问题》，附件二是《存款保护》。这个文件的制定过程，不但有经济合作与发展组织国家，还有包括我国在内的发展中国家的参与。所以，同资本充足率文件相比，这个文件更具有国际普遍接受的意义。

3. **答案**：所谓“保护投资者”，就是要使投资者避免因为误导、操纵市场或内幕交易、挪用客户资金等违法行为遭受损失。在证券市场上，保护投资者最关键的是上市公司完全披露影响投资者投资决定的重要信息。这样，投资者会有效保护自己。披露的标准应该具备统一的会计和审计制度，达到国际认可的水平。市场中介机构也要达到统一的水平。投资者应该有权依靠法院取得联系，对损害投资者造成的损失要求补偿。

4. **答案**：发行人是市场上的重要角色，对发行人的监管应该是：全面、准确、及时地披露发行人对于投资者决策有重大影响的财务报告和其他信息；发行人公司的证券持有人应享有公平、平等的待遇；发行人的会计和审计标准应确保高质量，并且得到国际的认可。

5. **答案**：二级市场是证券交易的场所，该市场的交易系统的建立应获得监管机构的批准与监管；对交易所及交易系统进行持续监管，目的在于通过公平、公正的规则建立不同的市场参与者需求的适当平衡，并确保交易的健全；监管应促进交易的透明度，监管者应察觉、阻止操纵市场及其他违反公平交易的行为；监管者应着眼于确保妥善控制大额风险、违规风险和市场崩溃；证券交易的清算、结算系统应接受监管机构的监管，该系统的设计应确保其公平、有效并且减少系统风险。

6. **答案**：如果成员国的外汇融资合同违反了按《国际货币基金协定》施行的外汇管理规定，就不能在任何成员国强制执行。不能强制执行的含义有两个方面：一方面，任何成员国的法院不能强制执行，但是该合同对当事人有道义上的约束力。另一方面，该合同无效。大陆法系的国家法院认为合同不能被强制执行，就意味着该合同无效，可见此观点属于后一种解释。但是，英美法系的国家法院认为，合同的各个条款是可以分割的，当合同的一个条款无效时，去掉该条款后，合同的其他条款仍然有效，这种观点属于前一种解释。

7. **答案**：骗汇行为是指：①使用伪造、变造的海关签发的报关单、进口证明、外汇管理部门核准文件等凭证和单据的行为；②重复使用海关签发的报关单、进口证明、外汇管理部门核准文件等凭证和单据的行为；③以其他方式骗汇，认定是骗购外汇行为的。

简答题

答案：《国际货币基金协定》第8条规定：(1) 未经基金组织同意，不得限制经常性交易的支付；(2) 未经基金组织核准，不得实行歧视性的复汇率制度等措施；(3) 对各成员国因经常性交易所持有的其他成员国的货币，该货币发行国应以特别提款权或持有国的货币给予兑换。

成员国履行上述第8条义务后，就成为"第8条会员国"，其货币即被基金组织承认为"可自由兑换货币"，可用于偿还基金组织向其提供的贷款。

论述题

1. 答案：(1) 经常项目下外汇管理。经常项目是指国际收支中经常发生的交易项目，包括国际贸易收支、劳务收支、单方面转移等。根据《外汇管理条例》规定：第一，经常项目外汇收支应当具有真实、合法的交易基础。经营结汇、售汇业务的金融机构应当对交易单证的真实性及其与外汇收支的一致性进行合理审查。外汇管理机关有权对前款规定事项进行监督检查。第二，经常项目外汇收入，可以保留或者卖给经营结汇、售汇业务的金融机构。第三，经常项目外汇支出，应当凭有效单证以自有外汇支付或者向经营结汇、售汇业务的金融机构购汇支付。

(2) 资本项目下外汇管理。资本项目是指国际收支中因为资本输出和输入而产生的资产与负债的增减项目，包括直接投资、各类贷款、债券投资等。第一，境外机构、境外个人在境内直接投资，从事有价证券或者衍生产品发行、交易，经有关主管部门批准后，应当到外汇管理机关办理登记。第二，国家对外债实行规模管理。借用外债应当按照国家有关规定办理，并到外汇管理机关办理外债登记。国务院外汇管理部门负责全国的外债统计与监测，并定期公布外债情况。第三，资本项目外汇收入保留或者卖给经营结汇、售汇业务的金融机构，应当经外汇管理机关批准，但国家规定无须批准的除外。第四，资本项目外汇支出，应当按照国务院外汇管理部门关于付汇与购汇的管理规定，凭有效单证以自有外汇支付或者向经营结汇、售汇业务的金融机构购汇支付。国家规定应当经外汇管理机关批准的，应当在外汇支付前办理批准手续。依法终止的外商投资企业，按照国家有关规定进行清算、纳税后，属于外方投资者所有的人民币，可以向经营结汇、售汇业务的金融机构购汇汇出。第五，资本项目外汇及结汇资金，应当按照有关主管部门及外汇管理机关批准的用途使用。外汇管理机关有权对资本项目外汇及结汇资金使用和账户变动情况进行监督检查。

2. 答案：东道国对外资银行监管的主要内容包括：

(1) 进入管制，包括是否允许设立外国银行机构，如果允许，何种形式的银行机构可以存在，进入需满足哪些条件等。具体来说，各国主要是从进入的形式和进入的条件上作出规定。在进入的形式上，绝大多数国家允许跨国银行在本国开展业务活动，但进入形式的宽严程度各国有所不同。关于进入的条件，各国一般规定，外资银行进入本国必须符合一定的条件，如已在东道国设立代表处达一定年限，拥有足够的资产，能有效开展业务，具有经营国际银行业务的经验，有一定的合格的专门管理人员等。

(2) 业务经营，包括经营的网点和经营的业务范围。对经营的网点作一定的限制，主要是为了避免外资银行的进入对国内金融业冲击过大。这种限制既包括对开设分支机构数量的限制，也包括对营业区域的限制。关于经营的业务范围，外资银行相对于国内银行而言，一是集中于银行同业拆借市场；二是集中于批发性业务而较少涉及零售性银行业务。除此以外，不同的国家对外资银行业务管制的宽严程度不一。

(3) 资本充足性管制，银行资本是否充足，是衡量银行经营是否稳健的重要标志。通过规定资本与资产或负债保持一定的比率，可以限制银行的业务规模，如果这一比率过低，银行就应增加资本或减少业务。1992年以后，各国大多按1988年《巴塞尔协议》的要求，把银行资本对加权风险资产的比率保持在8%及以上。

（4）风险管理，为避免外资银行在本国经营不善而破产倒闭或面临更大风险以致引起不良反应，发达国家对外资银行都进行预防性和保护性的风险管理，一般包括以下内容：资产流动性要求；单一贷款规则；存款保险制度；最后贷款人的应急措施等。

第二十章　国际税法概述

单项选择题

答案：C。国际税收法律关系的客体是纳税人的跨国所得。

多项选择题

1. **答案**：BCD。国际税法的法律渊源目前包括国际税收双边条约、国际税收多边条约、各国涉外税收立法。
2. **答案**：AC。国际税法的调整范围包括国家与国家之间的税收关系、国家与跨国纳税人之间的税收关系。

不定项选择题

答案：BCDE。国际税收协定，是指两个或两个以上的主权国家或地区，为了协调相互之间的税收分配关系，本着对等的原则，在有关税收事务方面通过谈判所签订的一种书面协议。所以，A为错误选项。

名词解释

1. **答案**：国际税法是适用于调整在跨国征税对象（即跨国所得和跨国财产价值）上存在的国际税收分配关系的各种法律规范的总称。与国际经济的其他分支部门一样，国际税法也是一个由有关的国内法和国际法规范共同组成的综合性的法律体系。
2. **答案**：国际税收关系是两个或两个以上的主权国家与纳税人相互间在跨国征税对象上产生的经济权益分配关系，是有关国家之间的财权利益分配关系和它们各自与纳税人之间的税收征纳关系的统一体。

简答题

答案：（1）在商品课税领域，增值税和消费税的国际协调将逐步取代关税的国际协调成为商品课税国际协调的核心内容；（2）在所得税领域，国与国之间的税收竞争将更为激烈，为了防止“财政降格或公司所得税税率一降到底”的情况发生，国际社会有必要对各国资本所得的课税制度进行协调；（3）随着地区性国际经济一体化的不断发展，区域性的国际税收协调将会有更广阔的前景；（4）各国之间将加强税收征管方面的国际合作，共同应对跨国纳税人的避税偷税行为；（5）随着电子商务的发展，国际税收领域将出现许多新的课题，亟待各国政府和国际社会解决。

论述题

答案：与国内税收关系相比，国际税法所调整的国际税收关系具有如下特点：①就税收关系的主体而言，国际税收关系中的征税主体是两个或两个以上的国家，它们均有权对纳税人的跨国征税对象课税。与作为国内税收关系的征税主体的国家只享有征税权不负担义务不同，作为国际税收关系中征税主体的国家享有征税权利的同时也负有相应的义务。国际税收关系中的纳税主体往往要就同一笔跨国征税对象向两个或两个以上的国家纳税，而国内税收关系中的纳税主体仅向一个国家纳税。②就税收关系的客体而言，国际税收关系的客体是纳税人的跨国所得或跨国财产价值，通常是受两个以上国家税收管辖权支配。而国内税收关系中的征税对象，则完全地处于一国税收管辖权范围内。③就税收关系的内容而言，国际税收关系是国家间的税收利益分配关系和国家与跨国纳税人间的税收征纳关系的总和，主体之间的权利义务并非仅具有国内税收关系中强制、无偿的特点，还有对等互惠的内容。

第二十一章　税收管辖权与所得税法律制度

单项选择题

1. **答案**：D。AB 错，来源地税收管辖权，也称地域税收管辖权，是指征税国对跨国纳税人在其国境内的所得行使征税的权力，是属地原则在国际税法上的体现。C 错，国家税收管辖权是指国家在主权范围内对一定的人和一定的对象行使的征税权力。D 对，居民税收管辖权是根据属人原则确立的管辖权，是指一国对其本国居民在世界范围内的所得进行征税的权力。
2. **答案**：C。《企业所得税法》第 2 条规定，判定居民企业的标准为“注册地+实际管理机构所在地”，而不是“法人总机构所在地”。
3. **答案**：D。自然人居民身份的一般判定标准包括住所标准、时间标准、意愿标准。
4. **答案**：C。CRS 要求金融机构向所在国的税务管理机构收集上报非税收居民（non-residents）或非税收居民控制的金融账户信息。确定信息是否需要交换取决于账户持有人及受益人是哪国的税收居民，而税收居民身份不取决于国籍，每个国家对于自己国家的税收居民都有严格的界定，A 项说法错误。CRS 要求申报的内容是非居民金融账户中的金融资产，包括存款账户、托管账户、某些投资实体中的股权权益或债权权益、具有现金价值的保险合同和年金合同。但不包括不产生现金流的资产，如不动产、艺术品、珠宝、贵金属等，B 项说法错误，C 项说法正确。已有的个人账户，无论金额多少均在情报交换的范围内。已有的公司账户，金额在 25 万美元以下的可以不在情报交换的范围之内。对于新开设的个人或者公司账户，无论金额多少均需进行情报交换，D 项说法错误。

多项选择题

1. **答案**：AB。一国税收管辖权由居民税收管辖权和来源地税收管辖权两部分组成。
2. **答案**：ABCD。非居民在收入来源国的所得一般包括营业所得、投资所得、个人劳务所得和财产所得。
3. **答案**：CD。根据我国《个人所得税法》规定，我国自然人纳税居民身份兼采住所和居留时间标准，王某定居在我国为我国纳税居民。根据 CRS 标准的税收情报交换以纳税居民而非国籍为识别依据，故 A 项错误。根据 CRS 标准交换税收情报是自动进行的，无须经申请，B 项错误。根据 CRS 标准交换的金融账户信息是指广义的金融账户，包括银行、信托、券商、提供各种金融投资产品的投资实体、特定的保险机构的账户等，C 项正确。根据 CRS 标准交换的仅为金融账户信息，不包括投资海外房地产、艺术品、珠宝等信息，D 项正确。

名词解释

1. **答案**：税收来源地管辖权是指征税国基于作为课税对象的所得或财产来源于或存在于本国境内而主张行使的征税权。它是属地原则在国际税法上的体现，它以征税对象的非居民所得来源于征税国领土作为连接因素。各国税法对各类所得的来源地识别通常采用的认定标准如下：营业所得来源地的确认标准、劳务所得来源地的确定标准、投资所得来源地的确定标准、财产收益来源地的确定标准。
2. **答案**：居民税收管辖权是征税国基于纳税人与征税国存在居民身份关系的法律事实而主张行使的征税权。这种居民身份关系事实，是指征税国税法上规定的居民纳税人身份构成标准要件。符合税法规定的居民身份构成条件的人（包括自然人和企业法人），即属于该征税国税法意义上的居民纳税人；而这个征税国也相应地被称作该纳税人的居住国。凡不具备某个征税国税法规定的居民身份构成条件的人，则为该征税国税法意义上的非居民；而这个征税国相对于非居民而言则是他的非居住国。由于居民纳税人与居住国存在居民身份这样的人身隶属关系，居住国政府基于主权的属人性，可以主张对居民纳税人来源于或存在于居住国境内和境外的各种所得或财产价值征收所得税或一般财产税。因此，在征税国的居民税收管辖权下，纳税人承担的是无限纳税义务，即纳税人不仅要就来源于或存在于居住国境内的所得和财产承担纳税义务，而且还要就来源于或存在于居住国境外的所得和财产向居住国履行有关所得税或财产税的纳税义务。

3. **答案**：个人所得税是以自然人的各种所得或收益为课税对象的一种税收，在实行所得税的各国，它都是一种主要的所得税种。
4. **答案**：企业所得税，在许多国家被称为公司所得税，是以公司或企业组织为纳税人，对其在一定期间的所得课征的一种税收。

简答题

答案：对于法人居民身份的确定，各国税法实践中主要采用的标准有以下三种：（1）法人登记注册地标准。即依法人在何国注册成立来判断法人纳税居民的身份。也就是说，按照本国的法律在本国成立的法人，就是本国的法人居民。（2）实际控制和管理中心所在地标准。按照这一标准，法人的实际管理和控制中心处在哪一国，便为该国的居民纳税人。而所谓法人的实际控制和管理中心所在地，指的是作出和形成法人的经营管理重要决定和决策的地点，通常就是董事会或股东会经常召集开会的地点。英国、印度、新西兰等国，都采用这种标准。（3）总机构所在地标准。按此标准，法人的居民身份决定于它的总机构所在地，而所谓总机构，一般是指负责管理和控制法人的日常经营业务活动的中心机构，如总公司、总部经理或主要事务所等。

论述题

1. **答案**：（1）个人所得税的税基，从广义上讲包括三个层次：①经济税基。在所得税中是指国民经济所得，也可称为税本。②课税所得范围意义上的税基。它是由立法从国民所得项目中经选择而定，可采取税目正列举法或反列举法。③应纳税所得额意义上的税基。它是按照税法对应项目汇总的毛所得进行各种扣除、豁免后确定的计税依据。

   （2）扩大税基，实际上就是开辟新税源，从而增加财政收入。这是 20 世纪 80 年代以来各国所得税制改革中所普遍采用的一项重要措施，特别是在降低税率导致税收收入减少的情况下，这些措施的重要性更加明显。拓宽税基应成为个人所得税税基改革的基本要求。各国的改革实践表明，“简税制、宽税基、低税率”是个人所得税发展的国际趋势。
2. **答案**：在各国税法实践中，关于自然人的居民身份的确认，采用的标准主要有以下几种：①住所标准，即以自然人在征税国境内是否拥有住所这一法律事实，决定其居民或非居民纳税人的身份，采用这种标准的主要有中国、日本、法国等；②居所标准，即以自然人在征税国是否有经常居住场所这一法律事实，决定其居民或非居民纳税人的身份，采用这一标准的主要有英国、加拿大、澳大利亚等国；③居住时间标准，即以自然人在征税国境内居留是否达到和超过一定期限，作为划分其居民或非居民的标准，采用这种标准的国家很多，但不同的国家税法上对居住期限的规定很不一致。

第二十二章 国际重复征税与国际税法协定

单项选择题

1. **答案**：B。国际重复征税与国际重叠征税的区别主要体现在纳税主体不同：（1）国际重复征税，是指两个或两个以上国家对同一跨国纳税人就同一征税对象在同一时期同时课税。国际税法上所说的国际双重征税一般是指国际重复征税。（2）国际重叠征税，是指对两个不同的纳税人就同一项所得或财产征收两次或两次以上的税收的现象。
2. **答案**：D。AB错，国际逃税是指跨国纳税人故意违反国家税法和国际税收协定的规定，采取各种隐蔽的非法手段，以减少本应承担的国际纳税义务的行为。国际避税是指跨国纳税人利用各国税法上的差别或漏洞，采取变更经营地点或经营方式等各种公开的合法手段，以减轻或不承担国际纳税义务的行为。从性质上讲，国际逃税行为是非法行为，而国际避税则是一种不道德行为，并不违反法律。C错D对，国际重复征税和国际重叠征税的区别主要在于：国际重叠征税是在不同纳税人手中各征一次税，而国际重复征税是对同一纳税人征多次税。
3. **答案**：C。本题考查国际重复征税的原因。导致国际重复征税普遍存在的最主要的原因是居民税收管辖权和来源地税收管辖权之间的冲突。

多项选择题

答案：ABD。国际税收协定不能干预有关国家自主制定或调整、修改税法，C项错误。

名词解释

1. **答案**：国际重复征税是指有关国家所主张的税收管辖权在纳税人的跨国所得或财产价值上发生重叠冲突而导致两国或者两个以上的国家就同一征税对象或同一税源在同一期间内征收相同或者类似性质的税收。国际重复征税，包括法律意义的国际重复征税和经济意义的国际重复征税。前者是指两个或者两个以上的国家对同一纳税人就同一征税对象在同一时期内征收相同或者类似性质的税收。后者又称国际重叠征税或者国际双层征税，是指两个或者两个以上的国家对不同的纳税人就同一征税对象或同一税源在同一期间内征收相同或者类似性质的税收。
2. **答案**：从广义上讲，国际税收协定是有关主权国家之间签订的旨在协调彼此间税收权益分配关系和实现国际税务行政协助的书面协议。按签订和参加协定的国家数量，国际税收协定可分为双边税收协定和多边税收协定；按协定适用的税种的不同，则有关税协定、增值税协定、所得税协定和财产税协定等种类的区别；根据协定涉及的内容范围的大小，国际税收协定又可分为一般或综合性税收协定和特别或专项性税收协定。专项性税收协定通常是缔约国双方为协调处理某特定项目的税收分配关系或税务事项所签订的协定，如两国间签订的关于互免海运或空运企业运输收入税收的协定、关于税务情报交换方面的协定等。综合性税收协定则是指缔约各方签订的广泛协调各种所得税和财产税的权益分配关系和有关税务合作事项的协定。如各国间普遍签订的双边性的关于避免对所得和财产的双重征税协定（简称双重征税协定）。

简答题

1. **答案**：（1）产生原因不同。前者是由于国家间税收管辖权冲突。后者产生的前提条件有二：一是跨国所得的存在；二是公司所在国和股东所在国分别依据各自所得税法进行征税。

　　（2）后果和影响不同。前者违背了税负

公平原则，造成国家对外经济政策的非正常实施，为国际避税和逃税敞开了方便之门，对国际经济的发展负面影响很大。后者影响相对小一些，加重了投资者的负担，不利于国际投资。

（3）避免方法不同，前者的国内法方法有免税方法、扣除方法、抵免方法等；国际上的方法也是最有效、最方便的方法是通过国家间的税收协定加以解决。避免国际重叠征税可由股息收入国和股息付出国分别采取若干方法。股息收入国的方法主要有三种，对来自国外的股息减免所得税、准许母子公司合并报税和间接抵免。股息付出公司所在国的方法有双税率制和折算制。

2. **答案**：1963 年经合组织下设的国际税务委员会起草了《关于对所得和财产避免双重征税协定范本》，1977 年联合国拟定了《发达国家与发展中国家关于双重征税的协定范本》，这两个范本标志着双重税收协定的发展开始进入模式化阶段，推动双重征税协定的规范化和统一化。各国主要通过双重征税协定协调跨国营业所得征税权方面的冲突。采取的方式是针对不同种类之跨国所得，运用不同的冲突规则，明确哪些所得应由来源地国和居住国一方独占征税，哪些应由来源地国和居住地国双方分享征税权，哪些所得项目来源地国一方在一定条件和范围内可以优先行使征税权，从而在一定程度上避免或减缓了缔约国双方在这些跨国征税对象上的征税冲突。协调跨国营业所得征税权冲突的基本原则是常设机构原则。

3. **答案**：主要内容有：协定的适用范围，包括协定在空间和时间上的效力范围、协定适用的税种范围、协定对人的适用范围；对各类跨国所得和财产价值的征税权划分；避免和消除国际重复征税的方法；税收无差别待遇，包括国籍无差别、常设机构无差别、费用扣除无差别、资本构成无差别；相互协商程序与情报交换程序。

第二十三章　跨国所得和财产价值课税冲突协调

不定项选择题

1. **答案**：B。根据经合组织范本和联合国范本的规定，确定法人居住国的标准是法人实际管理机构所在国原则。
2. **答案**：C。实际联系原则，是指来源地国仅对非居民纳税人的设在本国境内的常设机构有实际联系的所得，即与常设机构本身的经济活动有关的营业利润以及其在来源国的投资利润、贷款利息和特许权使用费等可以归属于常设机构的所得进行征税。它是大多数税收协定中确定常设机构利润范围的原则。
3. **答案**：A。固定基地原则的内容，反映在《联合国范本》和《经合组织范本》第 14 条第 1 款的相关规定中。
4. **答案**：AC。常设机构原则不适用于关于居民的税收，因此，B 项说法错误；常设机构无须满足公司实体的要求，因此，D 项错误。

名词解释

1. **答案**：常设机构首先是指一个企业进行其全部或部分营业的固定场所，特别包括：管理场所、分支机构、办事处、工厂、车间或作业场所、矿场、油井或气井、采石场或者任何其他开采自然资源的场所。
2. **答案**：根据“有实际联系原则”，只有那些通过常设机构进行的营业活动产生的利润收益和与常设机构有实际联系的各种所得，才应确定为可归属于该常设机构的利润范围由来源地国征税。对于未通过常设机构实施的营业活动实现的收益和与常设机构并无实际联系的其他所得，应排除在常设机构的利润范围之外，适用协定其他有关条款处理。“有实际联系原则”是大多数国家的双边税收协定在确认常设机构利润范围问题上采用的原则，这一原则在具体适用中的关键问题，在于如何解释和应依何种标准判定缔约国一方企业来源于缔约国另一方境内一笔具体所得，与该企业设在另一方境内的某个常设机构是否存在实际联系。由于各国签订的协定中通常本身未就“有实际联系”一语作出进一步的解释规定，这也是在协定适用实践中容易引起争议的一个问题。
3. **答案**：跨国劳务所得系指缔约国一方居民个人取得的来源于缔约国另一方境内的劳务所得。劳务所得分为独立劳务所得和非独立劳务所得两类。在各国税收协定实践中，通常针对这两类不同的跨国劳务所得，分别规定了不同的协调缔约双方征税权冲突的一般原则，另外还就某些特定人员的劳务报酬和所得，单独作出一些特别规定。
4. **答案**：国际税收协定意义上的不动产所得指的是纳税人在不转移不动产的所有权情况下，运用不动产，包括使用或出租等形式，而取得的所得。例如，利用土地开办农场或开发山区种植林木果树获得收益。

第二十四章　避免国际重复征税的方法

单项选择题

1. **答案**：A。免税法是对本国居民来源于境外且已纳税的所得予以免除征税，因此对跨国纳税人最为有利。

2. **答案**：A。全额抵免，是指不管纳税人在收入来源国纳税多少，居住国都给予抵免。（1）A公司在甲国应纳所得税额为：（100万元+50万元）×20%＝30万元；（2）A公司已向乙国交纳所得税额为：50万元×40%＝20万元；（3）本题中，甲国实行全额抵免制，则A公司向甲国应纳所得税额为30万元－20万元＝10万元。

3. **答案**：B。税收饶让，是指居住国对本国居民纳税人已经向来源国实际缴纳的税额，以及对来源国为吸引和鼓励外国投资者而减免的那部分税额予以抵免。

4. **答案**：A。免税法避免了在跨国所得上居民税收管辖权与所得来源地国的来源地税收管辖权的冲突，有效防止了国际重复征税的发生。

5. **答案**：A。股息收入国解决国际重叠征税的主要措施是采用母子公司合并报税和间接抵免制。

6. **答案**：A。居住国的母公司通过设在来源地国的子公司缴纳的来源地国税额适用间接抵免法。子公司则适用直接抵免法。

多项选择题

1. **答案**：BCD。A错，国际重复征税，是指两个或两个以上国家对同一跨国纳税人就同一征税对象在同一时期同时课税。国际税法上所说的国际双重征税一般是指国际重复征税。

   免税法，也称豁免法，是指征税国政府对本国居民来源于境外的所得或财产免予征税。居住国允许其居民纳税人将来源于或在境外的已向来源国纳税的那部分跨国所得或财产的价值从其应纳税所得额中扣除而免予征税。在消除或缓解国际重复征税诸措施中，对跨国纳税人最有利的是免税法。B对，扣除法，是指居住国对居民纳税人征税时，允许从应纳税所得（跨国所得）额中扣除已向来源国缴纳的税款，其余额适用居住国所得税税率。C对，直接抵免法，是指对跨国纳税人已向收入来源地国直接缴纳的所得税税款的抵免。直接抵免适用于解决国际重复征税，包括：跨国自然人所得方面的外国税收，分公司或分支机构的外国税收和预提税等。D对，限额抵免法适用于解决“重复征税”，是适用于跨国公司母公司与子公司之间的一种抵免方法，是指居住国对居民纳税人在所得来源国已缴纳的税款所允许抵免的数额，仅限于取自来源国的所得按居住国的税法规定的税率计算的应纳税额。

2. **答案**：ABCD。免税法，是指居住国一方对本国居民来源于来源地国的已向来源地国纳税了的跨国所得，在一定条件下放弃居民税收管辖权，允许不计入该居民纳税人的应税所得额内免予征税的方法。抵免法，就是居住国按照居民纳税人的境内外所得或一般财产价值的全额为基数计算其应纳税额，但对居民纳税人已在来源地国缴纳的所得税或财产税额，允许从向居住国应纳税额中扣除。扣除法是指居住国在对居民纳税人的境内外所得征税时，允许居民纳税人从应税所得额中扣除在来源地国已缴纳的外国所得税额，就扣除后的余额计算征收所得税的方法。减税法则是指居住国对本国居民来源于国外的所得，适用较低的税率或按境外所得额的一定比例计税给予减征税款的照顾，以缓解跨国所得的税负重叠现象。

3. **答案**：AB。税收饶让抵免即居住国对其居民因来源地国实行减免税优惠而未实际缴纳的那部分税额，应视同已经缴纳给予抵免。税收饶让的主要意义并不在于避免和消除国际重复征税，而是为了配合所得来源地国吸引外资的税收优惠政策的实施，鼓励对来源地国的投资。

4. **答案**：AD。根据居住国采用抵免法允许纳税人抵免的已缴来源国税额是否有一定的限额限制，抵免法可分为全额抵免法和限额抵免法。全额抵免法，是指居住国允许纳税人已缴的来源国税额可以全部用来充抵其居住国应纳税额，没有限额的限制。限额抵免法是指纳税人从居住国应纳税额中抵扣的已缴来源地国税额，有一定限额的限制，即不得超过纳税人的境外来源所得按居住国税法规定税率计算出的应纳税额，此即所谓的抵免限额。

名词解释

1. **答案**：免税方法，亦称豁免法，是指居住国一方对本国居民来源于来源地国的已向来源地国纳税了的跨国所得，在一定条件下放弃居民税收管辖权，允许不计入该居民纳税人的应税所得额内免予征税的方法。免税法的主要优点在于能够有效地避免国际双重征税。缺陷也是显而易见的，未能在消除国际重复征税问题上同时兼顾居住国、来源地国和跨国纳税人这三方主体的利益。

2. **答案**：抵免法是指居住国一方对本国居民的国外所得或者财产价值征税时，允许本国居民将其已在来源地国实际缴纳的税款从应向居住国缴纳的税款中扣除。抵免法是居住国为消除国际重复征税而采取的措施之一。在抵免法中，居民纳税人可以从应纳的居住国税款中抵扣的已缴来源地国税款的最高限额，称抵免限额。该限额的具体数额为纳税人的境外所得额按照居住国税法规定的税率计算出的应纳税额。居民纳税人已缴来源地国税款如要超过抵免限额，超过的部分不能从向居住国应纳的税额中抵扣，只能由纳税人自行承担。可见，在抵免法中，居住国并没有放弃对其居民纳税人来源于境外的那部分所得的征税权，而是仅承认来源地国的来源地税收管辖权的优先地位，即以纳税人已在来源地国实际缴纳的税款来冲抵其应纳的居住国税款。抵免法有直接抵免和间接抵免的区分。

3. **答案**：税收饶让抵免，即居住国对其居民因来源地国实行减免税优惠而未实际缴纳的那部分税额，应视同已经缴纳给予抵免。由于在税收饶让抵免方法下，居住国给予抵免的是居民纳税人并未实际缴纳的来源地国税收，所以又称为“虚拟抵免”或“影子税收抵免”。

税收饶让抵免的主要意义是为了配合所得来源地国吸引外资的税收优惠政策的实施。

简答题

答案：（1）免税法的优点。作为一种消除双重征税的措施，免税法的主要优点在于能够有效地避免国际双重征税。在来源地国税率低于居住国税率的情况下，居住国采用免税法，能使居民纳税人实际享受到来源地国政府给予的低税负或减免税优惠，从而有利于促进跨国投资。另外，免税法在计算征收管理上较为简便，居住国税务机关无须对居民纳税人在来源地国的经营收支状况和纳税情况进行困难和费时的调查核实工作。

（2）免税法的缺点。首先，这种方法是建立在居住国放弃其对居民境外所得或财产价值的征税权益基础上，未能消除国际重复征税问题上同时兼顾居住国、来源地国和跨国纳税人这三方主体的利益。其次，居住国采用免税法对本国居民的境外所得或财产价值免予征税，在来源地国税率水平低于居住国税率水平的情况下，将造成有境外收入和财产的纳税人税负轻于仅有境内收入和财产的纳税人的结果，违反税负公平的原则，容易为跨国纳税人提供利用各国税负差异进行逃税和避税的机会。

第二十五章 国际逃税与避税

单项选择题

1. **答案**：B。各国针对转移定价所采用的反避税措施主要为正常交易原则。
2. **答案**：D。税收情报交换是进行国际反避税合作的主要内容；国际避税的四个基本方法中包括不转移纳税主体的避税；转让定价税制的管辖对象是关联交易；采用哪些方法对跨国关联企业利用转让定价形成不合理的国际收入和费用分配进行重新调整，是整个转让定价税制的核心内容。
3. **答案**：D。基地公司是指那些在避税港设立而实际受外国股东控制的公司，这类公司的全部或主要的经营活动是在避税港境外进行的。跨国纳税人利用避税港进行国际避税主要是通过在避税港设立基地公司来实施国际避税。
4. **答案**：A。针对跨国联属企业利用转移定价来实施国际避税的行为，各国通常采用正常交易原则来实行反避税。

多项选择题

1. **答案**：AD。（1）转移定价，是指由于关联企业之间存有共同的股权和控制关系，它们之间在交易中确定价格时不按照正常市场价格进行，而是根据逃避税收的目的故意提高或降低有关交易的价格。这样，通过把利润从税负高的国家转移到低税的国家而达到减税目的。跨国纳税人利用转移定价方法逃避国际税收的做法有：①压低由高税率国家企业向其低税率国家关联企业出售货物、提供劳务等的价格。②提高由低税率国家企业向高税率国家关联企业出售货物、提供劳务等的价格。③先以低价出售给低税率国家的关联企业，再由该关联企业以高价售给高税率国家的关联企业。（2）所谓“跨国关联企业或称联属企业”，是指同一企业集团中存在的在股权上存有一定关系的企业，包括母公司、分公司和子公司及其下属公司或者参股公司等。根据联合国范本的解释，关联企业的情形有两种：①缔约国一方的企业直接或间接参与缔约国另一方的企业管理、控制或资本。②同一纳税人直接和间接地同时参与缔约国一方企业和缔约国另一方企业的管理、控制或资本。
2. **答案**：ACD。E 项错误，B 项不属于各国管制纳税人国际逃税和避税的一般性法律措施。
3. **答案**：CD。AB 两项属于国际避税的方法。

名词解释

1. **答案**：避税虽然在各国税法上往往没有明确的概念定义，但一般来说，它是指纳税人利用税法规定的缺漏或不足，通过某种公开的或形式上不违法的方式来减轻或规避其本应承担的纳税义务的行为。
2. **答案**：所谓国际逃税，一般是指跨国纳税人采取某种违反税法的手段或措施，减少或逃避就其跨国所得或财产价值本应承担的纳税义务的行为。
3. **答案**：转移定价，又称转让定价，是指跨国联属企业（又称跨国关联企业）之间在进行交易时，出于联属企业集团利益或经营目标的需要，在交易定价和费用分摊上，不是根据独立竞争的市场原则和正常交易价格，而是人为地故意抬高或压低交易价格或费用标准，从而将联属企业某一实体的利润转移至另一个实体的行为。避税是跨国联属企业实施转移定价行为的重要动机之一，通过转移定价行为，跨国联属企业可以将设在高税率国家的企业的利润人为地转移至设在低税率国家的企业中，避免在高税率国家承担较高的所得税纳税义务，从而使得跨国联属企业集团的总体税负减轻。

4. **答案**：资本弱化，又称隐蔽的股份投资，是指跨国集团公司把本来应以股份形式投入的资金转为采用贷款方式提供的行为。由于以股份形式投资而收取的股息与以贷款形式投资而收取的利息，在所得税税负方面存在差异，通常是股息的所得税税负要高于利息的所得税税负，因此，跨国集团公司通过资本弱化行为，可以逃避或减轻其本应承担的税收负担。

5. **答案**：套用税收协定，有的学者称之为滥用税收协定，是指本无资格享受某一特定税收协定优惠待遇的第三国居民，为获取该税收协定中的优惠待遇，通过在税收协定的缔约国一方境内设立一个具有该国居民身份的传输公司，从而间接享受该税收协定提供的优惠待遇，减轻或避免了其跨国所得本应承担的纳税义务的行为。由于税收协定所提供的优惠待遇仅对协定的缔约国适用，缔约国以外的第三国居民不能享有该优惠待遇，因此第三国居民便采取套用税收协定行为，以享受该协定提供的税收优惠待遇而减轻其纳税义务。

6. **答案**：目前，许多国家在这个问题上都实行正常交易原则，对关联企业之间的收入费用进行合理的分配。正常交易原则，系将关联企业的总机构与分支机构、母公司与子公司，以及分支机构或子公司相互间的关系，当作独立竞争的企业之间的关系来处理。按照这一原则，关联企业各个经济实体之间的营业往来，都应按照公平的市场交易价格计算。如果有人为地抬价或压价等不符合这一原则的现象发生，有关国家的税务机关则可依据这种公平市场价格，重新调整其应得收入和应承担的费用。

7. **答案**：按照这类透视法条款，缔约国的居民公司是否享受协定的优惠待遇，取决于控制或拥有该公司的股东是否也是缔约国的居民。换言之，判断一个公司是否适用协定优惠待遇，不再仅依据该公司是否为缔约国居民这一表面标准，还要进一步分析控制或拥有该公司的股东是否也是缔约国的居民。如果控制或拥有该公司的股东是第三国居民，则该公司不得享受协定规定的有关减免税收优惠待遇。这种依公司股东身份决定公司能否享受协定待遇的方法，实际上是“揭开公司面纱”理论在税法上的运用。

简答题

1. **答案**：一是加强国际税务申报制度；二是强化税务审查制度；三是实行评估所得制度。

2. **答案**：目前，多数国家都实行正常交易原则来防止跨国联属企业利用转移定价逃避其应承担的纳税义务。正常交易原则，系将关联企业的总机构与分支机构、母公司与子公司，以及分支机构或子公司相互之间的关系，当作独立竞争的企业之间的关系来处理。按照这一原则，关联企业各个经济实体之间的营业往来，都应按照公平的市场交易价格计算。如果有人为地抬价或压价等不符合这一原则的现象发生，有关国家的税务机关可以依据这种公平市场价格，重新调整其应得收入和应承担的费用。

3. **答案**：目前，各国多采取双边或多边合作的形式，通过签订有关条约和协定达到防止国际逃避税的目的，其主要包括以下三个方面的内容：（1）建立国际税收情报交换制度，使各国税务机关能够了解掌握纳税人在对方国家境内的营业活动和财产收入情况，以防止和打击跨国纳税人的国际逃避税行为。（2）在双重征税协定中增设反滥用协定条款，以避免跨国纳税人滥用税收协定进行国际避税。（3）在税款征收方面的相互协助，包括一国的税务机关接受另一国税务机关的委托，代为执行某些征税行为，如代为送达纳税通知书，代为实施税收保全措施和追缴税款等。

论述题

答案：纳税人进行国际避税的方式多种多样，但常用的避税方式主要包括：（1）通过纳税主体的跨国移动进行国际避税。例如，由于各国一般以个人在境内存在居所、住所或居留达到一定期限等法律事实，作为行使居民税收管辖权的依据。对此，自然人往往采取移居国外或压缩在某国的居留时间等方式，达到规避在某国承担较高的居民纳税人义务的目的。(2) 通过征税对象的跨国移动进行国际避税。这是跨国纳税人最经常采用的一类避税方法。其具体做法主要有两种：一种是跨国联属企业通过转移定价进行避税，即跨国联属企业在进行交易时不按一般市场价格标准，而是基于逃避有关国家税收的目的来确定相互之间的交易价格，或人为地提高交易价格或压低交易价格，使利润从税负高的国家转移到税负低的国家，以逃避税收。另一种是跨国纳税人利用避税港进行国际避税，即通过在那些对所得和财产不征税或按很低税率征税的国家和地区（避税港）设立“基地公司”，将在避税港境外的所得和财产汇集在基地公司账户下，从而达到逃避国际税收的目的。(3) 跨国投资人有意弱化股份投资进行国际避税，即在跨国股息和利息所得的实际国际税负存在较大差别的情况下，跨国投资人有意弱化股份投资而增加贷款融资比例，从而达到避税的目的。(4) 跨国纳税人滥用税收协定进行国际避税，即本无资格享受某一特定的税收协定优惠待遇的第三国居民，为获取该税收协定的优惠待遇，通过在协定的缔约国一方境内设立一个具有该国居民身份的导管公司（通常采用子公司形式），从而间接享受了该税收协定提供的优惠待遇，减轻或避免了其跨国所得本应承担的纳税义务。

第二十六章　国际经济争议解决法律制度概述

名词解释

1. **答案**：国家之间的经济贸易争议是指主权国家在经济贸易交往中所产生的争议。这类争议的特点是：第一，争议一般产生于国家之间订立的双边或多边国际公约的解释或履行中，如对双边贸易协定、投资保护协定、避免双重征税和防止偷税、漏税协定的解释或履行中发生的争议以及由于多边国际经济贸易公约而产生的争议，如世界贸易组织中的各项协议的解释或履行中发生的争议。第二，争议双方均为主权国家，而不是这些主权国家中的国民。
2. **答案**：司法方法即通过诉讼的方法解决国际经济贸易争议。由于世界上并不存在而且在近期内也不可能存在专门解决这类争议的、凌驾于各主权国家之上的法院，这里所说的司法诉讼，是在一国法院提起的涉及不同国家当事人之间的国际经济贸易争议，各国法院根据本国的民事诉讼法对此类争议行使管辖权。一国法院作出的判决，如果需要到另一国家执行，还要得到另一国法院的司法协助。
3. **答案**：ADR 即通过法院以外的方式解决争议的方法，如通过双方当事人友好协商或谈判，或者由双方同意的第三人进行调解或仲裁。这种方法称为选择性的解决争议的方法（alternative dispute resolution）。这种解决争议方法的前提是当事人之间达成的解决争议的协议。

简答题

1. **答案**：就不同国家的一般当事人之间的国际经济贸易争议解决的方法而言，概括起来，主要有以下两种：解决国际经济贸易的司法方法即通过诉讼的方法解决国际经济贸易争议和通过法院以外的方式解决争议的方法，即非司法方法。
2. **答案**：我国法院对涉外民事案件的管辖，在我国《民事诉讼法》的有关章节中有具体规定。

　　（1）属于我国法院专属管辖的事项。按照我国《民事诉讼法》的有关规定，属于我国法院专属管辖的事项包括：①位于我国境内的不动产纠纷和在我国港口作业中发生的纠纷；②在我国境内履行的中外合资经营企业合同、中外合作经营企业合同、中外合作勘探开发自然资源合同发生的争议提起的诉讼。

　　（2）协议管辖的事项。对于涉外合同或者涉外财产权益纠纷，当事人均可就由此产生的争议的管辖法院作出书面约定。

　　（3）其他事项的管辖法院。因合同纠纷或者其他财产权益纠纷，对在我国境内设有住所的被告提起的诉讼，如果合同在我国境内签订或履行，或者诉讼标的物在我国境内，或者被告在我国境内设有可供扣押的财产，或者被告在我国境内设有代表机构，可由合同签约地、合同履行地、诉讼标的物所在地、可供扣押的财产所在地、侵权行为地或者代表机构住所地人民法院管辖。

第二十七章　国际商事仲裁

单项选择题

1. **答案**：B。合同违约责任问题依据我国仲裁法可以仲裁，因其是财产关系而非人身关系问题，A 错误。《仲裁法》规定，仲裁协议对仲裁事项或者仲裁委员会没有约定或者约定不明确的，当事人可以补充协议；达不成补充协议的，仲裁协议无效。因此，仲裁协议并非约定不明而一概无效，只有在约定不明而当事人又达不成补充协议时才无效，故 C 错误。根据《最高人民法院关于适用〈中华人民共和国仲裁法〉若干问题的解释》第 13 条第 2 款的规定，仲裁机构若对仲裁协议有效与否作出裁决，当事人有异议去向法院申请确认协议效力，法院是不受理的，D 错误。仲裁协议约定的仲裁机构名称不准确，但能够确定具体的仲裁机构的，应当认定选定了仲裁机构。B 正确。

2. **答案**：B。缔约国有义务相互承认仲裁裁决具有约束力，并应依照承认与执行地的程序规则予以执行，但我国有两项保留：第一，互惠保留，即我国只对在另一缔约国领土内作出的裁决适用公约，所以，A 错误，因为与申请人国籍无关；第二，商事保留，即我国仅对那些按照我国法律属于契约性或非契约性商事法律关系所引起的争议所作的裁决适用公约。对于针对非商事性争议所作的仲裁裁决在我国的承认执行，我国不适用公约。所以，B 项中国投资者与甲国政府间投资争端仲裁裁决不适用公约，而应该适用《关于解决国家和他国国民之间投资争端公约》，B 正确。公约缔约国的仲裁裁决须符合条件才可能在中国得到承认与执行，公约第 5 条规定了若干拒绝理由：（1）主体无能力或仲裁协议无效；　（2）被执行人未适当参与；（3）超范围仲裁；（4）程序有缺陷；（5）裁决未生效；（6）争议事项为不可仲裁事项（依照执行地法律）；（7）与公共秩序相抵触。所以，C 错误，并非我国有义务承认缔约国所有仲裁裁决。根据《民事诉讼法》规定，当事人可以向被申请人住所地或者财产所在地的中级人民法院申请执行。所以，D 错误。

多项选择题

1. **答案**：AC。我国于 1986 年 12 月 2 日正式加入《纽约公约》时，提出了两点保留：（1）互惠保留声明，即我国仅对在另一缔约国领土内作出的仲裁裁决的承认与执行上适用公约。（2）商事保留声明，即我国仅对按照我国法律属于契约性和非契约性商事关系所引起的争议适用该公约。

2. **答案**：CDE。A 项所说的灵活性并不是常设仲裁庭的特点，常设仲裁庭审理完毕后并不自行解散。B 项说法明显错误。

3. **答案**：BC。本题考查仲裁协议效力问题。双方当事人对仲裁协议（仲裁条款属于仲裁协议的一种）效力有异议时，可以找仲裁机构或法院进行审查认定。所以，A 错误。如果仲裁机构已经对仲裁协议的效力作出决定，当事人再向法院申请确认，法院不予受理。在此之前，法院有优先认定权，所以，B 正确。根据《最高人民法院关于适用〈中华人民共和国仲裁法〉若干问题的解释》第 16 条规定：“对涉外仲裁协议的效力审查，适用当事人约定的法律；当事人没有约定适用的法律但约定了仲裁地的，适用仲裁地法律；没有约定适用的法律也没有约定仲裁地或者仲裁地约定不明的，适用法院地法律。”本案中，双方没有约定确定仲裁协议效力的法律，但约定的仲裁机构所在地和仲裁地均在中国，所以应适用中国法律。C 正确，D 错误。

4. **答案**：ABC。根据《仲裁法》规定，当事人对仲裁协议的效力有异议的，可以请求仲裁委员会作出决定或者请求人民法院作出裁定。一方请求仲裁委员会作出决定，另一方请求人民法院作出裁定的，由人民法院裁定。当事人对仲裁协议的效力有异议，应当在仲裁庭首次开庭前提出。所以，A 选项正确。根据《最高人民法院关于适用〈中华人民共和国仲裁法〉若干问题的解释》第 16 条规定，对涉外仲裁协议的效力审查，适用当事人约定的法律；当事人没有约定适用的法律但约定了仲裁地的，适用仲裁地法律；没有约定适用的法律也没有约定仲裁地或者仲裁地约定不明的，适用法院地法律。甲、乙公司，未约定仲裁协议效力的法律，但约定了仲裁地，所以适用仲裁地法，即中国法。B 选项正确。根据《中国国际经济贸易仲裁委员会仲裁规则（2024 版）》第 4 条规定，规则的适用：(1) 本规则统一适用于仲裁委员会及其分会/中心。(2) 当事人约定将争议提交仲裁委员会仲裁的，视为同意按照本规则进行仲裁。(3) 当事人约定将争议提交仲裁委员会仲裁但对本规则有关内容进行变更或约定适用其他仲裁规则的，从其约定，但其约定无法实施或与仲裁程序适用法强制性规定相抵触者除外。当事人约定适用其他仲裁规则的，由仲裁委员会履行相应的管理职责。(4) 当事人约定按照本规则进行仲裁但未约定仲裁机构的，视为同意将争议提交仲裁委员会仲裁。(5) 当事人约定适用仲裁委员会制定的专业仲裁规则的，从其约定，但其争议不属于该专业仲裁规则适用范围的，适用本规则。所以，C 选项正确。根据《中国国际经济贸易仲裁委员会仲裁规则（2024 版）》第 17 条规定，申请人可以申请对仲裁请求进行变更，被申请人也可以申请对反请求进行变更；但是仲裁庭认为提出变更的时间过迟而影响仲裁程序正常进行的，可以拒绝受理变更请求申请。所以，D 选项错误。

名词解释

1. **答案**：法国《民事诉讼法典》第 1492 条作了原则性的规定："如果包含国际商事利益，仲裁是国际性的。"这里"国际商事利益"的含义，显然是极为广泛的。对一国而言，凡是仲裁协议的一方或双方为外国人、无国籍人或其他外国企业或实体，或者即使仲裁协议订立时双方当事人的住所或营业地位于不同的国家；或者即使仲裁协议双方当事人的住所或营业地位于相同的国家，但如果仲裁地点位于该国境外，或者仲裁协议中所涉及的商事关系的设立、变更或终止的法律事实发生在国外；或者争议标的位于该国境外者，均可视为国际商事仲裁。
2. **答案**：常设仲裁机构是依据国际公约或一国的国内法设立的旨在通过仲裁方式解决国际商事争议的专门机构。
3. **答案**：无国籍裁决，即裁决在某一大陆法国家作出，但由于该裁决的作出未能适用当地的法律，因此，当地的法院就会拒绝对该裁决行使法律上的救济。这个概念是仅对裁决地而言的，至于其他国家如何对它作出认定，该无国籍裁决是否是《纽约公约》项下的裁决，归根结底取决于执行地国的法律和法院如何对此作出认定。即便某一裁决被裁决地国认定为非本国裁决或"无国籍"裁决，执行地国亦可根据其本国法将其作为《纽约公约》项下的外国仲裁裁决予以承认和执行。
4. **答案**：中间裁决，又称临时裁决，指在仲裁审理过程中，仲裁庭认为必要或当事人提出申请并经仲裁庭同意，由仲裁庭对某个或某些问题作出的暂时性裁决。中间裁决一般是在案件一些重要问题必须及时予以澄清或作出结论且等不及最终裁决的情况下，由仲裁庭作出的。在实践中，仲裁庭一般以中间裁决的方式决定采取临时保全措施。

简答题

答案：(1) 仲裁协议（Arbitration Agreement）是指双方当事人合意将他们之间已经发生或者将来可能发生的争议提交仲裁机构仲裁解决的一种书面协议。根据我国《仲裁法》和 1958 年《纽约公约》的规定，仲裁协议只有书面的才有效。

(2) 特征：它是特定的法律关系的当事人之间同意将他们之间的争议提交仲裁的共

同意思表示；是使得某一特定的仲裁机构取得对协议项下的案件的管辖权的根据，同时也是排除法院对该特定案件实施管辖的主要的抗辩理由；一项有效的仲裁协议，是仲裁裁决得以承认与执行的基本前提。

论述题

答案：（1）仲裁协议是当事人在纠纷发生之前或之后达成的将可能发生或业已发生的纠纷提交仲裁的协议，它包括合同中的仲裁条款和独立存在的书面仲裁协议。仲裁协议是仲裁机构或仲裁员取得对案件管辖权和受理案件的依据，能够产生排除法院诉讼管辖的效力，对于仲裁作出的裁决，法院能否承认和执行，也要视当事人之间是否存在仲裁协议。可见，仲裁协议在仲裁中发挥着重要的作用，而最常见的仲裁协议的表现形式则是合同中的仲裁条款。在海上货物运输中，无论是依据班轮运输签发的提单，还是依据租船运输签发的提单，承运人都会在提单背面印刷上仲裁条款或在提单中并入租约中的仲裁条款，以维护船东的利益。提单本身具有的特殊性导致其仲裁条款与一般的仲裁协议的有效形式不相符，所以，导致人们对提单中的仲裁条款的效力认定不一。在班轮提单中，由于承运人和托运人双方的议价实力、地位极不平等，一般而言，强大的班轮公司都会凭借其自身的实力和垄断地位，在其签发的提单的表面单方拟定并事先印刷一大堆条款，其中便有仲裁条款。由于这种仲裁条款未经双方当事人协商，而且班轮提单一般只由承运人单方签署，而没有托运人或第三方提单持有人的签名。因此，提单中的仲裁条款很难说是体现提单持有人的意思表示，而一般有效的仲裁协议必须是双方当事人都请求仲裁的意思表示。而在租约下签发的提单，其中的仲裁条款也同样存在这种不合理性。尽管最初的租约是船东与承租人在地位、实力相对平等的条件下签订的，但在租约下签发的提单，常常只是以一条简单的“并入条款”将租约并入提单，从而达到以租约来约束第三方提单持有人并使船东承担和租约相同的责任的目的。被并入提单的租约中仲裁条款也没有体现提单持有人的书面意思表示，也缺少协商的合意性。尤其是仅含有一条简单笼统的“并入条款”根本没有提及租约仲裁条款内容的情况下，更是一点都没有能体现提单持有人的意思表示。如果承认此时的仲裁条款亦适用于毫不知情的提单持有人，是不符合一般仲裁协议有效性所要求的合意性，并且将来发生争议而提交仲裁时，可能会产生对提单持有人不利的情况。

（2）我国《海商法》对“并入条款”规定得不明确，仅在第 95 条作了简单的规定，即“对按照航次租船合同运输的货物签发的提单，提单持有人不是承租人的，承运人与该提单持有人之间的权利、义务关系适用提单的约定。但是，提单中载明适用航次租船合同条款的，适用该航次租船合同的条款”。可见，根据我国《海商法》，并入提单的租船合同中的条款包括仲裁条款是可行的。与我国《海商法》第 95 条规定相比，1978 年的《汉堡规则》在第 22 条仲裁的第 2 款对并入条款作了特别说明，即如果租船契约中载有应将该租约所引起的争议提交仲裁的条款，而根据租船契约签发的提单并未载有一项特别的注解，规定该条款对提单持有人具有约束力，则承运人不得援用该条款对抗正当取得提单的人。由此可见，根据 1978 年《汉堡规则》，只有在提单中特别注明并入的是租约中的仲裁条款且约束提单持有人，该“并入条款”才被承认，否则，仅以一条简单的“并入条款”，租约中的条款并不当然地有效并入提单当中。通过前面所述可知，无论是班轮提单还是租约提单，其基本特征就是仅船东单方面签发，它缺少协商性和合意性，这是否与一般的有效仲裁协议的要求不符，一个有效的仲裁协议应具备哪些形式要件？根据仲裁协议的定义，仲裁协议应是当事人一致同意将争议提交仲裁的意思表示，如果没有当事人之间的一致同意，便不存在有效的仲裁。我国《仲裁法》对仲裁协议有相应的规定，即应具有“请求仲裁的意思表示”，1958年《纽约公约》第2条第1款、第2款对这一问题作了较好的规定：首先，当事人以书面协定承允彼此所发生的或可能发生的一切或任何争议，如涉及可以仲裁解决事项的确定法律关系，不论为签约性与否，应提交仲裁时，各缔约国应承认此项协定。其次，称“书面协定”者，谓当事人所签订或在互换函电中所载明的契约仲裁条款或仲裁协定，对于提单中的仲裁条款而言，其具备了书面协定的“书面”特征，但不能满足书面协定应由双方当事人所“签订”这一条件。可见，根据我国《仲裁法》和《纽约公约》对仲裁协议的形式要求，无论是班轮提单还是租约提单中的仲裁条款都因提单自身所具有的特殊性而使之缺少双方当事人的书面合意表示，从这一点来说，提单中的仲裁条款不是有效的仲裁条款。但实践中的情况并非如此，并且，如果一律都判定提单中的仲裁条款无效的话，对于原本想通过仲裁解决争议的船东而言不大公平，这将不利于仲裁条款制度的发展，甚至会影响整个航运业的发展。所以，对于提单中的仲裁条款的效力问题，应该作具体的分析。各国对提单中的仲裁条款的效力态度并不一致，我国和美国有关法律对提单中的“并入条款”不作严格规定，简单的“并入条款”可以使仲裁条款有效地并入提单中。按照国际上关于并入条款效力的一般原则，首先是并入条款所规定的范围必须是能够将租船合同的条款并入。因此，如果并入条款只是笼统地规定将租船合同并入提单，这种情况下只能并入租船合同中与货物装船、运输、卸船、交付以及与运费支付直接相关的条款，此时仲裁条款并不能当然地并入提单。如果提单并入条款中明确规定并入租船合同中的某些具体条款，如仲裁条款，此时这种具体的条款才可能被并入，而英国法律则规定，只有在提单中特别注明并入了仲裁条款才发生效力，英国法律有关提单并入条款的规定目前是最严格的，如果并入条款中明确规定并入租船合同的仲裁条款并且该仲裁条款本身规定适合该提单，不与提单明文规定相抵触，则该仲裁条款可以并入。这一点和1978年《汉堡规则》的规定是一致的。对于班轮运输下签发的提单，由于班轮公司签发的提单已使用多年，其中的内容其他有关方业已熟悉，这包括提单中的仲裁条款，即使该提单的仲裁条款为班轮公司单方签发，仲裁条款也应该有效，因为有关方接受了提单。并根据提单的其他条款提起诉权，也可以说承认了提单的条款，包括仲裁条款。而租船运输下签发的提单，提单持有人可能不知道租约中仲裁条款的内容，如果都认定该仲裁条款有效，将对提单持有人产生不公平的后果。所以，对于该类仲裁条款的效力，应予严格认定，只有用明确的措辞表示将租约中的仲裁条款并入提单或写明仲裁条款的内容。

（3）综上所述，当事人双方订立的仲裁协议是否有效，是否产生法律效力，关键在于其适用的准据法，只有符合准据法的规定，才可产生法律效力。所以，提单中并入的仲裁条款要产生效力，首先，它必须符合有关国家法律规定的生效条件使仲裁协议本身有效。其次，才考虑如何有效地把该有效的仲裁协议并入提单中。提单自身的特点导致该仲裁条款和一般有效的仲裁协议不相一致，其是否有效地并入提单中需要经法院或仲裁庭来认定。所以，船东在提单中并入仲裁条款时，应尽量使用明确完整的措辞而不是笼统地说“租约中的条款并入提单”。最后，船东应举证说明提单持有人接受其他条款的同时，亦接受了仲裁条款，仲裁条款是提单的一部分，提单持有人既然选择以提单其他条款提起诉权，那当然承认提单，也应该承认提单中的仲裁条款。只有谨慎地并入完备的仲裁条款并积极地采取抗辩行动，才能得到法院或仲裁庭的认可，有效的仲裁协议才能有效地并入提单中。

第二十八章　世界贸易组织的争议解决机制

单项选择题

1. **答案**：A。A 对 CD 错，《建立世界贸易组织协定》第 9 条第 1 款规定：WTO 应继续实行 GATT1947 所遵循的经协商一致作出决定的做法。除非另有规定，否则如无法经协商一致作出决定，则争论中的事项应通过投票决定。在部长级会议和总理事会会议上，WTO 每一成员拥有一票。如欧洲共同体行使投票权，则其拥有的票数应与属 WTO 成员的欧洲共同体成员国的数目相等。部长级会议和总理事会的决定应以所投票数的简单多数作出，除非本协定或有关多边贸易协定另有规定。据此，世界贸易组织决策制度中，世界贸易组织的每一参加方享有一票投票权；除另有规定外，如不能对某一议题达成一致时，由参加方投票决定。B 错，《建立世界贸易组织协定》第 9 条第 3 款规定："在特殊情况下，部长级会议可决定豁免本协定或任何多边贸易协定要求一成员承担的义务，但是任何此类决定应由成员的 3/4 多数作出，除非本款另有规定……"
2. **答案**：A。为了进一步强化 GATT 的争端解决机制，乌拉圭回合谈判全面和彻底地对 GATT 争端解决规则和程序作了改进，并最终形成了《关于争端解决规则与程序的谅解》。
3. **答案**：D。世界贸易组织争端解决机制的核心程序是专家小组程序。
4. **答案**：C。选项 A 错误。在当事方不履行裁决时，没有申请强制执行的规定。选项 B 错误。依世贸组织的争端解决机制，胜诉一方在对方不履行裁决时，可以申请授权报复，报复可以在同一产品内，也可以跨部门，还可以跨协议。选项 C 正确。当有关成员不履行裁决时，经申请授权进行报复，包括确定报复的范围和水平。选项 D 错误。上诉机构负责对被提起上诉的专家组报告中的法律问题和专家组进行的法律解释进行审查。不能就事实问题进行审查。
5. **答案**：B。WTO 成员是加入世贸组织的各国政府和单独关税区政府，任何个人、企业或其他非政府机构都不能成为 WTO 成员。单独关税区是指不具有独立的、完整的国家主权但在处理对外贸易关系方面拥有完全自主权的地区。所以，A 正确，不当选。诸边贸易协议包括民用航空器贸易协议、政府采购协议、奶制品协议和牛肉协议（后两个协议于 1997 年失效）、信息技术产品协议。诸边协议只有极少数成员参加，也只对参加的成员有约束力。所以，B 错误，当选。《中国加入世界贸易组织议定书》中，特别规定了针对中国产品中的特定产品过渡性保障措施机制。这一机制，专门对中国产品实施，实施条件低于保障措施的要求。所以，C 正确，不当选。作为世贸组织多边贸易制度的一部分，《关于争端解决规则与程序的谅解》（DSU）在世界贸易组织框架下建立了统一的多边贸易争端解决制度，是 WTO 争端解决的基本原则。所以，D 正确，不当选。
6. **答案**：B。《中国加入世界贸易组织议定书》规定中国正式加入世贸组织后 3 年内，除国家专营商品外，所有中国企业都有权进行货物进出口。所以，A 错误。我国入世时，众多国家不承认我国市场经济国家地位，对中国产品提起反倾销时在确定价格时并不采用我国价格，而是另找国情类似的国家为替代国，以该国同类产品价格为准，无论中国是否能证明自己为市场经济，上述选择方法的规定在《中国加入世界贸易组织议定书》生效 15 年后终止。所以，B 正确。根据世贸组织反补贴规则，非专向补贴不受世贸组织多边贸易体制的约束。但如果中国政府提供的补贴的主要接收者是国有企业，或者接收了补贴中不成比例的大量数额，该补贴视为专向补贴。所以，C 错误。《中国加入世界贸易组织议定书》中，特别规定了针对中国产品的特定产品的过渡性保障措施机制。这一机制专门针对中国产品实施，实施条件低于保障措施的要求。所以，D 错误。

7. 答案：D。本题考查 WTO 的争端解决机制。磋商是申请设立专家组的前提条件。但磋商事项以及磋商的充分性，与设立专家组的申请及专家组将作出的裁定没有关系。所以，A 错误。专家组对于争端方未提出的主张不能作出审查和裁定，即使相关专家提出这样的主张也不行，所以，B 错误。上诉机构只审查专家组报告涉及的法律问题和专家组作出的法律解释。上诉机构可以推翻、修改或撤销专家组调查结果或结论，上诉机构无权将案件发回专家组重新审理。所以，C 错误。上诉机构由 7 名成员组成，由其中 3 名组成上诉庭审理案件，所以，D 正确。

8. 答案：C。WTO 争端解决机制鼓励争议双方采取友好协商的办法解决问题。争端解决机制的存在不是为了争司法管辖权或推动法学的发展进步，而是切实解决纠纷。每个成员方保证对另一成员方提出的问题给予考虑，并提供充分的磋商机会。对于成员之间的问题，鼓励寻求与 WTO 规定相一致的、各方都接受的解决办法。《关于争端解决规则与程序的谅解》（DSU）规定，争端当事方的双边磋商是 WTO 争端解决的第一步，也是必经的一步。即使是争端进入专家组程序后，双方仍然可以通过双边磋商达成相互满意的解决方案。只有在当事双方磋商无法解决争端的情况下才作出裁决。所以，A 选项正确。DSU 第 17 条规定，争端解决机构应设立一个受理上诉的常设机构，处理争端当事方对专家小组决定不服提出的上诉请求。B 选项正确。在败诉方（被诉方）应该履行专家小组和上诉机构的建议和裁决的合理期限之后的 20 天内，仍然未达成令人满意的补偿办法，申诉方可以请求争端解决机制授权其中止适用对有关成员方进行的减让或其他义务。中止减让或其他义务主要采取“交叉报复”机制。所以，C 选项错误，不是自行采取，而是要经过请求授权采取中止减让或中止其他义务的措施。世贸组织最具有特色的救济手段，也是其最后的救济手段，是经过争端解决机构的授权，胜诉方有权中止有关协议下的减让或其他义务。如果在败诉的被诉方应该履行专家小组和上诉机构的建议和裁决的合理期限之后的 20 天内，仍未达成令人满意的补偿办法，申诉方可以请求争端解决机构授权中止适用对有关成员进行的减让或其他义务。在中止减让或其他义务的时候，世贸组织规定了所谓的“交叉报复”机制，即起诉方应该首先设法中止已经由专家小组和上诉机构确认存在违规、利益丧失与损害的相同部门的减让或其他义务；如果该当事方认为中止相同部门的减让或其他义务不可行或者无效，如果该当事方认为中止同一协议下其他部门的减让或其他义务仍然不可行或者无效，而且情况十分严重，则他可以设法中止另一有关协议项下的减让或其他各项义务。但申诉方在实施报复时，中止减让或中止其他义务的程度和范围应与其所受到损害相等。所以，D 选项正确。

多项选择题

1. 答案：BCD。世界贸易组织争端解决机制的特点是：（1）单一的争端解决机制。WTO 的争端解决机制将该组织项下的各项协议的争端解决统一起来，并设立了专门的争端解决机构 DSB。由争端解决机构解决的争端，不仅包括传统上的货物贸易，而且还包括由知识产权保护和服务贸易而引起的争端。（2）专门设立的争端解决机构。（3）通过专家组、上诉机构报告及授权报复决议时采用“全体一致否决”的方式。

2. 答案：ABD。根据《建立世界贸易组织协定》规定，世界贸易组织的宗旨包括：（1）在发展贸易和经济关系方面应当按照提高生活水平、保证充分就业和大幅度稳步提高实际收入和有效需求，并扩大生产和商品交易以及服务等方面的观点，并为持续发展的目的而扩大对世界资源的充分利用，寻求对环境的保护和维护，并根据各自需要和不同经济发展水平情况，加强采取各种相应措施。(2) 确保发展中国家尤其是最不发达国家能获得与其国际贸易额增长需要相适应的经济发展。(3) 根据互惠和互利的安排，切实降低关税和其他贸易壁垒，并在国际贸易关系上消除歧视性待遇。(4) 建立完整的、更具有活力和永久性的多边贸易体系，巩固原来关税与贸易总协定为贸易自由化所作的努力和乌拉圭回合多边贸易谈判的所有成果。(5) 保持一切基本原则，并努力达到多边贸易体系的各种目标。

3. **答案**：ABCD。世界贸易组织的规则涉及货物贸易、服务贸易和知识产权等许多领域，但有几个最基本的原则贯穿于各个协议之中，构成了多边贸易体制的基础。这些基本原则包括非歧视原则（包括最惠国待遇原则和国民待遇原则）、互惠原则、透明度原则、自由贸易原则和公平竞争原则。

4. **答案**：ABCD。世界贸易组织成员之间贸易争端解决的方法有：磋商程序；斡旋、调解与调停程序；专家组程序；上诉审查程序；裁定的监督执行；补偿；减让的中止；交叉报复等。(1) 磋商程序，是指当发生争端后，争端各方必须首先自行协商解决，以寻求自行解决彼此间的分歧，这一阶段的最长时间可达 60 天。(2) 斡旋、调解与调停程序，是由争端当事方选择，不是强制性程序。该程序秘密进行，并不受时间限制。WTO 总干事可以依其职权开展斡旋、调解和调停。一旦斡旋、调解和调停被终止，投诉方即可请求成立专家组。专家组在各方同意的情况下仍可继续进行斡旋、调解和调停。(3) 专家组程序，是世界贸易组织争端解决机制的核心程序。专家组一般由 3 位专家组成，除非争端各方一致同意，否则争端当事方的公民或在争端中有实质利害关系的第三方公民都不得作为有关争端的专家小组成员。专家小组原则上在 6 个月（最长不超过 9 个月）内提交最后报告，在专家小组提出报告供各成员传阅后 20 天至 60 天内，除非争端一方提出上诉或争端解决机构一致反对采纳此报告，该报告即视为通过。(4) 上诉审查程序，是新增加程序。DSU 设立了一个 7 人组成的“常设上诉机构”。争端当事方可就专家组报告提出上诉。上诉审理的范围也仅限于专家组报告中论及的法律问题及该小组所作的法律解释。上诉案审理期限原则上为 60 天至 90 天。上诉机构可以维护、修正、撤销专家组的裁决结论。上诉机构的裁决为最后裁决，当事方应无条件接受，除非争端解决机构一致反对。(5) 裁定的监督执行，是指在专家小组及上诉机构的报告被采纳后，该报告即成为争端解决机构的正式建议或裁定。有关成员应向争端解决机构通报其执行这些建议或裁定的意向。如果不能执行，应当确立一个合理的期限。从专家小组建立之日起到争端解决机构确立了上诉执行期限为止，不应超过 15 个月，最长不应超过 18 个月。(6) 补偿与减让的中止以及“交叉报复”，是指如果争端解决机构的建议或裁定没有在合理的时间内得到实施，申诉方可以申请授权采取补偿和中止减让或其他义务的措施，但必须遵守各项原则和严格的程序。申诉方应首先中止相同部门的减让或其他义务，如无效果，可以要求中止同一协定内其他部门的减让和义务。如果该行动仍不能使当事方执行裁决，申诉方可以中止另一有关协议下的减让或其他义务，即所谓“交叉报复”。

5. **答案**：AC。《关于争端解决规则与程序的谅解》第 5 条对世界贸易组织争端解决机制中的斡旋、调解与调停程序进行了规定。(1) 本条第 1 款规定：“斡旋、调解和调停是在争端各方同意下自愿采取的程序。”据此，该程序不是强制性的必经程序，D 项表述错误。(2) 本条第 2 款规定：“涉及斡旋、调解和调停的诉讼程序，特别是争端各方在这些诉讼程序中所采取的立场应保密，并不得损害双方中任何一方根据这些程序进行任何进一步诉讼程序的权利。”(3) 本条第 3 款规定：“争端任何一方可随时请求进行斡旋、调解或调停。此程序可随时开始，随时终止。一旦斡旋、调解或调停程序终止，起诉方即可开始请求设立专家组。”据此，该程序是秘密进行的，并不受时间限制，A 项表述正确。(4) 本条第 4 款规定："如斡旋、调解或调停在收到磋商请求之日起 60 天内开始，则起诉方在请求设立专家组之前，应给予自收到磋商请求之日起 60 天的时间。如争端各方共同认为斡旋、调解或调停过程未能解决争端，则起诉方可在 60 天期限内请求设立专家组。"(5) 本条第 5 款规定："如争端各方同意，斡旋、调解或调停程序可在专家组程序进行的同时继续进行。"据此，专家小组有权进行斡旋、调解与调停，B 项表述错误。(6) 本条第 6 款规定："总干事可依其职权提供斡旋、调解或调停，以期协助各成员解决争端。"据此，C 项表述正确。

6. **答案**：ABC。世界贸易组织争端解决机构受理成员之间在世界贸易组织成立以后，基于建立世界贸易组织协议、多边贸易协议的附件 1A、附件 1B、附件 1C、附件 2、若干单项多边贸易协议而产生的争端。

7. **答案**：AB。上诉机构是争端解决机构中的常设机构，它负责对被提起上诉的专家组报告中的法律问题和专家组的法律解释进行审查，可以维持、变更或撤销专家组的法律裁决和结论。因此，AB 项说法正确。上诉审是法律审，限于专家组报告所涉及的法律问题和专家组所作的法律解释，不涉及事实问题。因此，C 项说法错误。上诉机构可以推翻、修改或撤销专家组的调查结果和结论，但是无权将案件发回重审。上诉机构的报告将提交到争端解决机构表决通过。因此，D 项说法错误。

8. **答案**：AC。国民待遇，又称平等待遇，是指所在国应给予外国人与本国公民享有的同等的民事权利地位。国民待遇的适用范围通常包括：国内税，运输、转口过境，船舶在港口的待遇，船舶遇难施救，商标注册，申请发明权、专利权、著作权、民事诉讼权等；不包括领海捕鱼、购买土地、零售贸易等。故 A 正确。《关于争端解决规则与程序的谅解》第 22 条第 6 款规定：若发生上面第 22 条第 2 款所述的情况，争端解决机构一接到请求，即应在合理期限到期后的 30 天内，授权中止这些减让或其他义务，除非争端解决机构一致决定拒绝该项请求。然而，若该有关成员方反对拟议中的中止程度，或声称在投诉当事方依照第 22 条第 3 款第 2 项或第 3 项提出中止减让或其他义务的授权请求的情况下。第 22 条第 3 款中所述之各项原则和各项程序未得到遵循，则该问题应诉诸仲裁。此类仲裁在能请到原有成员的情况下应由原来的专家小组执行，或由总干事任命的仲裁员执行，并应在合理期限到期后的 60 天内完成，在仲裁过程中，不应中止各项减让或其他义务。因此，B 项错误，C 项正确。《关于争端解决规则与程序的谅解》第 22 条第 3 款规定：在考虑中止哪些减让或其他义务时，上诉当事方应运用以下原则和程序：(1) 总原则是上诉当事方应首先谋求中止涉及专家小组或受理上诉机构在其中发现有违反或其他取消或损害情况部门的减让或其他各项义务。(2) 若该当事方认为中止涉及这一部门的减让或其他各项义务并不切实可行或有效，则它可以谋求中止同一协议其他部门中的减让或其他各项义务。(3) 若该当事方认为中止涉及同一协议其他部门中减让或其他义务并不切实可行或有效，且情况十分严重，则它可以谋求中止另一有关协议中的减让或其他各项义务。由此可见，争端解决机制规定报复的行业或部门必须是自有争议和遭受损害的同一部门进行；报复应限于相当于利益丧失或损害的程度。如果受损害一方认为仅报复一个行业或部门无效或不能达到平衡，则可在其他的部门进行交叉报复。DSU 还规定，在情况非常严重的时候，报复可以针对 WTO 的另外一个协议，实施跨协议报复。因此，D 错误。

9. **答案**：BD。根据 WTO《关税与贸易总协定》国民待遇的要求，外国进口产品享受的待遇不得低于国内同类产品，本案中，乙国对进口药品征收比国产同类药品更高国内税的行为明显违反了国民待遇原则，A 项错误、D 项正确。甲国某公司在乙国的药店构成常设机构，对其营业所得乙国可行使来源地税收管辖权，B 项正确。最惠国待遇原则的目的是保证不同外国产品、服务和服务提供者、知识产权和知识产权人相同的待遇，本题与最惠国待遇无关，C 项错误。

不定项选择题

1. **答案**：C。本题考查世贸组织争端解决机构。A 项，如果乙国未提出主张，专家组不可以因相关性作出裁决；B 项，甲乙两国须经过磋商，不必须经过仲裁和调解程序；D 项，如果甲国拒绝履行，乙国可以采取报复性措施。故 ABD 项错误。
2. **答案**：D。《关税与贸易总协定》要求适用最惠国待遇，缔约国之间对于进出口货物及有关的关税规费征收方法、规章制度、销售和运输等方面，一律适用无条件最惠国待遇原则。但关税同盟、自由贸易区以及对发展中国家的优惠安排都作为最惠国待遇的例外。WTO 体制的最惠国待遇原则规定于 GATT 文本的第 1 条中，其中表述“……每一成员对来自或运往其他国家的产品所给予的利益、优待、特权或豁免，应当立即无条件地给予来自或运往其他成员的相同产品”。所以，A 项在不同产品之间适用不同的关税，没有违反最惠国待遇，是错误选项。BC 项未违反最惠国待遇，是错误选项。D 项违反了最惠国待遇，是正确选项。

名词解释

1. **答案**：根据 WTO 协议设立的 DSB（Dispute Settlement Body），是唯一有权设立解决争议的专家小组，是通过专家小组和上诉机构的报告和建议解决争议的权威机构，并负责监督对所通过的裁定和建议的实施。DSB 这些职能的发挥，主要是通过它所设立的专家小组和上诉机构实现的。
2. **答案**：按照 GATT1947 关于争议处理的程序，专家小组的报告书如果没有全体一致的同意就不能通过。只要有一国反对（包括有关的当事国），专家小组的报告就不能通过。为了提高争议解决的效率，WTO 现行的争议解决程序采用了“全体一致否认”（Negative Consensus）的通过方式，即在通过专家小组的报告及有关的报复措施的决定时，只要不是全体一致反对，该特定的提案就算通过。

简答题

1. **答案**：WTO 争端解决机制的程序有关 WTO 争端解决机制的规定具体凝结在《建立世界贸易组织（WTO）协定》附件 2 即《关于争端解决规则与程序的谅解》之中。具体的内容包括：（1）当事人自行协商解决的方法（磋商）《关于争端解决规则与程序的谅解》第 4 条规定，WTO 的任何缔约方认为其他缔约方采取的措施影响了自己根据有关协定享有的利益，可以要求进行协商。要求协商的一方应将申请提交争端解决机构（简称 DSB），及有关的理事会和委员会。收到协商申请的成员方应自收到请求的 10 日内作出答复，并在 30 天内（紧急情况下为 10 天）进行协商，60 天内（紧急情况下为 20 天）解决争端。双方若未在 60 天内解决争端，或者收到申请的一方未在规定期限内作出答复或进行协商，则申请协商一方可要求 DSB 成立专家小组。《关于争端解决规则与程序的谅解》还规定，凡与此争端有重要利害关系的其他缔约方可请求参与协商。

（2）第三方协助解决的方法（斡旋、调解、调停或仲裁）。第一，斡旋、调解与调停。这是由第三方协助解决争端的方式。《关于争端解决规则与程序的谅解》规定，有关争端当事人可以在自愿的基础上，随时将争端提交第三方斡旋、调解解决，随时开始，随时终止。协议鼓励各缔约方在解决争端的 60 天期限内，利用斡旋、调解或调停的方法解决争端。如果该程序一旦被终止，起诉方有权请求成立专家组，但是如果各当事国同意，专家小组在工作时仍可运用斡旋、调解、调停的方式。第二，仲裁作为另一种可供选择的解决贸易争端的方法被广泛采用。它是由争端双方达成一致的仲裁协议，将争端提交仲裁，并将仲裁裁决及时通知 DSB 及有关的理事会或委员会。

（3）争端解决机构解决争端的方法。第一，专家小组程序。此程序是在解决 WTO 成员方争端实践中广泛运用的主要方式。《关于争端解决规则与程序的谅解》第6条规定，当协商、斡旋、调解、调停均不能解决争端时，争端一方以书面形式向DSB提交成立专家小组的申请，申请中应阐明是否已经进行了磋商，对争议事项应提出简要概述并说明法律依据。只要申请方请求，则应在DSB首次将该项请求列入日程后最后一次会议上成立专家小组，除非DSB一致同意不设立专家小组。专家小组通常由秘书处指定3~5名中立方的人员组成，这些人员通常在国际贸易领域有丰富的知识和经验，并且应具有不同的背景，能独立、公正地处理争端。第二，上诉审查程序。如果争端一方对专家小组的报告持有疑义而提出上诉，或者DSB一致同意不予通过专家组的报告，则案件进入上诉审查程序。上诉只能由争端当事国提出，并且上诉事由只能限于专家小组报告中的法律问题及专家小组所作的法律解释。上诉机构的报告应于上诉决定通知DSB之日起60天作出。如不能如期完成，应以书面形式向DSB报告延迟原因，并告知预计期限，但最长不得超过90天。上诉机构的报告可维持、修改或驳回专家组的裁决或决定。DSB应自上诉机构的报告作出并发送各成员方之日起30天内通过上诉机构的报告，除非DSB一致决定不通过该报告。上诉报告一经通过，各争端当事方均应无条件接受。DSB的上诉机构是常设性机构，由7名具有法律、国际贸易和有关协定专门知识的权威人士组成，任期4年。每一个案件应由其中3人处理。上诉机构与任何政府无关，不隶属于任何政府。第三，最后手段。补偿与报复《谅解协议》规定，在专家组报告或上诉审议报告被通过后的30天内，有关当事方必须就其是否执行建议或裁决的意向作出声明。若有关当事方认为立即履行建议不切实际，DSB应给予其一段合理期限，允许其在合理期限内执行。若该当事方在合理期限内仍未履行建议或裁决，则必须于合理期限届满前与上诉方磋商，以达成为各方所接受的补偿办法。若在合理期限结束后20日内未达成补偿协议，则最初提出申诉一方可要求DSB授权报复，终止履行其根据有关协定承担的关税减让义务或其他义务，除非DSB一致拒绝该报复。终止履行关税减让义务或其他义务的程度应与其受损程度相等。若有关缔约方对终止实施关税减让义务或其他义务的程度存在异议，或报复未遵守规定原则、程序，可提交仲裁。仲裁应尽可能由原专家小组进行，仲裁过程中有关当事方不得终止减让义务。仲裁裁决为终局裁决。在通知DSB后，由其作出继续维持、修改或撤销原先报复授权决定。

2. 答案：（1）统一了争端处理程序。WTO争端解决机制不仅把GATT的货物贸易领域的各种争端处理程序统一起来，还把服务贸易协定及知识产权协定的争端处理程序统一起来，制定了适用于货物贸易、服务贸易及知识产权等所有领域统一的争端处理程序，范围非常广泛。这种统一的机制对于提高争端解决的效力和加强各争端解决程序之间的协调，具有非常积极的意义。

（2）设立了专门的争端强制管辖机构（DSB）。《关于争端解决规则与程序的谅解》建立了统一专门的争端解决机构（DSB），负责管理规则与程序以及各有关协议中协商与解决争端的条款，DSB具有独立履行司法职能的全部权力，从而克服了关贸总协定中常遇到的争端双方“选择规则”（Rule Shopping）和“选择机构”（Forum Shopping）的困难，使解决争端专业化、法治化。

（3）规定了争端解决的时限。GATT争端解决规则只规定各个程序在“合理期限”内完成。有些案件以合理为由拖三年至五年，到作出裁决时已失却了诉讼价值。《关于争端解决规则与程序的谅解》对争端解决的各程序规定了严格时限。WTO争端解决机制中，能够在一年之内完成争端解决程序，克服了GATT中某些案件拖延时间的弊端。

（4）确立了新的否决一致原则（Negative Consensus）。WTO争端解决机制采用否决一致原则，大大推动了争端解决进程，当一成员方认为其他成员方的行为违背了WTO原则或使其在WTO规则下享有的利益丧失或受到损害时，它就有理由期望获得迅速有效的解决，从而加强了 WTO 争端解决机制的有效性和权威性。

(5) 增设了上诉评审程序（DSU）和上诉机构。设立了上诉评审程序，并由 DSB 设立了一个受理上诉的常设机构，这样，便达到在争端解决程序的司法性大大加强的情况下又确保了专家小组报告的合法性和维护当事方权益的目的。

可见，上诉评审程序通过对专家小组评审工作的再评审，可以防止错案的发生，保证对有关协议规则的正确适用。更为重要的是，上诉机构在适用有关法律规则时所作的解释可以使有关规则的模糊内容得到明确，而这种解释在同类案例中的反复援用，还可能起到发展世贸组织法以及增强世贸组织法实施的可预见性的作用。

(6) 引入交叉报复权，加大了裁决的执行力度。DSU 规定在专家小组或上诉机构报告通过的 30 天内进行的 DSB 会议上，有关的成员方应通知 DSB 有关其执行 DSB 各项建议和裁决的意向，如果不能立即执行，可在一段“合理时间”内做到，这段“合理时间”不得超过 15 个月。如果在这段时间内不能做到，则须与起诉方谈判，以确定可相互接受的补偿。

在上述方法都不可行的情况下，DSB 还可以授权中止关税减让或其他义务，包括实行“交叉报复”。显然，通过授权交叉报复，使有关当事方可以选择更有效的方式对违反协议的情况进行报复，有助于提高 WTO 争端解决机制的效力。

(7) 采用政治说理与法律方法相结合处理纠纷。WTO 争端解决机制将政治说理方法与法律方法结合起来，形成了独特的和平解决争端制度。以磋商、斡旋、调解和调停等形式为主要内容的政治说理使争端当事方的争端获得满意的解决；以仲裁、专家小组、上诉机构为主要内容的法律方法，可以弥补协商等政治说理方式的不足，为合理解决国际争端提供有力的制度保障。

论述题

1. 答案：争端解决的程序：

(1) 由发生纠纷的国家之间自行协商，通过磋商解决争端。

(2) 如果磋商未能取得一致的意见，一方可将争端提交关贸总协定，要求成立专家组调查处理纠纷。

(3) 专家组一般应在 3 个月内对争端双方分别进行调查，然后写出调查报告。

(4) 由专家组将其报告提交给有关的委员会或理事会，由其对报告进行审查，并决定是接受、修改或退回专家组报告。

(5) 专家组报告如获通过，有关委员会就说服该违反总协定的成员方改变其贸易措施或法律规定，使其符合关贸总协定的要求。

争端解决机制在实践中的缺陷：

(1) 解决争议所需的时间过长，一般都在 1 年以上。

(2) 在关贸总协定的委员会或理事会审议专家组报告时，被诉一方往往可阻挠专家组报告的通过。

(3) 即使专家组报告获得通过，也并没有强制效力，委员会只能说服有关国家纠正其不符合关贸总协定规定的做法，如果遭其拒绝，其最坏结果也只是该违反规定的国家退出总协定，而决议仍不能得到执行。

2. 答案：(1) ICSID 所确立的投资争端解决机制的特色主要体现在三个方面：其一是中心对管辖权的规定；其二是中心的排他管辖性；其三是中心在适用法律上所体现出的特点。

就管辖而言，公约第 25 条从三个方面进行了规定：一是主体要件，根据公约的规定，争议当事人一方必须是缔约国国家或缔约国指派到中心的该国任何组成部分或机构，他方必须是另一缔约国国民。二是主观要件，对于在公约缔约国之间所产生的投资争端并不因为双方是公约的缔约国就必然地接受中心的管辖，双方当事人还必须书面达成将争议提交中心管辖的意思一致性，同意一经作出，任何一方不得单方面予以撤销。三是客观要件，投资争议必须是直接产生于投资的法律争议，“投资”既包括传统类型的资本投资，也包括各种现代类型的非资本出资形式的投资，如服务合同与技术转让等。

就中心管辖的排他性而言，这主要体现在公约第 26 条对东道国当地救济的排他性及第 27 条对投资者本国外交保护权的排他性。公约第 26 条规定，除非另有约定，双方同意提交中心管辖的仲裁案件，不得再提交其他任何程序解决，而其他任何机构也不应受理。然而，争议缔约国一方可以要求把首先用尽当地各种行政或司法补救办法作为其同意提交中心仲裁的一个条件。第 27 条规定，对于双方已同意提交中心仲裁的争议，投资者本国不得行使外交保护权或提出外交保护或提出国际要求，除非争议的国家一方未能遵守和履行对此项争议所作出的裁决。

中心仲裁所适用的法律具体规则如下：当事人意思自治原则、当事人未选择法律的补救规则、禁止拒绝裁决的原则及公平与善意的原则。

评价：客观而言，对于 ICSID 所创立的投资争端解决机制应从积极与消极效应两个层面进行客观的分析。就积极方面来说，由于公约毕竟是发达国家与发展中国家关于国际投资争端解决机制问题在相互协调与妥协基础上第一次所作的比较成功的尝试，其在一定程度上体现了不同国家的主张与利益，同时从中心的管辖权等来分析，它所规定的解决方法具有自愿性、有效性与灵活性等特点。此外，就仲裁庭在适用法律上所作的安排来说还是比较有特色的，如从所能适用的法律排列顺序上来看，其首先是当事人之间意思自治。其次在一定层面上解决了东道国法律与国际法在适用上的冲突问题。

从消极的方面来说，中心所确立的解决机制也并非完善的，它也存在一些漏洞，这无疑使其实际效应大打折扣。其一，公约规定的弹性条款太多；其二，公约第 52 条关于撤销措施的规定更是令人对中心争端解决机制的实然性结果产生疑问。

（2）《关于争端解决规则与程序的谅解》确立了一套较为统一的争端解决机制。对于这种争端解决机制可从以下几个方面进行分析：

其一是程序方面，这种争端解决机制在程序方面由六个部分组成，即强制性的双边协商；选择性的调停、斡旋及仲裁；公正独立的专家组程序；上诉审查程序；争端解决机构的接受或批准；受监控和管制的制裁程序。其二是在适用范围上，该法律文件效力主要表现在对物适用、对时效适用及对人适用范围三个方面。就对物之适用范围来说，在不损害特别或另外争端解决规则与程序的前提下，《关于争端解决规则与程序的谅解》适用于与 WTO 体系所有法律文件相关的任何争端；在时效方面，WTO 争议解决机制只适用于 WTO 协定生效后世界贸易成员方之间因适用上述国际法律文件所发生的争端；在对人的效力方面，《关于争端解决规则与程序的谅解》主要适用于世界贸易组织成员方相互之间因解释和适用上述国际法律文件所产生的各种争端。此外，在原则上，世贸组织成员方之间因解释与适用上述法律文件所产生的争端亦应依据《关于争端解决规则与程序的谅解》加以解决。同时，其第 24 条第 1 款也对不发达国家规定了一些特殊规则，如规定在确定与不发达国家有关的某项争端的原因及争端解决程序的所有阶段，应对不发达国家的特殊情况给予特别考虑。其三是从 WTO 争端解决机制的法律性质而言，这种机制是一种新型的、独特的国际经济组织争端解决机制，从其属性来说，它既非全司法性的，又非全政治性的争端解决机制，相反其呈现出的是一种司法性与政治性相兼容的特色。

评价：虽然 WTO 并非以解决国际投资法律问题为主要目的，然而其对与贸易相关的投资措施法律问题等的规定，已使 WTO 间接地切入了国际投资法领域，与此相关的争端解决问题也必将被纳入 WTO 争端解决机制中，在一定层面上来说，这是国际投资法的新发展，因为它已在实然上突破了传统国际投资法的空间。同时，由于 WTO 协定在本质上还有一个不同于其他国际公约的特点，那就是定期与不定期的多边贸易谈判不时地使WTO法律体系处于一个不断演变的过程中，这一特点肯定也会带动国际投资法在该区域的发展。此外，司法解决方式在投资争议解决中的作用日益得到加强。与贸易相关的投资争端为一种较特殊性的争议，就目前的国际法制而言，世界各国还没有找到较好的解决方法，然而WTO法律规则体系则采取了TRIMs、TRIPs及GATS协议等方式切入了国际投资法领域，它为逐步废除某些对国际贸易与国际投资具有比较明显的扭曲作用的投资立法与政策提供了强有力的实体法依据，也为投资者或贸易商人借助WTO途径对其遭受的损害进行补救提供了强有力的程序法规则。

第二十九章　国家与他国国民间投资争议的解决

单项选择题

1. 答案：B。提交“解决投资争端国际中心”，调停或仲裁的争端，必须是直接由于投资引起的争端。
2. 答案：C。1965 年《关于解决国家和他国国民之间投资争端公约》简称《华盛顿公约》。
3. 答案：C。1965 年《关于解决国家和他国国民之间投资争端公约》是在世界银行主持下制定的。
4. 答案：C。国家与他国国民之间投资争议的解决方法提交国际法院的案件主体必须是国家，这是《国际法院条约》明确规定的。故 C 项是国家与国家之间投资争议的解决方法，而不是国家与他国国民之间投资争议的解决方法。而 ABD 项都可以作为国家与他国国民之间投资争议的解决方法。
5. 答案：A。若纠纷要交由中心管辖，须双方当事人以书面形式同意提交中心解决，所以，A 错误，当选；B 正确，不当选。但国家一方可以用尽当地救济作为其同意提交中心裁决的条件，所以，若乙国未提出先用尽当地救济然后才能提交中心的特别规定，中心的管辖就不以用尽当地救济为条件，C 正确，不当选。中心在解决法律争端时，首先适用双方协议选择的法律，所以 D 正确，不当选。

不定项选择题

1. 答案：ABCD。国际投资中，不同国籍合营者或合作者之间由于对合同的解释或履行而发生争端，可采取的解决办法有政治解决与司法解决。其中政治解决方式包括谈判与协商、斡旋与调停。司法解决方式是指诉讼。
2. 答案：ACD。根据《关于解决国家和他国国民之间投资争端公约》第 42 条第 1 款规定，仲裁庭应依照双方可能同意的法律规则判定一项争端。如无此种协议，仲裁庭应适用争端一方的缔约国的法律（包括其关于冲突法的规则）以及可能适用的国际法规则。
3. 答案：ABC。中心行使管辖权的必要条件之一是：当事双方的同意。凡提交中心解决的特定争议，当事双方必须订有将该特定争议提交中心解决的书面仲裁协议，而此项协议的存在，是中心取得对该特定争议行使管辖权的必要的实质要件，任何一方当事人均不得单方面撤回其已经表示的同意。
4. 答案：CD。中心的宗旨是解决《关于解决国家和他国国民之间投资争端公约》各缔约国与其他缔约国国民之间的投资争议提供调解和仲裁的便利，故 A 不选。并且在仲裁时应当适用双方共同选择的法律，如无此项选择，应当适用争议一方的法律，包括法律中有关的冲突规则，以及可适用的国际法规则。
5. 答案：C。公约规定的三个条件是：①主体资格条件，争端当事人的一方须是缔约国或其下属机构及代理机构，另一方须是另一缔约国的国民；②客体条件，争端必须属于“法律争端”的性质，并且是“直接由于投资而引起”；③主观要件，必须有争端当事人各方的同意，即书面明示将争端提交中心解决。本题中，选项 A 的错误在于争端不是发生在国与国之间，其中一方当事人必须是一国国民；选项 B 的错误是须以书面形式同意提交；选项 D 的错误在于不是因间接投资而是因直接投资引起的法律争端。
6. 答案：ABCD。“中心”管辖的争端必须是因直接投资而产生的法律争端。所以，A 正确。关于“法律争端”，“中心”董事会报告认为，“争端必须是关于法律权利或义务的存在或其范围，或是关于因违反法律义务而实行赔偿的性质或限度的”。所以，B 正确。批准或加入公约本身并不等于缔约国承担了将某一特定投资争端提交中心调解或仲裁的义务。中心仅对争端双方书面同意提交的争端有管辖权。所以，C 正确。“中心”的裁决对于争端各方均具有约束力，不得采取上诉或任何其他除本公约规定外的补救方法。所以，D 正确。

名词解释

答案：解决投资争端国际中心（International Center for the Settlement of Investment Dispute，简称中心或 ICSID）是根据 1965 年《关于解决国家和他国国民之间投资争端公约》设立的，是世界银行所属的根据《关于解决国家和他国国民之间投资争端公约》专门处理国家与他国国民之间的投资争议的国际机构，总部设在美国首都华盛顿。

论述题

答案：（1）友好协商和谈判解决。这种解决争议的方法可以规定在政府与外国当事人订立的特许协议中。在中法保护投资协定及美式双边保护投资协定中，都规定投资争议应尽量通过友好协商和谈判解决。这种解决方法有利于维持投资者和东道国之间的友好合作关系。

（2）“当地救济”方法。投资争议发生后，可以向东道国行政当局申请或向东道国法院提起诉讼。此种途径符合国际法上公认的“属地管辖权”原则，并为发展中国家所主张和拥护，但在外国投资者看来，此种途径是下策，他们担心东道国的受理机关难免有所偏袒，执法不公。

（3）通过外交途径解决。即采用外交保护的方法。由外国投资者所属国的政府有关部门通过外交途径向东道国政府提出国际请求，由两国政府之间通过谈判解决。但行使外交保护的前提，是用尽当地救济。

（4）仲裁方法。这是当事人自愿解决争议的方法，其前提是存在将争议提交仲裁解决的仲裁协议。根据 1965 年《关于解决国家和他国国民之间投资争端公约》设立的解决投资争端国际中心（ICSID），就是为了给通过仲裁方式解决国家与外国投资者之间的争议提供便利。解决投资争议是 ICSID 的主要职责。由于仲裁内容的区别，ICSID 较之其他的商事仲裁机构存在些许差别，表现在管辖权方面，ICSID 管辖权的行使，必须：①由具有缔约国国籍的国民（法人和自然人）的双方提交仲裁申请。②双方当事人自愿将争议提交 ICSID 处理。③争议内容与投资项目有直接关系，其中包括各种直接投资或间接投资。④属于法律争议。如合同的准据法、国民待遇和最惠国待遇、特许协议、国有化问题、投资双方的民事主体地位等。此外，针对投资争议的特性，调解解决是重要的处理纠纷方式，由调解委员会根据调解程序规则主持进行，最大限度地发挥国际社会的法律兼容性，逐渐成为仲裁和诉讼的基础。

综合测试题一

单项选择题

1. **答案**：A。经济主权原则是国际经济法的首要基本规范。
2. **答案**：A。CIF 是在装运港船上交货，CIP 是货交承运人，而 CFR 术语下，根据 2010 年《国际贸易术语解释通则》A4、A5、B5 的规定，货物的风险是在装运港船上转移。
3. **答案**：C。AB 错 C 对，根据签发提单时货物是否已装船，可将提单划分为已装船提单和收货待运提单。银行一般只接受已装船提单。已装船提单，是指由船长或承运人的代理人在货物装上指定的船舶后签发的提单。装载日期即提单的签发日。D 错，根据提单有无批注，可将提单划分为清洁提单和不清洁提单。
4. **答案**：B。根据《海牙规则》第 4 条规定，承运人的免责条款，主要包括过失免责和无过失免责。承运人的过失免责，是指船长、船员、引航员或承运人的受雇人员在驾驶船舶或管理船舶上的行为、疏忽或过失引起的货物灭失或损坏，承运人可以免除赔偿责任；承运人的无过失免责，通常是指船舶发生火灾、海上灾难、意外事故、天灾、不可抗力、船舶潜在缺陷、货物固有缺陷等。A 可以免责，A 项表述属于货物固有缺陷；B 错，B 项表述并非疏忽或过失，而是故意；C 可以免责，C 项表述属过失；D 可以免责，D 项表述属不可抗力。
5. **答案**：C。在国际税法上，收入来源地税收管辖权已经得到广泛的承认。
6. **答案**：D。根据《服务贸易总协定》第 1 条第 1 款、第 2 款的规定，协定适用于各成员影响服务贸易的措施，包括：（a）从一成员境内向任何其他成员境内提供服务；（b）在一成员境内向任何其他成员的服务消费者提供服务；（c）一成员的服务提供者在任何其他成员境内以商业存在提供服务；（d）一成员的服务提供者在任何其他成员境内以自然人的存在提供服务。其中“服务”包括任何部门的任何服务，但在行使政府权限时提供的服务除外。所以，A 选项错误。境外消费（Consumption abroad）是指服务的提供者在一成员的领土内向来自另一成员的消费者提供服务。这种服务提供方式的主要特点是，消费者到境外去享用境外服务提供者提供的服务。所以，中国公民接受国外某银行在中国分支机构的服务不属于协定中的境外消费，B 选项错误。第 2 条第 1 款规定最惠国待遇是在本协定项下的任何措施方面，各成员应立即和无条件地给予任何其他成员的服务和服务提供者以不低于其给予任何其他国家相同的服务和服务提供者的待遇。所以，无论是服务产品或服务提供者，都享有最惠国待遇，所以，C 选项错误。第 17 条规定的国民待遇是指在列入其承诺表的部门中，在遵照其中所列条件和资格的前提下，每个成员在所有影响服务提供的措施方面，给予任何其他成员的服务和服务提供者的待遇不得低于其给予本国相同服务和服务提供者的待遇。此外，本协定的规定不得解释为阻止任何成员赋予或给予其毗邻国家优惠，以便利毗邻的边境地区进行当地生产和消费的服务的交换。所以，D 选项正确。
7. **答案**：C。国际民商事争议的解决方式包括调解、仲裁、诉讼。调解是当事人自愿将争议提交给第三者，并在第三者的主持和促使下达成和解协议，解决争议的方法。故 A 正确。但是当事人之间的调解协议仅具有合同的效力，不能够申请强制执行。故 B 正确。仲裁是指根据当事人事先或者事后达成的仲裁协议，将争议提交给他们选定的仲裁机构，由仲裁机构依法作出裁决，解决争议的一种方式。仲裁过程中，仲裁庭可以征得当事人同意后进行调解，调解成功即结案。故C错误。诉讼是指由有管辖权的法院依法对当事人之间的争议进行裁判以解决争议的一种方式。诉讼过程中，合议庭可以征得当事人同意后进行调解，调解成功即结案。故D正确。所以，本题答案为C。

8. **答案**：B。《反倾销条例》第20条规定："商务部可以采用问卷、抽样、听证会、现场核查等方式向利害关系方了解情况，进行调查。商务部应当为有关利害关系方提供陈述意见和论据的机会。商务部认为必要时，可以派出工作人员赴有关国家（地区）进行调查；但是，有关国家（地区）提出异议的除外。"故A错误。第42条规定："反倾销税税额不超过终裁决定确定的倾销幅度。"故B正确。第31条规定："倾销进口产品的出口经营者在反倾销调查期间，可以向商务部作出改变价格或者停止以倾销价格出口的价格承诺。商务部可以向出口经营者提出价格承诺的建议。商务部不得强迫出口经营者作出价格承诺。"故C错误。第48条规定："反倾销税的征收期限和价格承诺的履行期限不超过5年；但是，经复审确定终止征收反倾销税有可能导致倾销和损害的继续或者再度发生的，反倾销税的征收期限可以适当延长。"故D错误。

9. **答案**：A。选项A正确。优先权的获得并不是自动的，需要申请人于在后申请中提出优先权申请并提供有关证明文件。选项B错误。发明专利和实用新型专利为12个月，外观设计和商标为6个月。选项CD错误。《巴黎公约》第4条第3款第4项规定，如果后来提出申请时，在先的申请已被撤回、放弃或驳回，而没有提供公众审阅，也没有遗留任何未定的权利，并且如果在先的申请尚未成为请求优先权的根据，则应按照本款第2项规定在本同盟同一个国家内就在先的申请的同样主题所提出的后来申请应认为是第一次申请，其申请日应为优先权期限的开始日。此后，在先的申请就不得作为请求优先权的根据。据此可知，在先申请的撤回、放弃或驳回不一定影响该申请的优先权地位。

10. **答案**：A。《最高人民法院关于审理信用证纠纷案件若干问题的规定》第10条规定："人民法院认定存在信用证欺诈的，应当裁定中止支付或者判决终止支付信用证项下款项，但有下列情形之一的除外：（一）开证行的指定人、授权人已按照开证行的指令善意地进行了付款；（二）开证行或者其指定人、授权人已对信用证项下票据善意地作出了承兑；（三）保兑行善意地履行了付款义务；（四）议付行善意地进行了议付。"因此，A项说法正确。

多项选择题

1. **答案**：BC。国际商业惯例，是在长期的国际交往过程中形成的习惯性做法。

2. **答案**：ABC。在国际贸易中，单据对买方很重要，特别是在象征性交货的情况下，单据可能影响到买方是否能及时提取货物和转卖货物，也会影响到买方办理相关的海关手续。《联合国国际货物销售合同公约》第34条对卖方交付单据的义务进行了规定，依该条规定，如果卖方有义务移交与货物有关的单据，他必须按照合同约定的时间、地点和方式移交这些单据。因此，A项正确。如果卖方在约定的时间以前已移交这些单据，则可在时间届满前纠正单据中任何不符合合同约定的情形，但是，此项权利的行使不得使买方遭受不合理的不便或承担不合理的开支。而且，买方可以保留公约规定的要求损害赔偿的权利。因此，BC项说法正确。在买方承担不合理开支的情况下，买方有权要求赔偿，但是无权未经买方同意改变移交单据的地点和方式。因此，D项说法错误。

3. **答案**：ABCD。《反倾销条例》第27条规定：有下列情形之一的，反倾销调查应当终止，并由商务部予以公告：（1）申请人撤销申请的；（2）没有足够证据证明存在倾销、损害或者二者之间有因果关系的；（3）倾销幅度低于2%的；（4）倾销进口产品实际或者潜在的进口量或者损害属于可忽略不计的；（5）商务部认为不适宜继续进行反倾销调查的。来自一个或者部分国家（地区）的被调查产品有前款第（2）（3）（4）项所列情形之一的，针对所涉产品的反倾销调查应当终止。

4. **答案**：AC。中国在世界贸易组织中的权利义务分为两部分：一部分是各成员都承担的规范性义务，另一部分是中国加入世界贸易组织议定书中中国作出的承诺，是中国承担的独特义务。所以，B 项中国只根据议定书及其附件承担义务的说法是错误的。中国加入世界贸易组织的条件规定在《中国加入世界贸易组织议定书》及其附件中。该议定书及附件构成了世界贸易组织协定的一部分。中国与其他成员方进行的加入谈判结果和中国作出的具体承诺，也是该议定书的组成部分。所以 A 项正确，D 项错误。《中国加入世界贸易组织议定书》中规定了贸易经营权、倾销与补贴中的非市场经济的规定、特定产品的过渡性产品保障机制和针对中国纺织品的特殊保障措施。所以，C 项正确。

5. **答案**：AC。本题考查国际货物贸易中卖方知识产权担保义务和运输途中货物风险转移问题。在国际货物贸易中，卖方必须保证其所交付货物是第三方不能依据买方营业地所在国法律或约定的转售第三国法律提起知识产权侵权之诉。本案中，买方营业所所在地为中国，所以卖方保证第三方不能依据中国法提起侵权之诉即可，A 正确，B 错误。在途货物运输的风险原则上自买卖合同成立时转移而非交付承运人时转移，否则对买方太不公平。所以，C 正确，D 错误。

6. **答案**：CD。备用信用证，简称 SBLC（Stand By Letters of Credit）。又称担保信用证，是指不以清偿商品交易的价款为目的，而以贷款融资，或担保债务偿还为目的所开立的信用证。开证行保证在开证申请人未能履行其应履行的义务时，受益人只要凭备用信用证的规定向开证行开具汇票，并随附开证申请人未履行义务的声明或证明文件，即可得到开证行的偿付。备用信用证目前只适用《ICC 跟单信用证统一惯例》（UCP600）的部分条款。故 B 错误。备用信用证具有：（1）不可撤销性。除非在备用证中另有规定，或经对方当事人同意，开证人不得修改或撤销其在该备用证下之义务。故 A 错误。（2）独立性。备用证下开证人义务的履行并不取决于：①开证人从申请人那里获得偿付的权利和能力。②受益人从申请人那里获得付款的权利。③备用证中对任何偿付协议或基础交易的援引。④开证人对任何偿付协议或基础交易的履约或违约的了解与否。故 C 正确。（3）跟单性。开证人的义务要取决于单据的提示，以及对所要求单据的表面审查。（4）强制性。备用证在开立后即具有约束力，无论申请人是否授权开立，开证人是否收取了费用，或受益人是否收到或因信赖备用证或修改而采取了行动，它对开证行都是有强制性的。故 D 正确。

7. **答案**：AB。根据《最高人民法院关于适用〈中华人民共和国仲裁法〉若干问题的解释》第 3 条规定，仲裁协议约定的仲裁机构名称不准确，但能够确定具体的仲裁机构的，应当认定选定了仲裁机构。所以，A 项正确。第 6 条规定，仲裁协议约定由某地的仲裁机构仲裁且该地仅有一个仲裁机构的，该仲裁机构视为约定的仲裁机构。该地有两个以上仲裁机构的，当事人可以协议选择其中的一个仲裁机构申请仲裁；当事人不能就仲裁机构选择达成一致的，仲裁协议无效。所以，B 项正确，C 项错误。第 4 条规定，仲裁协议仅约定纠纷适用的仲裁规则的，视为未约定仲裁机构，但当事人达成补充协议或者按照约定的仲裁规则能够确定仲裁机构的除外。所以，D 项错误。

8. **答案**：ABD。平安险（Free from Particular Average）是指单独海损不负责赔偿。根据国际保险界对单独海损的解释，它是指保险标的物在海上运输途中遭受保险范围内的风险直接造成的船舶或货物的灭失或损害。依照中国人民保险公司《海洋货物运输保险条款》的规定，平安险的承保责任范围是：（1）被保险货物在运输途中由于恶劣气候、雷电、海风、地震、洪水等自然灾害造成整批货物的全部损失或推定全损。（2）由于运输工具遭遇搁浅、触礁、沉没、互撞、与流水或其他物体碰撞以及失火、爆炸等意外事故造成的被保险货物的全部或部分损失。(3) 运输工具已经发生搁浅、触礁、沉没、焚毁等意外事故的情况下，货物在此前后又在海上遭受恶劣气候、雷电、海风等自然灾害所造成的部分损失。(4) 在装卸或转运时由于一件或数件货物落海造成的全部或部分损失。(5) 被保险人对遭受承保责任内危险的货物采取抢救、防止或减少货损的措施而支付的合理费用，但以不超过该批货物的保险金额为限。(6) 运输工具遭遇海难后，在避难港由于卸货所引起的损失，以及在中途港、避难港由于卸货、存仓以及运送货物所产生的特别费用。(7) 共同海损的牺牲、分摊和救助费用。(8) 运输合同订有船舶互撞责任条款，根据该条款约定，应由货方偿还船方的费用。所以，对装卸过程中的货物损失，保险人应承担赔偿责任，A 选项正确，C 选项错误。依照中国人民保险公司《海洋货物运输保险条款》中的除外责任规定，不论是平安险、水渍险或一切险，对下列各项损失和费用，概不负赔偿责任：(1) 被保险人的故意行为或过失所造成的损失；(2) 属于发货人责任所引起的损失；(3) 在保险责任开始前，被保险货物已存在的品质不良或数量减差所造成的损失；(4) 被保险货物的自然损耗、本质缺陷、特性以及市价跌落、运输延迟所引起的损失或费用；(5) 海洋运输货物战争险条款和罢工险条款规定的责任范围和除外责任。所以对船长驾船过失导致的货物损失，保险人应承担赔偿责任，B 选项正确。《海牙规则》第 4 条第 2 款第 1 项规定，由于船长、船员、引航员或承运人的雇佣人在航行或管理船舶中的行为、疏忽或过失所引起的货物灭失或损坏，承运人可以免除赔偿责任。所以，D 选项正确。

9. **答案**：ABCD。一切险除包括水渍险的责任范围外，还负责被保险货物在运输中由于外来原因所致的全部或部分损失，所以，CD 正确。A 项属于平安险，B 项属于水渍险，均包括在一切险内。

10. **答案**：ACD。对于法人居民身份的认定各国有不同的标准：(1) 法人登记注册地标准，即依法人在何国注册成立来判断法人纳税居民的身份；(2) 实际控制与管理中心所在地标准，即法人的实际控制与管理中心所在地设在哪个国家，该法人即为哪个国家的纳税居民，董事会或股东大会所在地往往是判断实际管理中心所在地的标志；(3) 总机构所在地标准，即法人的总机构设在哪个国家，该法人即为哪个国家的纳税居民，总机构通常指负责管理和控制企业日常营业活动的中心机构。一些国家在确定居民身份时是采取两个以上的标准。依我国《企业所得税法》第 2 条的规定，我国实际采用了法人注册地和实际管理机构所在地两个标准。

11. **答案**：ACD。本题考查中国对知识产权保护的边境措施。权利人采取的措施：(1) 申请人：知识产权权利人请求海关采取知识产权保护措施或者向海关总署办理知识产权海关保护备案的，境内知识产权权利人可以直接或者委托境内代理人提出申请，境外知识产权权利人可以委托其在境内设立的办事机构或者境内代理人提出申请。委托境内代理人提出申请的，应当出具规定格式的授权委托书。(2) 备案期限：知识产权海关保护备案自海关总署准予备案之日起生效，有效期为 10 年，在上述有效期届满前 6 个月内，权利人向海关总署申请续展备案，每次续展备案的有效期为 10 年。(3) 申请法院措施：权利人在向海关提出采取保护措施的申请后，可依我国《商标法》《著作权法》《专利法》，在起诉前就被扣留的侵权嫌疑货物向人民法院申请采取责令停止侵权行为或者财产保全的措施。(4) 申请海关措施：权利人发现侵权嫌疑货物即将进出口的，可以向货物进出境地海关提出扣留侵权嫌疑货物的申请。海关应将扣留侵权嫌疑货物情况书面通知权利人，并将海关扣留凭单送达收货人或发货人。

12. **答案**：ABCD。国际税收协定的主要内容包括：协定的适用范围、有关定义的解释、对各项所得的课税安排、避免国际双重征税的措施、防止国际逃税、避税的措施、避免税收歧视的规定等。

13. 答案：ABC。《关于解决国家和他国国民之间投资争端公约》第 25 条第 1 款规定，中心的管辖适用于缔约国（或缔约国向中心指定的该国的任何组成部分或机构）和另一缔约国国民之间直接因投资而产生并经双方书面同意提交给中心的任何法律争端。当双方表示同意后，任何一方不得单方面撤销其同意。所以，A 选项正确。《多边投资担保机构公约》第 2 条规定，机构的目标应该是鼓励在其会员国之间，尤其是向发展中国家会员国融通生产性投资，以补充国际复兴开发银行（简称银行）、国际金融公司和其他国际开发金融机构的活动。为达到这些目标，机构应：（1）在一会员国从其他会员国得到投资时，对投资的非商业性风险予以担保，包括再保和分保；（2）开展合适的辅助性活动，以促进向发展中国家会员国和在发展中国家会员国间的投资流动；并且（3）为推进其目标，行使其他必要和适宜的附带权利。所以，多边投资担保机构是针对发展中国家领土内的投资。B 选项正确。《与贸易有关的投资措施协定》第 2 条规定，成员不得实施与 GATT 第 3 条国民待遇或第 11 条数量限制的一般取消不一致的投资措施。为此，各成员专门就禁止的投资措施制定了一份“解释性清单”，表明了被禁止的投资措施的多种表现形式，这些措施可表现为法律和法规形式，也可表现为政府的行政指令或裁决，还可表现为某种优惠政策。其中，包括违反国民待遇规定的投资措施——“当地成分要求”或“国产化要求”，即要求企业，无论是本国投资企业，还是外商投资企业，在生产过程中必须购买或使用一定数量金额或最低比例的当地产品。这种投资措施对贸易的扭曲作用主要是阻止或限制进口产品的使用。如规定购买与使用当地产品的数量或价值的比重等。所以，C 选项正确。另外，是贸易（外汇）平衡要求，规定外商投资企业为进口而支出的外汇，不得超过该企业出口额的一定比例。其中不符合 GATT1994 第 11 条一般取消进口数量限制原则的投资措施，包括国内法律或行政条例规定的强制性执行的措施，或者为了获得一项利益必须与之相符合的投资措施。具体包括：贸易（外汇）平衡要求，对外商投资企业的进口作出一般的限定，或规定不得超过该企业出口量或出口值的一定比例；进口用汇限制，规定外商投资企业用于生产所需的进口额应限制在该企业所占有的外汇的一定比例内；国内销售要求，规定外商投资企业要有一定数量的产品在东道国销售。协议中属于禁止使用的投资措施主要有 4 项，即当地成分要求、贸易平衡要求、进口用汇限制和国内销售要求。但协议并未要求成员不得实施出口实绩，技术转让和外资比例等投资措施。所以，D 选项错误。

不定项选择题

1. 答案：B。CIF 下货物灭失的风险以船舷为界，越过船舷，风险即转移给买方。

2. 答案：B。B 对 C 错，倒签提单是指出口商为了出口货物的结汇，在货物装船后，要求承运人签发的一种早于货物实际装船日期的提单。倒签提单是一种非法欺诈行为，是托运人与承运人合谋欺诈提单持有人的行为，承运人应承担相应的责任。

3. 答案：A。《反倾销条例》第 33 条第 3 款规定，商务部对倾销以及由倾销造成的损害作出肯定的初裁决定前，不得寻求或者接受价格承诺。所以，B 项错误。第 33 条第 1 款和第 2 款规定，商务部认为出口经营者作出的价格承诺能够接受并符合公共利益的，可以决定中止或者终止反倾销调查，不采取临时反倾销措施或者征收反倾销税。中止或者终止反倾销调查的决定由商务部予以公告。商务部不接受价格承诺的，应当向有关出口经营者说明理由。所以，C 项错误，商务部也可以不接受出口经营者作出的价格承诺。第 36 条规定，出口经营者违反其价格承诺的，商务部依照本条例的规定，可以立即决定恢复反倾销调查；根据可获得的最佳信息，可以决定采取临时反倾销措施，并可以对实施临时反倾销措施前90天内进口的产品追溯征收反倾销税，但违反价格承诺前进口的产品除外。所以，D项错误，出口经营者违反其价格承诺的，商务部可以恢复反倾销调查，而不是采取强制措施。第31条第2款规定，商务部可以向出口经营者提出价格承诺的建议。所以，A项正确。

4. **答案**：BC。和《巴黎公约》相比，《与贸易有关的知识产权协议》有以下特点：（1）规定驰名商标的特殊保护原则可以适用于服务标记；（2）将驰名商标特殊保护的规定比照适用于与该商标核准使用的商品或服务不相类似的商品或服务。

简答题

1. **答案**：我国对国际货物买卖的管制措施规定有：

（1）保障措施。我国《对外贸易法》第43条规定，因进口产品数量增加，使国内相同产品或者与其直接竞争的产品的生产者受到严重损害或有严重损害的威胁时，国家可采取必要的保障措施，消除或者减轻这种损害或损害的威胁。所谓必要的保障措施，是指规定进口限额或设定进口许可制度。

（2）反倾销。所谓"倾销"，指的是产品以低于正常价值的方式进口，并由此对国内已建立的相关产业造成实质损害或威胁，或者对国内建立相关产业造成实质阻碍的一种情况。当倾销情况发生时，国家可以采取必要的反倾销措施，各国的普遍做法是对倾销产品征收反倾销关税。

（3）反补贴。进口的产品直接或者间接地接受出口国给予的任何形式的补贴，并由此对国内已建立的相关产业造成实质损害或者产生实质损害的威胁，或者对国内建立相关产业造成实质阻碍时，国家可以采取必要措施，消除或者减轻这种损害或者损害的威胁或者阻碍。关于反补贴措施，各国的普遍做法是对接受补贴的产品征收反补贴关税。

2. **答案**：税收饶让抵免，又称税收饶让，是一种特殊的外国税收抵免制度。税收饶让抵免，是指居住国对其居民因享受来源国的税收减免而未实际缴纳的税额视同纳税额给予抵免。

与一般的外国税收抵免相比，税收饶让具有以下特点：第一，税收饶让抵免是为了使收入来源国对外资的税收优惠政策能够取得实效，同时，使国际投资者能从收入来源国的税收优惠中得到实惠，而不是像一般的外国税收抵免那样为了解决国际重复征税。第二，税收饶让抵免必须通过双边税收协定才能得到实施，一般的外国税收抵免在没有双边税收协定的情况下，其居民也能享受抵免的待遇。第三，在一般的外国税收抵免方面，各国的做法基本相同；但在税收饶让抵免方面，各国的做法则有较大的出入。

3. **答案**：（1）各成员必须遵守1971年《伯尔尼公约》实质规定，《伯尔尼公约》所定义的文学作品都属于TRIPs协议保护范围。但协议排除了《伯尔尼公约》第6条关于作者精神权利的保护。

（2）文学作品的保护期为作者有生之年加上死后50年。表演者、录音制作者的权利保护期为50年，自表演发生及录制完成之日起算（《罗马公约》规定保护期为20年）。广播权为20年，自播出之日历年年底算起。

（3）协议明确把计算机软件和数据编辑作品作为《伯尔尼公约》的文学作品来保护，弥补了《伯尔尼公约》的不足，也有助于打击这类盗版侵权活动。

（4）协议允许计算机软件、电影作品、唱片作品的作者享有租借权，即允许或禁止他人向公众出租其原作品和复制品的权利，这是多边国际公约中首次承认租借权。

论述题

1. **答案**：《海牙规则》《维斯比规则》和《汉堡规则》均是关于海上货物运输的公约，三个公约在承运人的责任原则、责任期间、责任限额、免责等方面有不同的规定，主要表现在：（1）承运人的责任原则。《海牙规则》在承运人的责任上采用的是不完全过失责任。因为承运人对于航行过失引起的损失可以免责。而《汉堡规则》在承运人的责任上采用的则是完全过失责任。《海牙规则》和《汉堡规则》规定的承运人的责任均为过失责任，但由于《海牙规则》有关于承运人航行过失免责的规定，因此是一种不完全的过失责任制。《汉堡规则》取消了承运人对航行过失的免责，因而是完全的过失责任制。同时，《汉堡规则》还采用了推定过失责任制，即在货损发生后，先推定承运人有过失，如承运人主张自己无过失，则必须承担举证的责任。另外，《汉堡规则》不但取消了承运人对船长、船员等在驾驶船舶或管理船舶上的过失免责，也取消了火灾中的过失免责。海运发达国家在火灾免责的废除上是持反对态度的，妥协的结果是将火灾的举证责任推给索赔人，即由索赔人举证承运人一方有过失。依《汉堡规则》的规定，承运人对火灾所引起的货物灭失、损坏或迟延交付负赔偿责任，但索赔人需证明承运人、其受雇人或代理人有过失。然而，由于货物在承运人的掌管之下，特别是当船舶在航行途中时发生的火灾，货方是很难举证的。因而，可以说承运人仍然可以间接享受到火灾的免责。

（2）承运人的责任期间。依《海牙规则》第1条第5项的规定，承运人的货物运输责任期间为从货物装上船起至卸完船为止的期间。这里是否包括装船和卸货的过程并不清楚，结合上述承运人“装载”和“卸货”和责任可以看出，这两个过程应该包括在内。至于装卸货从哪一点开始到哪一点为止，条文也未明确规定。在实践中，多将其理解为钩至钩责任。在使用岸吊的情况下，以船舷为责任期间的起止点。在使用驳船装卸货时，一般的解释是承运人的责任期间是从货物挂上船上吊钩起，至货物卸至驳船上止的期间。《汉堡规则》规定承运人的责任期间为货物在装货港、运送途中和卸货港在承运人掌管下的期间。与《海牙规则》相比，在《汉堡规则》下，承运人的责任期间是在装港和卸港向两头延长了，即承运人“收货”到“交货”的全部期间。

（3）承运人的赔偿责任限额。《海牙规则》第4条第5款规定，承运人对货物的灭失或损失的赔偿责任，在任何情况下每件或每单位不得超过100英镑，但托运人于装货前已申明该货物的性质和价值并在提单上注明者不在此限。

《维斯比规则》采用了双重责任限额制，即对货物的灭失或损害责任以每件或每单位10000金法郎或每公斤30金法郎为限，两者以高者计。双重责任限额给了货方选择的余地，使货方在货物单件较重的情况下能获得较高的赔偿。在采用货币币种的问题上，《维斯比规则》吸取了《海牙规则》因采用某国货币而引起种种贬值问题的教训，未使用某国的货币单位，而是采用了金法郎。金法郎为含纯度为900/1000的黄金65.5毫克的计算单位。关于成组运输工具的责任限制问题，《海牙规则》并未涉及，因为当时还没有这种方式的运输。为了适应使用集装箱等成组运输工具运输的发展，《维斯比规则》增加了关于在该类运输中件数的确定方法的规定。该规则规定如果货物是以集装箱、托盘或类似的运输工具集装的，则提单中载明的内装件数就是计算赔偿限额的件数。如提单上未注明内装件数，则以成组运输工具的件数为计算赔偿限额的件数。

《汉堡规则》提高了承运人的最高赔偿限额，规定承运人对货物灭失或损坏的赔偿责任限额为每件或每单位835特别提款权，或每公斤2.5特别提款权，以高者为准。《汉堡规则》也采用了对货主有利的双重责任限额。为了解决货币贬值问题，《汉堡规则》采用特别提款权为计算责任限额的单位。特别提款权是国际货币基金组织创设的一种储备资产和记账单位。创设时，1特别提款权等于0.888671克纯金。此外，规则还规定，如货损是由于承运人、其雇佣人或代理人故意造成的，则将丧失责任限制的权利。

（4）承运人的免责。《海牙规则》规定的承运人的免责共有17项，依第4条第2款的规定，对由于下列原因引起或造成的货物的灭失或损害，承运人不负责任：船长、船员、引水员或承运人的雇佣人在驾驶或管理船舶中的行为、疏忽或不履行职责；火灾，但由于承运人实际过失或私谋所造成者除外；海上或其他可航水域的风险、危险或意外事故；天灾；战争行为；公敌行为；君主、统治者或人民的扣留或拘禁或依法扣押；检疫限制；货物托运人或货主、其代理人或代表的行为或不行为；不论由于何种原因引起的局部或全面的罢工、关厂、停工或劳动力受到限制；暴乱和民变；暴乱指公众骚乱，民变为聚众非法制造混乱的行为；救助或企图救助海上人命或财产；由于货物的固有瑕疵、性质或缺陷所造成的容积或重量的损失，或任何其他灭失或损害；包装不当；标志不清或不当；尽适当的谨慎所不能发现的潜在缺陷；不是由于承运人的实际过失或私谋，或是承运人的代理人或受雇人员的过失或疏忽所引起的任何其他原因。上述最重要的是航行过失免责，《汉堡规则》取消了航行过失免责，加重了承运人的责任。

（5）延迟交货的责任。《海牙规则》没有规定延迟交货的责任，承运人为了避免货方向其索赔因延迟交货引起的损失，常常在提单中加入延迟交货的免责条款。货方因此也很少就延迟交货向承运人索赔。《汉堡规则》规定承运人应对延迟交货负责。延迟交货指未在约定的时间内交付，或在无约定的情况下，未在合理的时间内交付。承运人对延迟交货的赔偿责任限额为迟交货物应付运费的2.5倍，但不应超过应付运费的总额。

（6）关于保函的效力。保函是托运人为了换取清洁提单而向承运人出具的保证赔偿承运人因此而受到损失的书面文书。由于保函常常带有欺诈的意图，以往的案例通常判保函无效。《汉堡规则》第一次在一定范围内承认了保函的效力，这主要是考虑到在托运人与承运人对货物的数量等有分歧，而又无从查验时，出具保函可以免去许多麻烦，也是商业上的一种习惯的变通做法，但为了抑制保函的作用，规则规定，托运人为了换取清洁提单可向承运人出具保函，保函只在托运人与承运人之间有效。如保函有欺诈意图，则保函无效，承运人应赔偿第三者的损失，且不能享受责任限制。

（7）货物的适用范围。《海牙规则》不适用于舱面货和活牲畜。关于舱面货，《汉堡规则》规定，承运人依协议、惯例、法律的要求，有权在舱面装货，否则承运人应对将货物装在舱面上造成的损失负赔偿责任。关于活牲畜，《汉堡规则》规定，活牲畜的受损如是因其固有的特殊风险造成的，承运人可以免责，但承运人须证明已按托运人的特别指示办理了与货物有关的事宜。

（8）关于承运人与实际承运人的关系。《海牙规则》只有承运人的概念，没有关于实际承运人的规定，也没有对在转船、联运和租船进行班轮运输的情况下承运人的责任作出规定，以致订约承运人常常以自由转船等条款逃避在部分航程中或全部航程中的货损责任。受委托的实际承运人也可以非订约承运人为由拒绝货方的索赔。《汉堡规则》第10条规定，即使订约承运人将全程运输或部分运输委托给实际承运人，订约承运人仍应对运输全程负责。如果订约承运人和实际承运人都有责任，则两者负连带责任。

（9）诉讼时效。《海牙规则》在诉讼时效上规定，货方对承运人或船舶提起货物灭失或损害索赔的诉讼时效为1年，自货物交付之日起算，在货物灭失的情况下，自货物应交付之日起算。《维斯比规则》对《海牙规则》第6条作了两点修改：（1）诉讼时效为1年，双方协商，可以延长时效。（2）对第三者的追偿诉讼，在1年的诉讼时效期满后，仍有3个月的宽限期。依规则的规定，在对第三者的追偿诉讼中，只要在受诉法院所在地法律允许的期间之内，即使上述1年的时效届满仍可起诉，但允许的时间自提起此种诉讼的人已解决索赔案件，可向其本人送达起诉状之日起算，不得少于3个月。对第三者的追偿诉讼，如在租船运输的情况下，承运人在向提单持有人赔偿后，还要依租船合同向责任方追偿。这里因为包含了两个诉讼，所以需要的时间较长。《维斯比规则》针对这一情况规定了一个宽限期。《汉堡规则》规定的诉讼时效为2年，自承运人或实际承运人交付货物或交付部分货物，或者自应交付货物的最后1日起算。被索赔人可在上述诉讼时效期间之内向索赔人提出延长时效的书面声明，而且可通过再次声明进一步延长时效。此外，承运人向收货人赔付后在向第三方追偿时，即使上述时效已届满，仍可在诉讼所在国法律许可的时间内提起诉讼，但所许可的时间，自起诉人已解决对其索赔的案件，或已接到向其本人送达的起诉状之日起算，不少于 90 天。

2. 答案：（1）公约就违反合同的损害赔偿问题作了规定。一方当事人违反合同应负的损害赔偿额，应与另一方当事人因其违反合同而遭受的包括利润在内的损失额相等。

（2）这种损害赔偿不得超过违反合同一方在设立合同时，依照他当时已知道或理应知道的事实和情况，对违反合同预料到或理应预料到的可能损失。

（3）在宣告合同无效时如买方购买替代货物或卖方转售货物，赔偿额应包括合同价格与替代货物价格之间的差额，在没有购买或转售时出现的合同价格与时价之间的差额也包括在内。

（4）声称另一方违反合同的一方，必须按情况采取合理措施，减轻由于该另一方违反合同而引起的损失，包括利润方面的损失，如果他不采取这种措施，违反合同一方可以要求从损害赔偿额中扣除可以减轻的损失数额。

（5）损害赔偿救济是可以与其他救济措施同时适用的救济，请求损害赔偿的权利不因采取其他救济方法而丧失。违反合同一方是由于非他所能控制的障碍而违反合同的，不承担赔偿责任。

3. 答案：当限制性商业惯例或限制性贸易做法被具体地订入国际技术许可合同中，有关条款就被称为限制性条款。

（1）关于哪些约定属于限制性条款，各国立法不同。实践中主要体现为下列行为或条款：

①搭售条款；②限制竞争条款；③限制技术产品的生产或销售；④限制合同期限；⑤不合理地限制被许可方在合同期满后继续使用许可技术；⑥限制被许可方改进或发展许可技术；⑦限制被许可方的商标使用以及广告宣传等商业行为；⑧限制被许可方企业经营管理自主权；⑨限制被许可方使用技术的技术人员范围及技术使用范围；⑩限制被许可方就许可技术的有效性提出异议。

（2）国际技术许可活动中出现的限制性做法一般体现为：技术的供方依据其拥有的技术专有之垄断地位，对技术受方的相关经营活动实施不合理的限制。

（3）其目的在于限制对方的技术或市场竞争力以维护其技术或市场竞争优势，或带动其他商业的销售或过时技术的出口。

（4）其实质性后果是导致对自由贸易的限制。

案例分析题

1. 答案：（1）某国公司的抗辩具有理由。根据《联合国国际货物销售合同公约》第 42 条规定，卖方承担的货物工业产权或其他知识产权瑕疵担保义务，以卖方在订立合同时已经知道或者不可能不知道的权利或要求为限，并且该权利或要求是以转售地或其他使用地的法律作为依据。

（2）中国公司的请求具有理由。因为卖方明知中国公司将从某国公司购买的机床在土耳其销售或使用，第三人根据转售地土耳其的专利法对该批货物提出专利侵权损害赔偿，具有理由，某国公司违反了其知识产权瑕疵担保义务，理应承担违约责任。

2. 答案：（1）银行不能追回货款，因为卖方提交的单据与信用证相符。

（2）我进出口公司无权拒绝向银行付款赎单，因为信用证独立原则。

（3）我仲裁委员会有权受理此案，依据是双方订立的仲裁协议。

（4）依仲裁条款提请仲裁，向卖方要求损害赔偿或追回货款。

综合测试题二

单项选择题

1. **答案**：D。本题考查国际经济法的调整对象，国际经济法的调整对象是国家、国际组织、不同国家的法人与个人之间的经济关系。

2. **答案**：D。销售合同公约规定了国际货物买卖合同的订立、买卖双方的义务、货物风险的转移和合同的违约救济等，但由于参与谈判的各国分歧太大，所以公约不涉及以下三个问题：（1）合同效力或者惯例效力；（2）所售货物的所有权转移问题，要注意只是不涉及所有权转移问题，并非没有涉及所有权问题，因为在卖方的权利担保中，卖方应担保对其货物享有完全的所有权；（3）因货物造成的人身伤亡的责任问题。同时，（1）公约不调整如下几种合同：购买供私人、家人或家庭使用的货物的销售（属于消费合同，消费者权益保护属于各国专门法处理范围）；经由拍卖的销售；根据法律执行令状或其他令状的销售（有公权力牵涉其中，适用特别规则）；公债、股票、投资证券、流通票据或货币的销售（有些国家不认为是货物，同时有自己的特殊规则）；船舶、船只、气垫船或飞机的销售（有些国家视为不动产，都要求过户登记，规则不宜统一）；电力的销售（不可触及的特殊性，有些国家不视为货物）。（2）公约不适用于下列两类合同：由买方提供制造货物的大部分原材料的合同；供货一方的绝大部分义务在于提供劳务或其他服务的合同。注意如果劳务或服务并未构成绝大部分义务的，公约仍调整。（3）公约的适用是任意性的，当事人可以通过选择其他法律来排除公约的适用，也可以对公约的内容进行改变，除非存在其营业地所在国的保留。

3. **答案**：C。选项 A 错误。在 FOB 的情况下，风险在装运港船上转移。选项 B 错误。选择贸易术语，并不排除对《公约》的适用。选项 C 正确。在 FOB 的情况下，在装运港船上交货。选项 D 错误。在 FOB 的情况下，价格构成中没有保险一项，因此，卖方对买方“无义务”，同样买方对卖方也无保险的义务。装船以后风险就转移了，买方若此时才去投保，可能会导致自己的利益受损。

4. **答案**：D。《海牙规则》规定的承运人的免责共有 17 项，包括 2 项过失免责和 15 项无过失免责，根据第 4 条第 2 款的规定，对由于下列原因引起或造成的货物的灭失或损害，承运人不负责任：（1）船长、船员、引水员或承运人的雇佣人在驾驶或管理船舶中的行为、疏忽或不履行职责；（2）火灾，但由于承运人实际过失或私谋所造成者除外；（3）海上或其他可航水域的风险、危险或意外事故；（4）天灾；（5）战争行为；（6）公敌行为；（7）君主、统治者或人民扣留或拘禁或依法扣押；（8）检疫限制；（9）货物托运人或货主、其代理人或代表的行为或不行为；（10）不论由于何种原因引起的局部或全面的罢工、关厂、停工或劳动力受到限制；（11）暴乱和民变；（12）救助或企图救助海上人命或损害；（13）由于货物的固有瑕疵、性质或缺陷所造成的容积或重量的损失，或任何其他灭失或损害；（14）包装不当；（15）标志不清或不当；（16）尽适当的谨慎所不能发现的潜在缺陷；（17）不是由于承运人的实际过失或私谋，或是承运人的代理人或受雇人员的过失或疏忽所引起的任何其他原因。可见，《海牙规则》没有规定承运人对迟延可以免责，故 A 错误。《维斯比规则》的内容主要是对《海牙规则》的补充和修改，也没有规定承运人迟延交付的责任，故 B 错误。《汉堡规则》规定，承运人对火灾所引起的灭失、损坏或迟延交付负赔偿责任，但索赔人需证明承运人、其受雇人或代理人有过失。

《汉堡规则》所规定的迟延交付是指未在约定的时间内交付，或在无约定的情况下，未在合理的时间内交付。故C错误。《汉堡规则》规定，承运人对迟延交付的赔偿责任限额为迟延交付应付运费的2.5倍，但不应超过应付运费的总额。故D正确。

5. **答案**：C。提单是承运人接管货物或货物装船的依据。当提单被转让给善意第三方时，提单是承运人和提单持有人之间的绝对证据，承运人须严格按照提单上所记载的内容履行义务，即使承运人对提单所记载的货物有疑问，并能提出有效的证据，也不能推翻提单的记载。参见《维斯比规则》第1条。

6. **答案**：B。即时付款由于风险比较大，所以在国际贸易中一般不常用。

7. **答案**：C。《跟单托收统一规则》第26条（3）a. 规定：代收行必须无延误地对向其发出托收指示的银行寄送付款通知，列明金额或收妥金额、扣减的手续费和（或）支付款和（或）费用额以及资金的处理方式。所以C是正确的。

8. **答案**：D。《最高人民法院关于审理无正本提单交付货物案件适用法律若干问题的规定》第6条规定："承运人因无正本提单交付货物造成正本提单持有人损失的赔偿额，按照货物装船时的价值加运费和保险费计算。"赔偿额不包含利润损失，故A错误。一切险的保险范围不包括承运人无单放货造成的损失。故B错误。根据《最高人民法院关于审理信用证纠纷案件若干问题的规定》第5条的规定，开证行在作出付款、承兑或者履行信用证项下其他义务的承诺后，只要单据与信用证条款、单据与单据之间在表面上相符，开证行应当履行在信用证规定的期限内付款的义务。当事人以开证申请人与受益人之间的基础交易提出抗辩的，人民法院不予支持，存在信用证欺诈的除外。故C错误，D正确。

多项选择题

1. **答案**：ABC。申诉方在实施报复时中止减让关税或其他义务的水平和范围，应与受到的损害相当，而不是自由裁量。

2. **答案**：BCD。A错，A项表述属于国际逃税的情形。国际逃税是指跨国纳税人故意违反国家税法和国际税收协定的规定，采取各种隐蔽的非法手段，以减少本应承担的国际纳税义务的行为。BCD对，通过征税对象的跨国移动进行国际避税，是纳税人最常用的方式，其中被各国政府密切关注的避税方式有：通过内部交易逃避税收；利用国际避税地逃避税收。通过内部交易逃避税收，一般是发生在跨国公司的各联属企业之间。具体是指：①转移定价，是指由于上述关联企业之间存有共同的股权和控制关系，他们之间在交易中确定价格时不按照正常市场价格进行，而是根据逃避税收的目的故意提高或降低有关交易的价格。这样，通过把利润从税负高的国家转移到低税的国家而达到减税目的。②不合理地分摊成本和费用，是指在跨国企业内部总机构和各分支机构间或者总公司和国外的分公司之间，通过不合理地增加某一机构的成本和费用开支的方法，以减少利润而达到逃避或减少该机构税负的目的。

3. **答案**：ACD。各国税法上确定自然人居民身份的标准有（1）住所标准，即以自然人在征税国境内是否拥有住所这一法律事实，决定其居民或非居民纳税人身份。（2）居所标准，在各国税法上的含义可能不尽相同，但一般是指一个人在某个时期内经常居住的场所，并不具有永久居住的性质。（3）居住时间标准，即以一个人在征税国境内居留是否达到和超过一定期限，作为划分其居民或非居民身份的标准，并不考虑个人在境内是否拥有财产或住宅等因素。

4. **答案**：ABCD。AD项应选，票据是指由一国出票人签发的由自己或他人无条件支付一定金额的书面凭证。汇票的内容应包括"无条件支付一定金额的命令"，即付款人的付款不得附带任何条件，只有见票即付或见票后定期付款的汇票才允许记载利息及利率。C项应选，当票据跨越国境流通或当出票人与受票人或背书人或付款人分处不同国家时，该票据则被视为一张国际票据。国际汇票，是指在5个地点（出票地点；出票人签名旁所示地点；受票人姓名旁所示地点；收款人姓名旁所示地点；付款地点）中，至少有两处地点是分处不同国家且汇票签发地或付款地位于缔约国内。B项应选，汇票遭拒付，持票人向出票人或背书人或承兑人要求偿还汇票金额的行为称为追索。当汇票过了期限遭拒付时，持票人不仅对背书人，而且对出票人均丧失追索权。应注意，这里丧失的仅是“追索权”，其实体求偿权利并未丧失。本题中的中国甲公司为出票人，日本乙公司为受票人也是背书人，中国丙公司为持票人。

5. **答案**：AB。A对，国际经济条约，是国家及国际经济组织为确定其相互之间的权利义务所达成的书面协议。条约分为双边条约和多边条约，多边国际经济条约是国际经济法最主要的渊源。B对，国际经济法的基本原则，是指被国际社会公认的、对国际经济法的各个领域都具有普遍指导意义的原则。C错，国际商事惯例，是在长期的国际经济交往中经过反复使用而形成的不成文规则。国际商事惯例属于任意性的规范。只有在当事人明示选择适用时才对当事人有约束力，而且当事人还可以对其选择的商事惯例进行修改。D错，国际经济法的主体是指在国际经济交往的法律关系中（而非国际关系中），可以享受权利及承担义务的法律人格者，包括自然人、法人、国家和国际经济组织。

6. **答案**：ABC。厦门甲商行10月20日的来电属于要约。

7. **答案**：ACD。平安险的责任范围主要包括：（1）在运输过程中，由于自然灾害和运输工具发生意外事故造成整批货物的实物的实际全损或推定全损；（2）由于运输工具发生意外事故而造成的货物全部损失或部分损失；（3）只要运输工具曾经发生搁浅、触礁、沉没、焚毁等意外事故，不论这意外事故发生之前或者以后曾在海上遭受恶劣气候、雷电、海啸等自然灾害所造成的被保险货物的部分损失；（4）在装卸转船过程中，被保险货物一件或数件落海所造成的全部损失或部分损失；（5）运输工具遭受自然灾害或意外事故，在避难港卸货所引起的被保险货物的全部损失或部分损失；（6）运输工具遭受自然灾害或意外事故，需要在中途的港口或者在避难港口停靠，因而引起的卸货、装货、存仓以及运送货物所产生的特别费用；（7）发生共同海损所引起的牺牲、公摊费和救助费用；（8）发生了保险责任范围内的危险，被保险人对货物采取抢救、防止或减少损失的各种措施，因而产生的合理费用。但是保险公司承担费用的限额不能超过这批被救货物的保险金额。施救费用可以在赔款金额以外的一个保险金额限度内承担。

8. **答案**：BD。《个人所得税法实施条例》第3条规定：“下列所得，不论支付地点是否在中国境内，均为来源于中国境内的所得：（一）因任职、受雇、履约等而在中国境内提供劳务取得的所得；（二）将财产出租给承租人在中国境内使用而取得的所得；（三）转让中国境内的建筑物、土地使用权等财产或者在中国境内转让其他财产取得的所得；（四）许可各种特许权在中国境内使用而取得的所得；（五）从中国境内的公司、企业以及其他经济组织或者个人取得的利息、股息、红利所得。”故A错误。个人非居民劳务所得包括个人独立劳务所得和非个人独立劳务所得。（1）个人独立劳务所得指个人从事独立性的专业活动所取得的收入。如医生、律师、会计师、工程师等从事独立活动取得的所得。确定独立劳务所得来源地的方式一般采用“固定基地原则”和“183天规则”。固定基地指个人从事专业性活动的场所，如诊所、事务所等。后者指在境内停留的时间，即应以提供劳务的非居民某一会计年度在境内连续或累计停留达183天或在境内设有经营从事独立活动的固定基地为征税的前提条件。对独立的个人劳务所得，应仅由居住国行使征税权。但如取得独立劳务所得的个人在来源国设有固定基地或者连续或累计停留超过183天者，则应由来源国征税。（2）非个人独立劳务所得，即非居民受雇于他人的所得，一般由收入来源国一方从源征税。因此，B正确。无限纳税义务亦称“全面纳税义务”，是“有限纳税义务”的对称。指纳税人就其来源于全球范围内的所得或财产对其所在国负有纳税义务。无限纳税义务只适用于本国居民（公民）。因此 C 错误，D 正确。

不定项选择题

1. **答案**：BCD。承运人按照托运人的要求装运货物，所以不应赔偿。

2. **答案**：ABC。保函，是指由托运人出具的用以担保承运人签发清洁提单而产生一切法律后果的一种担保文件。也就是说，托运人为了取得清洁提单以向银行办理结汇，就会出具一份保函请求承运人签发清洁提单。该保函能担保承运人因签发提单后而产生的法律后果。

3. **答案**：AD。单证与信用证不符的银行可以拒付。所以，A 对 C 错。银行必须合理小心地审核信用证上规定的一切单据，以便确定这些单据表面是否与信用证条款相符合。B 错，本题中合同约定货物品质为三级，无论甲公司所交货物品级比合同约定的高还是低，均与合同约定不符。虽然本案中卖方提交了高于合同约定品质的货物，但是仍与合同不符，甲公司均应承担违约责任。D 对，根据 UCP600 的规定，信用证是指一项约定，不论其名称或描述如何，由一家银行（开证行）依照客户（申请人，通常是进口商）的要求和指示或以自身名义，在符合信用条款的条件下，凭规定单据由自己或授权另一家银行向第三者（受益人，通常是出口商）或其指定人付款或承兑并支付受益人出具的汇票或授权另一家银行议付。也就是说，在信用证关系中，买方是申请开证人，而卖方是受益人。据此，本题中的中国甲公司是卖方，是该信用证的受益人。

4. **答案**：ACD。根据《解决国家和他国国民之间投资争端公约》，如果当事人各方同意将争端提交解决投资争端国际中心仲裁：（1）不得单方撤销。（2）原则上有关争端不再属于作为争端一方的缔约国国内法院的管辖范围，也排斥投资者本国的外交保护。（3）如当事人一方拒绝参加仲裁，只要中心认为对争议有管辖权，则可以缺席审理并裁决。（4）胜诉方无论在哪一缔约国境内或其管辖领域下发现另一方的财产，都可请求该缔约国的法院执行中心的仲裁裁决。ACD 项正确。

简答题

1. **答案**：杰克逊认为国际经济法这一词语包括非常广泛的内容：经济交易的法律；有关经济事务的政府规章；以及包括诉讼和国家经济关系组织的相关法律关系。在一定程度上，国际经济法可以分为两种宽泛的模式，这两种模式贯穿了国际经济法所包括的几乎全部内容。大致可以称为“交易性”的和“管理性”的。

   交易性的国际经济法涉及在国际贸易或者其他经济活动中进行的交易活动。其关注的主要方面是私人企业或者其他主体的行为。管理性的国际经济法，关注的是政府机构（国家的、地方的或者国际的）的角色。

   另外，国际经济法的特点是：国际经济法不能从一般或者“公法”的国际法中分割或者分离开；国际经济法和国内法或者“域内”法的关系具有特别重要的意义；对从事国际经济法项目工作的人来讲，需要不同学科的综合训练方式的研究和思考相结合；从事国际经济法工作，与从事其他国际法学科工作相比，似乎经常需要更多经验性的研究；国际经济法经常遇到收集信息这一问题。当国际经济法学的主题越来越成为政府决策和政策研究的中心时，这些问题也越来越成为新闻媒体关注的焦点，与政治团体和机构的联系也越来越密切。

2. **答案**：卖方已交货物，但不符合合同，买方有权要求交付替代货物。这一办法的补救作用，虽很直接，但它将给卖方带来许多不便：既要安排替代货物的交付，还要考虑原交货物的处理。所以这一补救办法的采用，有较严格的限制。按照《联合国国际货物销售合同公约》的规定，买方要求卖方交付替代货物，必须具备三个条件：

   （1）卖方所交货物不符合合同，情况严

重，构成根本违反合同；

(2) 买方能按实际收到货物的原状归还原交货物；

(3) 关于替代货物的要求，必须与货物不符合同的通知同时提出，或者在该项通知发出后一段合理时间内提出。

这三个条件，缺一不可。

3. 答案：(1)《海牙规则》实行的是不完全过失责任制度。关于承运人免责的规定共有17项，包括两类：一是过失免责；二是无过失免责。过失免责是指由于船长、船员、引航员或者承运人的雇佣人在航行或者管理船舶中的行为或者疏忽或者过失引起的灭失和损害，承运人可以免除赔偿责任。

(2) 无过失免责可以分为以下几个方面：不可抗力或者承运人无法控制的事项。如海上危险、天灾、战争、公敌行为、暴动和骚乱、政府扣押船舶、检疫限制、罢工或者停工等。托运人或者货方的行为或者过失方面。有托运人或者货主的行为，货物包装不良、货物标志不清或者不当以及货物的性质、固有缺陷等。特殊免责条款有三项：第一，火灾；第二，企图救助人命或者财产；第三，谨慎处理但是仍然不能发现的潜在缺陷。总的无过失免责条款，即属于未列举的承运人无过失免责条款，对此，《海牙规则》规定必须由承运人举证。

论述题

1. 答案：依1980年《联合国国际货物销售合同公约》的规定，在国际货物买卖中，卖方有知识产权担保的义务。知识产权担保指卖方所交付的货物，必须是第三方不能根据工业产权或其他知识产权主张任何权利或要求的货物。知识产权是包括工业产权的，公约之所以将两者并列是为了避免不同国家在使用这两个概念时的分歧。如果在买方接收货物后，任何第三人通过司法程序指控买方所购的货物侵犯了其知识产权，卖方应承担代替买方辩驳第三人的指控的责任。

由于知识产权的地域性质，以及货物将销售到某个外国的特点，卖方不可能对每个国家的情况都了解，因此，公约虽然规定了卖方的知识产权担保义务，但并不要求其出售的货物不得侵犯全世界任何一个知识产权权利人的权利，那样的要求是不现实的。此外，买方可能在自己的国家销售，也有可能将货物销售到第三国。例如，买方改变了将货物转卖A国的计划，而将卖方出售的货物转卖到了B国，则当一B国人称该货物侵犯其商标权时，卖方不应对买方负责，因为在订立合同时，卖方并不知道这批货物将被转卖到B国。鉴于这些情况，公约对卖方的知识产权担保义务规定了两个条件。其一，第三方的权利主张必须是基于货物销售或使用地国家的法律，而且这个国家是在双方签订合同时已经为双方所知道的。如果没有明确货物的销售和使用国家，则权利主张必须基于买方营业地点所在国家的法律。其二，卖方必须在签订合同时知道或不可能不知道这种基于知识产权的权利或主张。关键是对卖方不可能不知道的判断，如果该权利主张是基于已经申请或批准的专利权利，或已经批准的商标权利的，卖方通常将被视为不可能不知道，因为这些都会有公告。

公约还对卖方的知识产权担保作了两项免责规定。第一，如果在签订合同时，买方知道或不可能不知道存在基于知识产权的要求，卖方将对知识产权担保豁免责任。由于对卖方不可能不知道知识产权权利或要求的判断标准和对买方对同一事实的判定标准应当是相同的，所以，卖方豁免责任的可能性是很大的。第二，如果卖方的货物导致的侵权是卖方遵守买方订货时要求的技术图样、图案、程式或其他规格的要求的结果。在这种情况下，由于是买方先行要求，所以责任应由买方承担。但是，根据一些国家的法律，卖方需要给予买方适当的通知才能免除自己的责任。

2. 答案：GATS的宗旨是在透明度和逐步自由化的前提下，建立一个有关服务贸易原则和规定的多边框架。在互利和权利义务总体平衡的基础上开展多边谈判，以促进所有贸易伙伴的经济增长和发展。

一般义务和原则包括：一是最惠国待遇原则。每一成员给予任何其他成员服务提供者的待遇，应立即无条件地给予其他任何成员的相同服务和服务提供者。也允许存在例外：提供给邻国的优惠；豁免清单作为附件从而享受为期不超过10年的豁免；成员方参与的经济一体化安排；政府采购服务的法律、条例和规定。二是透明度原则。每一成员应设立咨询点，以便于向其他成员方提供不妨碍其法律实施或不违反其公共利益或不损害其商业利益的各种信息，包括可能影响GATS实施的措施、国际协定、法律、条例、行政命令及修改、商业性惯例和补贴等。三是资格的认可。就服务提供者的资格，成员方之间应通过国际协定或安排或自动许可方式予以认可，并逐步制定和推行认可的统一标准。四是公平竞争。成员境内的垄断和专营服务提供者不得滥用其垄断和专营的优势地位。五是发展中国家的更多参与。为使发展中国家和最不发达国家更多参与国际服务贸易，发达国家应承担以下义务：在GATS生效之日起2年内设立联络点，为发展中国家服务提供者提供各自市场有关服务的商业和技术信息，专业资格登记、认可和获得等方面的信息；通过关于具体承诺的谈判，增强发展中国家国内服务业能力、效率和竞争力，促进销售渠道和信息网络的改善以及对各部门市场准入的自由化和促进发展中国家服务出口；以上两项义务的履行是对最不发达国家给予特别优惠的考虑。

3. **答案**：(1) 倒签提单是承运人在货物装船后签发的，但提单中注明的装船日期早于实际装船日期的提单。而预借提单则是指在货物尚未全部装船，或者货物虽已由承运人接管但尚未装船的情况下签发的已装船提单。

(2) 倒签提单和预借提单一样，掩盖了货物的实际装船日期，并使信用证对装货这一环节的制衡力丧失，无法保证货物准时到达，从而避开了迟延交货的责任，对提单受让人中的收货人构成欺诈。因此，倒签提单和预借提单的行为性质均为欺诈行为。

(3) 对于倒签提单和预借提单的法律后果，从倒签提单和预借提单的产生原因来看，它是托运人为了避免因装船日期滞后而要求承运人提前签发的，其行为的目的是实现信用证结汇的需要，从其行为的性质来看，应为一种与收货人订立合同的行为。但因托运人和承运人的欺诈行为，违反了先合同义务，最终导致其订立的合同（倒签提单）无效。因此，倒签提单和预借提单的责任属性为缔约过失责任。

(4) 实践中，承运人在签发倒签提单或预借提单时，常常要求托运人出具保函。承运人接受保函而签发这种提单仍需承担较大的风险，这是因为签发倒签提单或预借提单，有违民事活动诚实信用的基本原则，甚至构成与托运人串通而对善意的收货人进行欺诈。因此，如果由此而造成第三者收货人的损失，承运人需承担赔偿责任，并且，承运人在赔偿收货人的损失后，根据保函向托运人或者其他提供保函的人追偿时，有时也难以得到法律的保护。

案例分析题

答案：(1) A公司宣告合同无效的依据是B公司的行为构成根本违约。B公司延迟交货，就是违约行为。而且由于中秋月饼是在特定时间销售的物品，B公司延迟交货，使A公司卖出月饼就很困难，由此会蒙受损失，以至于实际上剥夺了A公司根据合同所期待得到的利益，即B公司的延迟交货构成根本违反合同。B公司根本违反合同，A公司就有权宣告合同无效，并可向B公司主张损害赔偿。

(2) 由于B公司根本违反合同，B公司会败诉。若B公司不履行仲裁裁决，A公司可以根据中国法律的规定，向中国法院申请执行。

图书在版编目（CIP）数据

国际经济法配套测试 / 教学辅导中心组编. -- 12 版. 北京 ：中国法治出版社，2025. 8. --（高校法学专业核心课程配套测试）. -- ISBN 978-7-5216-5281-9

Ⅰ. D996-44

中国国家版本馆 CIP 数据核字第 202571WU50 号

责任编辑：贺鹏娟　　封面设计：杨泽江　赵博

国际经济法配套测试

GUOJI JINGJIFA PEITAO CESHI

组编/教学辅导中心

经销/新华书店

印刷/三河市紫恒印装有限公司

开本/787 毫米×1092 毫米　16 开　　印张/ 18.5　字数/ 380 千

版次/2025 年 8 月第 12 版　　2025 年 8 月第 1 次印刷

中国法治出版社出版

书号 ISBN 978-7-5216-5281-9　　定价：52.00 元

北京市西城区西便门西里甲 16 号西便门办公区

邮政编码：100053　　传真：010-63141600

网址：http：//www.zgfzs.com　　**编辑部电话：010-63141802**

市场营销部电话：010-63141612　　**印务部电话：010-63141606**

（如有印装质量问题，请与本社印务部联系。）